股市投资神器

教你玩转指数基金

袁荣俭◎著

天地出版社 | TIANDI PRESS

图书在版编目（CIP）数据

股市投资神器：教你玩转指数基金 / 袁荣俭著. —
成都：天地出版社，2019.2
ISBN 978-7-5455-4453-4

Ⅰ.①股… Ⅱ.①袁… Ⅲ.①指数—基金—投资
Ⅳ.①F830.59

中国版本图书馆CIP数据核字（2018）第285937号

股市投资神器：教你玩转指数基金
GUSHI TOUZI SHENQI: JIAO NI WAN ZHUAN ZHISHU JIJIN

出 品 人	杨 政
著 者	袁荣俭
责任编辑	张秋红 沈海霞
装帧设计	水玉银文化
内文排版	尚上文化
责任印制	葛红梅

出版发行	天地出版社 （成都市槐树街2号 邮政编码：610014）
网 址	http://www.tiandiph.com http://www.天地出版社.com
电子邮箱	tiandicbs@vip.163.com
经 销	新华文轩出版传媒股份有限公司

印 刷	北京画中画印刷有限公司
版 次	2019年2月第1版
印 次	2019年2月第1次印刷
成品尺寸	145mm×210mm 1/32
印 张	11.25
字 数	243千
定 价	68.00元
书 号	ISBN 978-7-5455-4453-4

版权所有◆违者必究
咨询电话：（028）87734639（总编室）
购书热线：（010）67693207（市场部）

本版图书凡印刷、装订错误，可及时向我社发行部调换

前　言

　　焦虑，不仅是在当下，而且在不远的将来都是大多数中国人普遍的心态。一系列重要的变化在 2018 年悄然发生，历史进程的拐点往往隐藏在最不起眼的细节中。短短不到一年的时间，我们的生活发生了很大的变化。

　　改革开放以来，经过 40 年高速增长的中国经济开始了从数量型增长向高质量结构优化型增长的转变。党的十九大明确指出，中国特色社会主义进入了新时代，我国社会主要矛盾已经转化为人民日益增长的美好生活需要和不平衡不充分的发展之间的矛盾。就业、教育、健康、养老是新时代大多数中国人绕不过去的坎。每个人、每个家庭都在焦虑，都在有意或无意地思考：如何让自己的资产不缩水？如何在未来实现财富的增长？一方面，人们对未来信心有所减弱；另一方面，在货币购买力下降的趋势下，面临着选什么、如何选理财工具才能从容自信地面对未来的问题。现在，请你把焦虑放一放，静下心来读完本书，因为本书将为你打开一扇通向未来幸福的大门。

当前，个人投资者投资和拥有的理财工具主要是房产、债券和股票。

首先看看房产市场。2018年是这轮房产上涨周期的第四个年头了。自2014年取消限购、限贷起，房价一路上涨，势不可挡。但房地产暴热正在透支我国的人口红利、流动性红利。党中央已经表明了坚决遏制房价上涨的态度和决心。各地密集出台了一系列房产调控措施，密度、强度前所未有，效果初显。在未来相当长的时期内，房产都是国家重点调控的对象。目前，投资房产的窗口时间已过，投资意愿和热潮已经式微，虽然房价时至今日仍在上涨，但这只是"浮盈"。房产流动性很差，无法对其进行灵活有效的资产配置，更无法及时变现。你需要选择其他更好的理财工具，至于更好的个人理财工具是什么，本书将会告诉你。

其次，看看债券市场。个人投资者投资的债券主要是企业债券和国债。企业债券信息不对称，违约率较高。至于国债，因为发行方是国家，具有极高的信用度。虽然这两类债券风险较低，但其收益率也低，在流动性过剩的大背景下，跑不赢通货膨胀，所以不是个人投资者理想的投资工具。

最后，看看覆盖人群最广，也是个人投资者最喜欢、最热衷的股票市场。如果要用一个词总结2018年以来的股市，那就是亏损！根据Wind数据统计显示，上半年，沪深两市3,530只个股中有2,930只股票累计下跌，占比超过83%。其中，跌幅超过10%的股票占比超过70%，有117只个股股价被腰斩。在如此行情下,谈何跑赢市场?说什么超额收益?截至2018年上半年最后一个交易日,即6月29日收盘,A股总市值55.95万亿元,相比2017年末的63.18万亿元的市值缩水7.23万亿元。据中国结算公布的数据,截至6月22日,已开立A股账户的个人投资者为13,933.3万,照此粗略计算,相当于股民人均亏损约5.19万元。上半年共有119个交易日,日均损失也达到436元。另据东方财富网调查显示,上半年有超过7成的股民亏损超过20%。

个人投资者为何不赚钱?主要原因为:频繁交易,推高投资成本;高买低卖,无法坚持长期投资。可是,在流动性过剩的环境下,我们难道只能把钱存进银行,获取那点利息吗?答案是否定的。中国股票市场走到2018年,已经发生了很大的变化。

从投资者结构看,A股近几年正处于从个人投资者主导向机构主导的过渡时期。在机构群体中,以保险、私募、社保、外资为代表的机构开始主导市场的话语权。未来,随着海外资金、养老目标基金、FOF基金等长期资金的入市,这一趋势将进一步强化。对于机构投资者,基本都以价值投资为理念,倡导获取长期稳健的收益,基本不再迷信所谓的"跑赢市场"。

从市场环境来看,过去几年,随着A股市场不断地对内改革和对外开放,市场在潜移默化中发生着变化。随着并购重组被约束、游资炒作被严格限制,政策监管也在正本清源,扬善惩恶。总体来看,在多种因素的影响下,A股市场正在逐步走向成熟，价值投资、长期投资的理念已经兴起。

今天，全球资本市场尤其是股票市场发生了翻天覆地的变化，以至于"跑赢市场"的投资理念和技术几乎不再奏效。

从全球范围看，发达国家个人及家庭投资理财有两大趋势：一是其更多的资产通过指数基金这个工具在全球市场进行配置，二是更多地通过专业机构投资指数基金来做好稳健投资理财。

本书以深入浅出的形式、通过案例解析向个人投资者介绍目前深受全球投资者青睐的投资理财好工具——指数基金，告诉个人投资者指数基金既是一种全球化资产配置方式，更是一种风险可控、收益可观的稳健理财工具；既是一种专业化的投资方式，又是一种个人能够便捷操作的理财工具。

本书是一本理论与实践相结合、重在实操的投资理财工具书。本书第一部分用大量数据揭示了个人投资者仅想依靠个人力量去投资股票必然遭遇亏多盈少的现象和隐藏在其背后的原因。

本书第二部分通过介绍指数基金的原理、运行方式、发展历史、管理方式、参与机构、投资者权益、投资流程等知识来让个人投资者明明白白地去投指数基金：到底什么是指数基金？为什么要选择指数基金？怎样选择指数基金？通过阅读这部分内容，你会豁然开朗。

首先，在一个有效市场中，使资产组合的收益率高于市场指数收益率的努力几乎是不可能成功的，除非靠运气。

而且人们对"随机漫步理论"与"混沌理论"进行了深入的研究，得出了股市的不可预测性。正是由于股市的不可预测性，人们才会放弃主动管理型基金，选择一种被动的跟踪市场指数进行投资的方法。

其次，投资者都厌恶风险，同时又追求收益最大化。就单个资产而言，风险与收益是成正比的，高收益必然伴随高风险。马科维茨（Markowitz）证券组合理论认为，通过各种资产不同比例的组合，可以使证券组合整体的收益——风险特征达到在同等风险水平上收益最高或在同等收益水平上风险最小的理想状态。这个理论充分说明了分散投资所带来的好处，而实现分散化投资最简单有效的手段就是投资指数基金。

主动管理型基金之所以难以超越股市指数，其原因可以大致归结为四点：较多的管理费用、较高的交易成本、较大的现金储备、较重的税务负担。

最后，投资指数基金有着个人直接投资股票和其他主动型基金所没有的优势与好处。这些优势与好处包括可以充分地分散投资组合，降低非系统性风险；具有成本效率和税收效率；可以降低基金经理人的风险等。

所以，从这个角度来说，指数基金是一种个人投资理财好工具。

本书第三部分手把手教你在互联网环境下如何投资指数基金。例如，怎样在第三方基金销售APP上开户、充值、交易；如何在基金直销软件上开户、充值、交易等。

改革开放以来，我国经济建设取得了举世瞩目的伟大成就，尤其是进入以互联网、大数据、人工智能为代表的"互联网+"新经济时代后，中国获得了更多参与国际经济舞台竞争的机遇，焕发出了勃勃生机和活力。未来，中国仍将是全球经济增长较快的国家之一。我们有理由相信，从长期来看，中国投资市场的趋势也将会以上升行情为主导，但需要提醒的是，市场有风险，投资需谨慎。要想获得良好收益，需要不断提升自己的市场分析能力和判断能力。

2018年是改革开放40年。40年来，很多事情都让人始料未及，高考、留学、下海、移动互联、创新创业……每一次潮水涌来，都是命运轨迹的一次改写。40年很长，多少人最华彩的人生乐章已奏完，余音绕梁；40年很短，有如白驹过隙，转瞬进入新时代。未来的40年会发生什么，我们无从知道，但唯一可以确定的是，在这场集中体现中华民族智慧光芒与勇气胆识的艰难探索中，无论个人命运如何跌宕起伏，时代的浪潮只会也只能向前、向前！我们相信，只要读完本书，你会做出正确的决断！

最后，还要感谢宋飞、冷宏春两位先生。他们对本书的出版也做出了贡献，没有他们的参与，本书不会这么及时地和读者见面。

目录

PART1 理财好工具——指数基金

第①章 你不理财财不理你

一、什么是理财 // 003

二、传统理财方式：股票、债券、不动产 // 008

三、全球投资理财趋势 // 017

第②章 股市投资神器

一、价值投资的典范 // 020

二、长期投资的理想工具 // 027

三、投资代表性股票的捷径 // 031

四、全球化资产配置的好方式 // 034

PART2 明明白白投指数基金

第3章 站在高处看指数基金

一、什么是指数体系 // 041

二、指数是股市的仪表盘和风向标 // 055

三、指数是怎么编制的 // 057

四、指数要素有哪些 // 067

五、如何给指数估值 // 074

六、熟悉常见重要指数 // 088

七、指数基金的概念 // 107

八、指数基金的类型 // 111

九、指数基金名称后缀的A、B、C // 120

十、指数基金的属性 // 123

第4章 指数基金的运作和参与机构

一、指数基金的运作原理 // 128

二、指数基金的主要参与机构 // 136

第5章 指数基金的优势及影响

一、指数基金的优势 // 155

二、指数基金的影响 // 164

第6章 指数基金的风险控制

一、风险与收益：认识α与β // 165

二、系统风险 // 170

三、流动性风险 // 173

四、跟踪误差 // 174

五、其他风险 // 176

六、惧怕风险才是最大的风险 // 176

PART3 手把手教你投指数基金

第7章 国内外主要指数基金扫描

一、国外主要指数基金 // 183

二、国内主要指数基金 // 189

三、主要宽基指数基金 // 189

四、主要行业指数基金 // 248

第8章 手把手精讲指数基金个案

一、嘉实沪深300ETF联接A（160706）// 269

二、国联安中证医药100（000059）// 273

三、华宝港股通恒生中国A（501301）// 276

四、大成标普500等权重（096001）// 279

第9章　手把手教你指数基金投资策略

一、价值投资策略 // 283

二、成本最优策略 // 285

三、稳健性投资策略 // 286

四、宽基指数基金投资策略 // 287

五、细分指数基金投资策略 // 290

六、全球资产配置投资策略 // 291

第10章　手把手教你指数基金投资技巧

一、长期投资 // 293

二、指数基金定投 // 297

第11章　手把手教你指数基金投资操作步骤

一、基金公司渠道操作步骤 // 308

二、银行渠道操作步骤 // 322

三、券商渠道操作步骤 // 326

四、互联网第三方渠道操作步骤 // 328

结束语 // 336

附录1：指数基金投资常用术语 // 340

附录2：主要指数运营公司官网 // 347

附录3：主要基金管理公司官网 // 348

理财好工具
——指数基金

PART
1

第 ① 章
你不理财财不理你

一、什么是理财

比尔·盖茨说过一句话：我们总是高估今后一两年内将要发生的变革，总是低估未来10年将要发生的变化。未来10年，最直观、最感同身受的变化一定是你的钱不值钱！

大道理不用讲，说说身边的事，聊聊家常就可以管中窥豹，看清货币贬值的客观必然性。学生时代涪陵榨菜、老干妈、饭扫光可谓是拯救学生味蕾的三宝。工作了逛逛超市，你会发现它们的价格居然比以前贵了好多。当然，其他调味料也提了不少的价，虽然工资在涨，但是物价也一直在上涨。这就是我们不得不面对的现实。

2018年7月份，我国社会消费品零售总额同比增速一路下降到8.8%，上一次出现这么低的居民消费数据还是在15年前的通货紧缩时期。这意味着近年来居民的收入增加相对有限。同一时间，2018年前7个月，居民个人所得税总额为9,225亿元，同比增长20.6%，已经超过2015年的全年水平。

上述两组矛盾而有意思的数据意味着什么？意味着居民

的收入增加幅度较大但消费却下降了，两个数据却指向了两个截然相反的方向。唯一可能的解释是，我国的货币购买力在下降。

货币购买力在下降的一个很重要的原因就是通货膨胀，而通货膨胀的诱因就是最近10年的货币超发。货币超发到底好不好，本书不做评价，只是告诉投资者，面对货币超发的现实及其带来的通货膨胀，我们不但要敢于投资理财，更要善于投资理财。

那什么是理财呢？理财师们给理财的定义是这样的：理财是一种财富规划（Financial Planning），是一种综合金融服务，是指专业理财机构经过剖析和评价投资者的财务情况和生活情况，运用专业的金融相关工具，协助投资者完成资产的保值增值，风险的有效管控和隔离，以及财富的顺利传承。由此我们能够看出，理财并不仅仅是金融产品销售，而且是贯串投资者生活的规划。

理财规划是针对财富而言的。对于财富来说，它面对的是两个维度的内容。一方面，理财规划要协助投资者完成财富的有效管理和传承。另一方面，理财规划又要在风险控制方面做文章。

人的一生当中，收入和支出是不均衡的。假如你赚一块钱，就花一块钱，那就没有理财的必要。在投资者的漫漫人生中，让一切用钱需求都能顺利得到满足，实现财务自由并且能够把剩余的财富顺利有效地传承给下一代，这就是理财的终极目的。

理财的目的,是和它产生的经济背景紧密相关的。过去的40年,是我国经济发展起飞的40年。这40年里,个人及家庭的财富爆炸式的增长,快速的经济起飞,不但使人们的经济状态有了质的变化,同时,也拉大了财富差距,催生出了高净值家庭和中产阶级家庭。这两类家庭的快速发展壮大,使财富管理需求疾速爆发。从2004年开始,10余年的时间里,整个理财市场到了数十万亿元的规模。

与此同时,"富不过三代"的现象也开始呈现出来。在很多不懂传承规划的家庭中,不要说三代,在二代的时候,子女争产,财富外流,传承失效等问题比比皆是。我国个人的财商教育并没有跟上财富增长的速度,如何让子孙后代可以更有效地享受本人奋斗的成果,也成了很多个人和家庭的重要课题。

在这样的历史背景下,财富的管理和有效传承就显得越来越重要。

另一方面,近20年来,我国金融市场超常规发展,20年走过了西方国家100多年才走完的路。金融产品的品种以几何级数般的速度发展,每天都有新的金融创新出现,呈现出非周期性的特点。资本市场尚未成熟,这也直接导致了金融市场的动荡。

将终身的财务资源配置到最佳状态,令不确定性降到最低,合法节税,保证生活质量,安享幸福人生,这正是理财的意义所在。所以我们告诉投资者,处于不同阶段,理财规划要有不同重点。

对于刚上班不久处于人生打拼初期的投资者来说，资产的保值增值更为重要。躲避市场风险是为保值，有效资产配置是为增值。经过全球化的配置，控制市场风险，获取长期稳定的收益，全球资产配置是这类客户需求着重规划的内容，指数基金就是非常不错的选择。

对于中年投资者，资产保全规划就比单纯的投资更有意义。有效地经过各种金融和法律工具规避非市场风险，不让终身的奋斗付诸东流，说起来简单，做起来还是很有难度的。这方面需要专业机构来帮投资者打理。

在不同阶段为投资者选择更适合其自身的投资理财工具，综合完成全球资产配置、财富的保值增值和传承等三大规划，这对个人和家庭都是十分重要和迫切的。清晰地认识到自身的需求，选择专业机构帮助进行专业打理，这将是未来我国个人投资和家庭投资理财的必然趋势。

我们理财的目的是帮助我们提高生活品质，让我们尽快实现财务自由。我们通过干好本职工作为家庭和社会创造财富，但并不是每个人都是理财的专业人士。只有具有好的理财观念，利用好的投资理财工具去创造属于自己的财富，慢慢积累，才能走向财务自由。术业有专攻，我们要把投资理财交给专业的人做，减少我们自己的压力，让我们的财富得到增长，让我们自由自在地工作，赚更多的钱，为实现财务自由去努力，这才是最好的选择。

但做理财并不代表自己真正会理财，有些人以为炒股就是理财，但事实并非如此。会理财的人往往会有以下这些表现：

量入为出制定预算

理财的范围其实很广，并不只有投资。国内知名财富管理机构嘉丰瑞德的资深理财师表示，如果一个人几乎每月都"月光"，但会没有计划地拿点闲钱去炒炒股或投个P2P平台，这不算会理财。

会理财的人首先在支出方面就有所控制。他们会根据自己的收入情况，按照量入为出的原则，制定年度、月度的支出预算。只要没有意外或特殊情况发生，他们的支出就在预算范围内，一般不会冲动消费，也不会出现为情绪埋单的情况。

做适合自己的投资

目前市场上的投资品种并不少，其中适合普通投资者的也有很多，关键就在于如何选择。有些投资者认为选择收益越高的就越好，但实际上，收益越高往往意味着风险越大，最后很有可能钱没赚着，反而亏了不少。只有做适合自己的投资，才是最好的。

那怎样做才算是适合自己的投资呢？每个投资者要根据自己的风险承受能力、资金情况等选择投资品。

比如稳健型投资者，就可以配置指数基金，均衡风险和利润，稳健型投资者是投资人群的主体。而激进型投资者，则可以选择股票、期货等投资品，但需要注意分散投资，以降低投资风险。

有适量负债

常言道,无债一身轻。负债在很多人眼里并非是个好东西。但负债其实也分良性负债与不良负债。如果长期背负不良债务,当然会在经济上倍感压力,同时不良负债过多,还有可能让自己陷入"危机"之中,只有尽快还清才能缓解压力。而良性负债不仅不会让我们处于财务"困境"中,还有可能帮助我们实现资金周转,创造出更多的财富。但需要注意的是,良性负债也得适量。如果负债量过高,同样会转换成不良负债。

备有应急资金和保险

任何人都不知道将来会发生什么,会有什么需要用钱的情况出现。一旦有疾病或是意外发生,那就意味着有一大笔钱需要支出。如果未提前准备,将给自己或家庭带来很大的经济压力。只有未雨绸缪,提前为将来进行规划,才能避免此类情况发生。

说到这里,顺带啰唆一句,建议初始投资者至少准备6个月的生活费作为应急资金,即便有紧急情况发生,也能先进行应对。应急资金可根据实际情况,做相应调整。

二、传统理财方式:股票、债券、不动产

首先说股票。一说起理财,大家首先想到的,也最愿意亲手试一试的投资理财工具就是股票。在我国股市上,从投资者数量看,最大的投资群体的确是个人或家庭投资者,相对于

机构投资者他们被称为"散户"。个人投资者在今天有个流行的称呼——"韭菜",很形象,很生动,韭菜嘛,长一茬割一茬,被动又无奈。

我们先看一组数据,通过这些数据,一览我国A股市场投资者现状。

《上海证券交易所统计年鉴(2018卷)》(简称"统计年鉴")数据显示,截至2017年年底,仅沪市投资者就达到了1.95亿人,其中自然人投资者1.94亿人,机构投资者64.3万人。

首先,我们可以看出,个人投资者占到了沪市总投资人数的99.78%,其中10万元以下散户最多,达到了55.28%,其次是10万~50万之间的投资者,约有30%的散户来自这个区间,50万以下的投资者持股市值占总市场市值不到5%。即便是把个人投资者全部加起来,其持股市值占比仅为21%,也就是说,沪市99.78%的个人投资者贡献了21%的市值,61.53%的市值来自一般法人,1.18%的市值来自于沪股通,还有16.13%的市值来自于机构投资者。

散户贡献八成交易额。从盈利来看,2017年自然人投资者整体盈利3,108亿元,2016年为亏损7,090亿元;2017年专业机构整体盈利11,156亿元,2016年为亏损3,171亿元。2017年机构整体盈利金额是散户的3.6倍,而自然人投资者的盈利金额不及总盈利额度34,535亿元的一成。

平均来看,每位沪市投资者2017年盈利1,593元,而专业机构平均每家盈利 174 万元。个人投资者的交易金额占到 2017 年交易总额的 82.01%，而机构仅占 14.76%。数据验证了 A 股市场一个特征：散户的换手率较高，在日常交易中更倾向于中短线交易，而机构则更倾向于长期持股。

截至 2017 年末，沪市自然人投资者持股账户数为 3,934.31 万户，持股市值共计 59,445 亿元，占比 21.17%，较 2016 年末下降 2.53 个百分点，这已是散户持股比例连续第二年出现下降。

其中，持股市值在 10 万元至 100 万元的自然人账户持仓占比下降最快，降幅为 0.84 个百分点。10 万元以下和 1000 万元以上的两个极端则相对稳定，持仓占比下降幅度均小于 0.3 个百分点。相比之下，机构投资者持股比例连续两年上升。

截至 2017 年末，专业机构持股账户数为 4.86 万户，持股市值共计 45,294 亿元，占比 16.13%，较 2016 年末上升 0.55 个百分点。值得关注的是，自 2014 年沪港通上线以来，北上资金在 A 股中渐渐占据一席之地。2014 年至 2017 年，沪股通持仓占比持续攀升。截至 2017 年末，沪股通持股市值共计 3,322 亿元，占比 1.18%，较 2016 年末上升 0.46 个百分点。

散户新开户数持续萎缩。自 1992 年以来，新开户总数稳步提升。但自 2015 年以来，A 股自然人新开户数逐渐萎缩，从 3,999.4 万户到 2016 年的 3,236.1 万户，再到 2017 年的 2,498.4 万户。而机构新开户数相对保持稳定，从 2015 年的 6.2 万户，到 2016 年、2017 年都维持在 5.9 万户。仅就新开户数来说，A股机构开户总数不断增加，且近年来增速迅猛；B股及信用交易新增机构开户数保持平稳态势。

以上数据表明，我国A股市场正在发生着投资者结构变化，即A股投资市场逐步呈现散户占比下降、机构占比上升的趋势。这个趋势和全球股市发展趋势是一致的。我们认为，这是好现象。

我国A股情况又如何呢？我们再来看2018年A股的情况，散户是否都赚钱了呢？

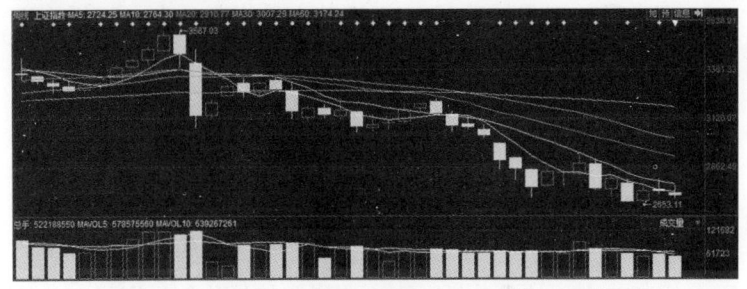

图1.1：2018年1月至2018年8月的上证综指周K线走势
（来源：万和证券财智通软件截图）

2018年8月2日，沪深两市又全线低开，早盘单边下行，两市成交较上个交易日大幅放量。截至收盘：上证综指收盘报2,768.02点，跌幅2.00%，成交额1,697.69亿元；深证成指收盘报8,780.56点，跌幅2.50%，成交额2,095.22亿元；创业板指数收盘报1,510.09点，跌幅2.06%，成交额635.76亿元。

2018年股市行情，从1月至8月的表现来看，上证指数高开低走，从最高点的3,587.03点跌至最低点2,653.11点，跌幅达到了26%。从这个跌幅和这个趋势来看，目前的A股处于一个市场底并没有确立的状态，极度恐慌的情绪和深度割韭菜的原因导致了A股仍然在"跌跌不休"。历史的经验告诉我们，A股市场底部的确立一定是政策底、估值底和市场底的三方合力最终形成的结果，可现在就是差的市场底，信心底。因此从熊市的跌幅和时间以及估值来看，2018年的A股下半年就是一个底部确认的过程。

每一次的下跌都是单纯割肉的散户，总之，2018年以来，境内A股市场上，90%个人投资者都是浮亏。

究竟哪些因素导致了90%的散户亏损呢？有专门机构研究后正反两方面对比，总结出以下几个原因：一是什么也不懂就入市，买卖股票靠感觉。一般散户，都是在股市行情比较好的时候仓促入市的。买卖一般听消息，或者别人推荐，没有自己的交易系统和原则，什么时候买卖，基本靠感觉。不会基本面分析却热衷于技术分析，更不要说坚持做价值投资了。二是大趋势看不清，纠结于日内涨跌。大部分散户是纠结于日内涨跌的，不看中长期趋势，拿不住股票，忍不到波段的拐点再买卖。个人投资者最爱说的一句话就是"我做短线"。其实，最难的是短线，一没技术，二没有资金规模，凭什么做短线赚钱？股票是概率游戏，你短线盈利一次很正常，但次数多了，总体就是失败的。三是仓位使用不合理，轻仓重仓常用反，在基本面和技术分析弱的情况下，仓位控制是避开风险的关键措施。但很多人仓位使用不合理，上涨的时候，仓位越买越重，下跌的时候，补仓越补越重！至于什么时候加仓，什么时候补仓,什么时候必须卖空止损,全靠感觉。凡是仓位控制没有固定套路的人,也就是没有按照规律量化的人,总体肯定是亏损的。三是不会止损和止盈,执行力差。一旦股票走势和自己预期方向不一样,不是第一时间查找原因,看看是不是到了自己的止损止盈价位,而只是一味安慰自己"怎么跌下去,就会怎么涨上来"。当然,很多个人投资者买入的时候,就没有设定止损止盈价位,更谈不上怎么止损止盈了。可以这么说,这基本还没有入门。真得抓紧学习了!

我国A股市场已经20多年了,为什么总会这样?上面说的原因是表象,深层次原因是个人投资者战胜不了人性的弱点。人性的弱点就是"贪婪与恐惧"。贪婪与恐惧支配、扭曲了个人投资者的行为,使人盲目跟风,追涨杀跌,毫无组织性和纪律性。

作为一个人,要经常进行自我审视和自我批评,防止自己堕入"过分自信"的行为学陷阱。有不少文章讨论过人类的行为学偏见,如《达里奥的智慧》。雷·达里奥是美国对冲基金桥水(Bridgewater)的创始人。桥水基金始创于1975年,是全球最大的对冲基金管理公司之一。在2015年2月的一次对冲基金大会上,达里奥在被采访时承认,99%的时间里,他认同自己的量化交易策略;在剩下的1%的时间里,当他不认同量化交易策略的结论时,他自己有2/3的次数是错的。

这里和大家分享一个网上非常有趣的公募基金案例,以此来说明"过度自信"的危害。这是一家美国的公募基金,名字叫作福士曼策略增强基金（Hussman Strategic Growth Fund，HSGFX）。管理该基金的经理名叫约翰·福士曼，拥有斯坦福大学博士文凭，还曾经是密西根大学国际贸易和金融系的教授。2000年，福士曼开始管理并销售他自己的基金（HSGFX）。在该基金发起后的头10年，取得了让很多人钦佩的成功。在2001～2008年间，每一年都战胜了市场基准标准普尔500指数。在2008年金融危机中，美国股市下跌了40%，而该基金"仅"下跌10%左右，堪称业界翘楚。受到如此优异的业绩的鼓舞，HSGFX管理的资金规模迅速上升，在2010年达到了60多亿美元。

但是，自从2009年开始，HSGFX的业绩开始出现反转。在2009～2014年间，该基金每年的业绩都不如标准普尔500指数。在该基金连续亏损多年的同时，其管理的资金规模也一路下降。根据晨星（Morningstar）提供的信息，截至2016年12月8日，HSGFX管理的资金规模为4亿8000万美元左右，和2010年的鼎盛时期相比已经不可同日而语。

管理基金的还是福士曼本人，那么这个基金到底出现了什么问题？为什么前8年和后8年的业绩相差那么大，简直有霄壤之别？

根据HSGFX基金披露的材料，该基金表现不好的最主要原因就是基金经理在2009年以后采取的"对冲"策略。我们知道，从2009年开始，美国股市经历了一轮大牛行情。从2009年3月的谷底开始算起，截至2016年12月8日，标准普尔500指数上涨了228%,大约每年上涨30%左右。福士曼在同期对冲他管理的股票基金(一般会通过卖空股票指数期货或者购买看空期权等方法实现),其基金回报不佳也就理所当然了。

福士曼可不是一般的炒股散户,他自然不是业余级的"韭菜",那么为什么他会在股市不断上涨的这几年坚持"对冲"呢?根据网络金融作家本·卡尔森(Ben Carlson)的分析解释,福士曼的基金内部有一套量化策略模型对股票进行估值。这个模型在2000～2008年间非常管用,也为他的基金带来了非常好的回报。但是到了2009年,福士曼感觉宏观环境发生了变化,因此在他的模型中加入了更多的,一直可以追溯到20世纪40年代的历史宏观数据变量。这其中主要的原因就是福士曼感觉美联储在开始了量化宽松的宏观经济政策后,市场的环境和以前不同了。福士曼修改了模型,得出了要"对冲"的建议,导致了接下来几年的悲剧。

福士曼做出改变模型的决定,可能受到一种名叫近因效应的行为偏见的影响。近因效应首先由德国心理学家提出,是指在多种刺激依次出现的时候,印象的形成主要取决于后来出现的刺激。近因效应表现在股市中就是投资者对于股票市场的预期很大程度上取决于过去一年的股市表现。如果过去一年的股市表现比较差,那么大多数投资者对于下一年的股市回报的预期也会比较低。但是如果过去一年的股市表现比较好,那么投资者们对于接下来一年的股市回报的预期也会比较高。这也可以解释为什么绝大部分投资者都会有"追涨杀跌"的投资习惯。其主要原因就在于，当市场不断上涨时，近因效应让投资者产生了价格会继续上涨的期望，股票涨得越高，投资者购买的兴趣就越浓，反之亦然。

美国历史上罕见的2008年金融危机，对所有金融行业的从业人员都造成了极大的冲击。像福士曼这样非常聪明的职业经理，可能也受到近因效应的影响，担心类似于2008年这样的金融危机再度来临，因此将自己的主观偏见融入了他运行的量化模型之中，在不知不觉中影响模型做出了需要"对冲"的投资决策。

从福士曼这个案例中，我们可以得到这些经验和教训：一是要经常进行自我审视和自我批评，防止自己堕入"过分自信"的行为学陷阱。越是聪明人，对自己的判断就越有自信，也越有冲动去否决投资系统给出的信息而代之以自己的主观意见，而这也恰恰是散户容易堕入"过度自信"这样的行为学陷阱的原因之一。

二是个人仅仅依靠自己，想要持续战胜市场，是不太可能的。上面例子中，福士曼曾经连续8年战胜市场，这足以让他成为一位非常出色的经理人。但是如果我们从过去15年的历史来看，福士曼的投资业绩并不出色，甚至可以说是相当糟糕。斯坦福大学的博士毕业生和密西根大学的教授尚且如此，作为一个普通的投资者，能够持续战胜市场的概率又有多大呢？这个问题就留给大家自己去思考吧。

其次来看债券。在很多投资者眼里，买国债是最安全的，这毋庸置疑；买公司债券，投资者一般想都不要想，靠谱的公司债券在银行间市场交易，你买不到。公司债券只有达到一定级别才是安全的，低于某个级别，比如，低于A级，收益未必稳定，风险却要你承担。辩证地看，债券的风险确实比股票低，但是其收益也低，在全球流动性过剩的环境下，很多债券收益跑不赢通货膨胀。

再来看房地产。自从房地产市场化改革以来，整体上来说，是最安全可靠稳定的投资理财工具。20年的房地产市场化，房价已经翻了几倍甚至十几倍。尤其最近3年，2015年启动最新一轮房价上涨周期至今尚未结束。当然，房地产有个问题，就是流动性较差，而且受行政手段影响较大，有价无市使得相当多地方的投资者的财富是纸上富贵。客观来看，现在已不是投资房地产的最好时期了。

三、全球投资理财趋势

全球资本市场最发达的美国公布的一项数据表明，其3亿多人口中，股市开户人数多达8,000多万，开户人数占总人口的近27%，50%以上的家庭都涉足股票市场，股票价值占到美国家庭财产的1/3以上。在美国，每个家庭几乎都有股票，但他们并不"炒股"。比起几乎每周都要换新股的我们国家的国民，美国人对一只**股票**的钟情可能会维持几十年。

美国很多人家里都藏有上一代人留下的股票，花旗银行的一项统计显示，普通美国人平均持有一只股票的时间为两至三年，基金持有时间更长达三至四年。美国公司劳动纪律很严，上班时间看大盘是不可能的。美国大街上看不到证券交易厅，电子盘不如我国那样流行，证券交易更多地通过众多的证券经纪人。比起个人的能力和朋友间的消息，美国人更相信基金经理的专业经验。

指数基金目前已经成为美国成熟市场上最受欢迎的产品，规模一直遥遥领先。指数基金采取被动跟踪标的指数的方式投资，不掺杂基金经理的主观判断，投资组合透明、分散，更重要的是申赎费率低。美国国内的资本市场规模越来越大，越来越专业化，普通投资者也越来越难以获得超额收益。主动偏股型基金对于普通投资者来说更是复杂，难以把握。指数基金适当降低了该类权益投资的门槛，降低了持有人的决策成本和交易成本，特别适合初期接触权益类投资的用户，也可以满足不同收益偏好、不同投资能力的各类投资者。

我们再来看看英国个人投资理财现状。作为现代金融体制的发源地，英国是理论实践和概念最先进的国家之一。理财成为人们日常生活中的一部分，许多大学都开设专门的理财课程，帮助大家建立起科学的财富管理制度。

英国人在投资领域中，更多会依靠专业化的资本管理和投资公司。众多的理财代理公司，如基金公司、资产管理公司、投资公司就承担起了对大宗基金，如养老基金和慈善基金的管理和经营,保险公司和各个金融机构也都提供理财服务,众多的咨询机构和专家也随时向客户提供现成的帮助。

德国、加拿大等发达国家个人投资理财趋势同样是把钱交给专业的机构去投资,而这些专业机构的投资都是全球化地配置资产。

所以,我们可以得出一个结论,当今全球投资理财的趋势:一是将投资理财交给专业机构;二是理财机构进行的是全球性的投资,在全球范围内配置资产,站在个人投资者角度,相当于个人通过这些专业机构间接实现了财富的全球化配置。这些是成熟资本市场的基本特征,中国作为全球资本市场的重要组成部分,全球投资理财的趋势也是未来我国资本市场向全球发达成熟资本市场融合发展的必然结果。

第 ② 章
股市投资神器

一、价值投资的典范

一位投资者讲述了他的投资经历并问了个问题:"我在2009年5月末开始炒股,一路追涨杀跌,直至2015年初还沉浸在赚钱美梦中,突然到了6月严重亏损,痛定思痛直至2016年,用手中亏损的股票换成东阿阿胶和格力电器直至现在,是价值投资重拾了自己的信心。现在回过头来看,就算当时高点拿工商银行和中国银行这样的股票也盈利颇丰,更别说其他优质公司了。这算价值投资吗?"我们认为就一句话:分析企业的内在价值,在低潮时买入,然后等待价格回归价值。

从操作层面讲,就是大家平时说的那些,低PE(市盈率),高成长性,长期持有。但是真有那么简单吗?

1. 价值投资是一种理念,而不单单是种方法。

价值投资说起来很简单,但实际上操作起来很难。因为缺乏具体的评估方法,很多数据无法量化。

我们看研报的时候会发现里面有各种指标、各种参数来预测企业未来的收益。但是这种评估带有大量的主观色彩，你不能说一家企业以前发展得挺好，那未来也一定很好。

因此，评估出来的价值，必然是模糊的，而非精准的。正因为如此，人人都可以说价值投资，反正不管你怎么说，我就是看好，我就觉得它有价值，然后找各种证据去证明自己是对的，忽视掉那些负面信息。

2. 你真的适合价值投资吗？

有些人很迷茫，不知道到底该听谁的。拿金庸的武林江湖来说，武当有张三丰、华山有令狐冲、丐帮有乔峰、日月神教还有东方不败。任何一派武功只要你勤学苦练，都有成为高手的可能，怕就怕你这里学一点，那里学一点，最后走火入魔。我们以分众传媒为例，下面这道题是请投资者选择从哪个角度分析分众传媒股票的投资机会：

a. 分众传媒从最高点跌了30%，目前大概率会反弹。

b. 基金开始大量买入。

c. 预计分众传媒2018～2020年的EPS分别为0.46元、0.55元、0.76元，则对应估值分别为17、14、12倍，建议买入。

很明显，选择答案a的使用了技术分析法，属于技术流派，选择答案b的使用了资金量能分析法，属于资金流派，选择答案c的使用了价值分析法，属于价值流派。价值流派的态度是：分析研判某只股票的投资机会时，不要一味去关心该只股票目前价格到了什么位置，会不会反弹，有没有基金买入，有没有什么消息刺激，而应当去关心这只股票背后的这家公司在未来几年内究竟会怎么发展，业绩会如何增长。显然，以价值投资理念和视角去寻找优质股票的投资机会，这才是真正的价值投资。

价值投资作为一种系统化的投资思想萌发于20世纪30年代，时至今日，在我国的资本市场上，价值投资这个名词耳熟能详，但是依然有很多投资者并不完全清楚其内涵，片面地认为买业绩好的股票或者买盘子大、市盈率低的股票就是价值投资，而对于价值投资中的风险成分，也不是很清楚。也有人对市场中的一些乱象非常失望，一概认为价值投资在A股市场不适用。

从内涵上来看，价值投资实际上就是要选择优秀的上市公司，并且长期持有股票，追求上市公司的经营业绩，以分享上市公司的利润为投资目标，而不是通过短期炒作来获得投机价差利润。

提到价值投资，不得不提格雷厄姆。1934年，本杰明·格雷厄姆和戴维·多德出版了经典著作《证券分析》，阐述了价值投资的理念和财务分析方法，开创了价值投资这一理念。到1949年，格雷厄姆又出版了价值投资的另一本经典著作《聪明的投资者》，进一步补充和充实了价值投资的核心思想。

从其后的一些价值投资大师，如费雪、巴菲特、彼得·林奇等的观念和投资实践可以看出，价值投资是一个严密而且不断发展的思想体系，它的核心理念是鲜明而稳定的。价值投资有两个核心理念：一是保证本金不亏损，二是投资于某公司股票时的价格要远低于该公司的价值。价值投资观念里的这个价值是公司未来经营情况、经营业绩所体现出来的价值，主要以动态市盈率来判断投资于这家公司时是高估还是低估，这个价格对应未来业绩是值还是不值。

在价值投资看来，买股票在商业本质上等同于买企业，每一只股票都对应着一家实实在在的公司，股票代表着公司的资产所有权，而不是毫无实质内容的交易代码。价值投资要求投资者以企业所有者和经营者的视角和态度来投资股票。

而在我国的资本市场，很多投资者觉得价值投资不适用，原因是多方面的。首先，在A股市场上，股票长期处于供不应求的投资饥渴状态，许多股票价格在大多数时期都高于价值，用价值投资方法的投资者往往感到很难选出符合标准的股票。再者，价值投资很大程度上是要研究公司经营情况的，一般是按基本面来投资、来交易，很多投资者是基于三大财务报表（资产负债表、利润表、现金流量表）来研究判断的，至于这"三表"到底是真是假，是没有能力鉴别的。面对频繁出现的市场操纵、财务造假等问题，很多一开始秉持价值投资理念的投资者无所适从，最终也就不再坚持了。最后一个原因就是，A股中很多上市公司也缺乏回馈投资者的理念，长期不分红，导致了投资股票只能靠博取差价来获利。

从本质上看，价值投资的基础是对财产权利的尊重、对合同的保护以及对市场制度的坚定信念，这三者缺一不可，缺少其中一个环节，价值投资都无从谈起。

我们可以告诉你，过分关注技术分析往往容易忽视最基本的东西，通过技术分析很多时候看到的只是表象而很难看到实质，就如同别人看到某个人是金融专业毕业就以为他很擅长炒股一样，其实不然。

人总是要经历了失败才会反思。一直认为自己很熟悉技术分析、K线图形态、布林通道走势、KDJ金钗银钗形态的投资者为什么会在实际投资中节节失利呢？我们是不是该换换思路，好好反省反省自己过去数年甚至十几年的错误做法，重新清零，向成功者学习，向投资大师学习呢？是不是应该问问自己，谁在股市投资最成功？毋庸置疑，就是巴菲特。那么巴菲特是以什么投资理念来投资的？价值投资！

投资者有时间可以去翻读那几本经典的价值投资的书，尤其是《证券分析》和《聪明的投资者》，慢慢品味，试着慢慢改变自己的投资模式，效果虽然不是立竿见影，但相信经过许多年，你会有比较不错的整体收益率。以下分享几点对价值投资的理解：

（1）寻找最好的公司，做时间的朋友

这句话是高瓴资本的张磊说的，作为价值投资的理念性的东西，这是非常有价值的。这句话给出的是一个方向，或者说是价值投资的一个指导方针。

什么是最好的公司？最好的公司是不是很少？其实不然，相信各行各业都有最好的公司，你可以选择的投资标的也不会少，当然也不会多，因为好的东西往往是稀缺的，这就需要你慧眼识珠，从茫茫的珍珠中找到那颗最耀眼的。至于怎样去判断一家公司是不是好公司，我们在下一个话题会深入谈的。

另一个重要方面就是平均持股时间要长，换手率要低。作为我国股票市场上的投资者，一年十几倍的换手率往往是很正常的。有些高频操作的投资者，一年可能有几十倍，甚至几百倍的换手率，有的一两天就可以换上全部的股票。但是，价值投资者往往会有较长的持股时间，平均持股时间基本上都要超过一年，有的股票有可能会持有好几年，甚至几十年。低换手率，平均持股时间长是价值投资的特点，这也使得价值投资者的交易佣金往往很低。

（2）可预期、可展望、可想象

上文提及如何辨别一家公司是不是好公司，这三个标准也许是比较好的标准，除了这个维度之外，我们在下一节也会继续谈一下好公司的标准。

可预期，指的是这家公司在短期的盈利情况是可以预期的，比如说未来一年的经营情况。我们可以通过对公司基本面的研究，来判断公司在未来一年内发展的稳定性。主要可以参照过去几年的营业收入、净利润、ROE等指标来判断。

可展望，指的是这家公司在未来三到五年的发展是可以展望的，说直白点，就是按照目前发展情况看，我们可以认为这家公司在未来三到五年，仍会取得较好的发展业绩。这可以通过公司的核心竞争力，产品开发与市场拓展能力、市场占有率等方面来判断。

可以想象，这主要从公司所在大行业来看，简单点说，就是公司所处的行业未来10年甚至20年仍是很具有想象空间的。举个例子就比较好理解了，比如说石油煤炭行业在当前来看，一般会被认为是没有什么想象力的行业，而人工智能显然在未来就是很有想象空间的行业。

（3）好行业、好公司、好价格

这个选股的"三好"标准，相信接触过价值投资的人都有所耳闻。其实，这个"三好"标准与上述的"三可"标准是有相似之处的，所以说来说去，价值投资的评判标准是一脉相通的。

好行业，就如同上文提到的，好行业应该是一个可以想象的行业。一个行业整体创造价值的能力、盈利水平等最终会决定处于这个行业的公司的水平。这与我们常讲的"男怕入错行，女怕嫁错郎"一样，你在一个快消行业做大区域总经理，年薪可能也就一百来万，你在金融行业，可能一个中层的职位收入都能超过这个水平，行业决定你的高度。对于选择投资标的也是一样的，行业水平决定了公司水平，行业天花板决定了公司的天花板，公司的水平最终决定了你的投资收益。

好公司，这个与上文提到的可展望相似，所谓好公司就是在行业里有市场竞争力的公司，比行业其他公司厉害的公司，能够长远发展的公司。具体评判标准，我们可以从公司在市场的地位、市场占有率、产品研发能力和市场开拓能力、财务表现（营业收入、净利润率、资产周转率、ROE 等指标）、公司管理层等多方面来评价。如果一家公司的这些评价标准大多都优于行业其他公司，无疑它就是一家好公司。

好价格，这其实很关键，在价值投资领域有一句话说得好，即便你找到最优秀的公司，但你买入的时机错误，也可能会导致你亏损。好价格主要告诉投资者的是一个买入时机的问题，一个可以长期持有的好公司，你想要获取超额收益，一定要在合适的价格买入。那么什么是合适的价格？按照巴菲特的理论，就是价格低于内在价值的时候。这其实说得也很虚，除了参照这一条，你可以观察这类公司的历史市盈率水平、历史价格水平，在当前市盈率水平和价格水平明显低于历史水平的时候，通常买入都没有很大的问题。另外，就是在大范围恐慌的时候，股价非理性下跌的时候，都是很好的买入时间。

二、长期投资的理想工具

上文已经说到，价值投资的一个很重要的理念是长期持有投资组合，做时间的朋友。如果不是对价值投资有很深刻理解的人，会觉得这句话很虚，看到这句话也不知道如何操作。

我们现在就聊聊所谓长期持有的内涵。长期持有，其实就是要求我们持有好的公司，能够守得住、熬得起。价值投资一个最基本的特征就是买到好东西之后要长期持有，共同分享公司成长带来的收益，除非行业或是公司发生重大的变化，不然不能轻易清仓。这一点，巴菲特践行得非常好，巴菲特的重仓股都是长期持有的公司，包括他持有的我国唯一一家公司——比亚迪，也是持有很多年，基本上每只长期持有的公司都为他带来了超额收益。这就是做时间的朋友产生的结果。

价值投资的一个特点，也可以说投资纪律，就是必须坚持长期投资，为什么这么说呢？因为价值投资要求平均持股时间长，换手率低，交易佣金低。

上文我们提到，在我国，投资者一年做十几倍甚至几十倍换手率的情况比比皆是，很高的换手率除了给券商贡献佣金外，对提高投资者收益作用微乎其微。反观国外发达国家股市，换算率极低。价值投资者往往会有较长的持股时间，平均持股时间有数年，这种长期投资使得国外专业机构不是依赖于频繁交易的佣金生存，而是提供最好的、最专业的投资理财服务以吸引大量的投资者资金，帮助他们去投向最好的理财工具——指数基金，并通过基金长期投资于某只低估值股票，长期但又稳定地获取高于市场平均水平的收益。

我们来看美国一个例子。在习惯了 A 股上蹿下跳的我国投资者眼中，高度规范和机构化的美国投资市场一直是一个令人向往之地。从 2008 年金融危机以来，美国股市不仅脱离了低谷，还花了 8 年时间走出一个慢牛市。复杂的暂且不谈，如果你在 2009 年初用 10,000 美元投资一只最简单的标普

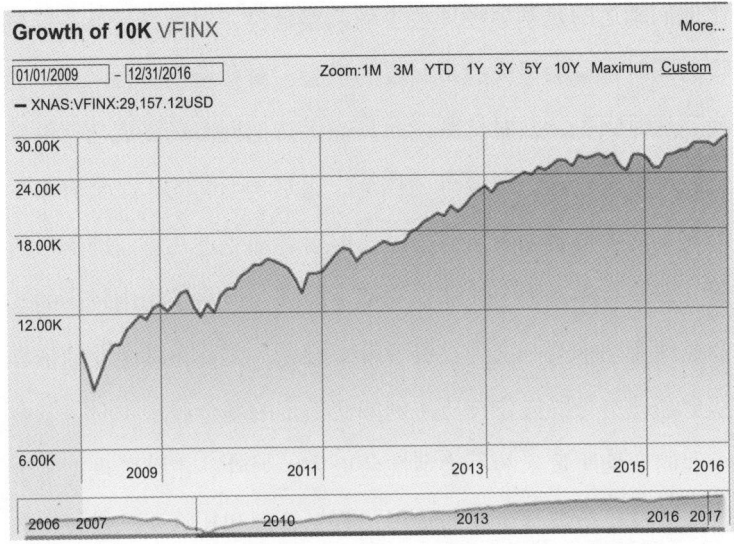

图 2.1：标普 500 指数基金 VFINX 投资收益图（来源：晨星公司）

500 指数基金，那么到 2017 年底，这 10,000 美元已经变成了 29,157.12 美元，收益率高达 191.2%。

我们不能否认在不同的时期都有基金比指数基金表现优越，尤其在熊市中，主动管理型基金利用契约赋予的灵活性（股票比例、行业和个股配置）获得相对较好的成绩，但能在牛市持续战胜指数基金的却不多，基金业绩的可持续性也并不确定。且这种可持续性是建立在基金经理坚实的投资理念，对投资策略的执行，把握市场的成功率，以及对经验总结和策略修正的基础上的。

在美国，主动管理型基金很难"打败"指数基金，除了行业个股配置外，主要原因在于费用高，市场的相对有效性和他们追求相对回报，均不太做大类资产配置。而我国的投资者比他们幸运的是基金经理会主动调整仓位，但这在降低系统风险的同时，也会错失股市回暖的机会。对普通投资者来说，能找到涨时领先，跌时抗跌，而且能保持把握市场高成功率的基金经理难度较高，像彼得·林奇、比尔·米勒的人又会有多少个呢？前者带着荣誉急流勇退，但后者却受近几年业绩落后所累。即使有幸碰上上述那样的基金经理，但由于国内较高的基金经理变动率又一次为投资者带来难题。尤其在基金业绩依靠基金经理本身的操作技巧（例如交易型的基金经理）时，基金经理的变动所带来的不确定性会更大。另外，主动管理型基金通常涉及较指数基金高的费用，首先管理和托管费已经较指数基金高，且估算的基金费用结果显示，总费用有随换手率提高而增加的趋势。一个简单的法则就是，如果在扣除成本前，主动管理型基金等于指数基金的平均收益，但扣除费用之后，主动管理型基金的平均收益会低于指数基金。那这类主动管理型基金的投资价值就不明显了。

从长远来看，随着市场的不断成熟，投资理念和策略的广泛流传和使用，市场会变得越来越有效。所谓有效是指资产价格处于随机的状态，对市场信息做出准确反映，任何希望通过投资策略超越市场的做法均会徒劳无功。相对其他成熟市场，目前我国的有效性仍相对偏弱，金融产品的缺乏，市场制度的不断完善，大小非问题，以及利用同一盈利模式（如基本面分析）的门槛较高等是其中原因。但这些问题随着市场制度、产品的完善和基金数量的增加，参与使用同一盈利模式获取超额收益的投资者增多,有效性也自然会提高,那么主动管理型基金能持续战胜指数基金的成功率也会降低,那么后者的长期投资价值必然提高。投资者通过一定的投资技巧(如坚持定期定额投资,或在市场处于低谷时加大投资额度、逢低买入),将会加快财富增长的速度。

三、投资代表性股票的捷径

指数基金是一种特殊的股票基金,只不过其跟踪对象是指数,其投资策略就是复制指数所包含的成份股并且每只入选的成份股的配置比例也和指数的比例一致,而这些成份股都是具有一定规模和较高流动性、质地优良且成长性较好的最有行业代表性的优质股票。所以,我们说投资指数基金就是投资了股票,这一点,投资者大可放心。

举个例子,沪深300指数是沪深证券交易所于2005年4月8日联合发布的反映A股市场整体走势的指数。沪深300指数选择A股市场中规模大、流动性好的最具代表性的300只股票构成指数样本,覆盖了A股市场51.24%的总市值和47.37%的自由流通市值。沪深300指数的300只成份股具有竞争力强、经营稳健、业绩优良的特点,也就是我们常说的蓝筹股。

截至2018年9月11日,沪深300指数前十大权重成份股如下表:

表 2.1：2018 年 9 月 11 日沪深 300 指数的前十大权重成份股
（来源：中证指数公司）

代码	简称	行业	权重
601318	中国平安	金融地产	6.81
600519	贵州茅台	主要消费	3.31
600036	招商银行	金融地产	2.88
000333	美的集团	可选消费	1.90
601166	兴业银行	金融地产	1.86
000651	格力电器	可选消费	1.78
600016	民生银行	金融地产	1.71
601328	交通银行	金融地产	1.54
600276	恒瑞医药	医药卫生	1.46
600887	伊利股份	主要消费	1.42

那么，市场上跟踪沪深 300 指数的指数基金就有很多，这些指数基金就在沪深 300 指数的成份股里选取样本股票，同时，选取股票的权重多少也参照沪深 300 指数权重方法进行加权。这样，跟踪沪深 300 指数的基金所构建的股票组合整体走势几乎和对照的该指数一模一样。如果我们投资于指数基金的初衷是分享经济增长，获取市场平均收益，那么要做的就是复制整体市场，将投资组合做成和市场完全一样的，这就需要像沪深 300 指数一样规模大、流动性强的指数。正如在美国市场上选取标普 500 指数作为投资组合代表市场一样。

回溯过去两年的历史可以发现，从 2016 年底到 2017 年底，大盘蓝筹股持续领涨市场，且在未来该市场风格还继续延续的情况下，该指数依然具有投资优势。

总之，投资者投了指数基金不仅仅等同于个人直接投资了股票，还有两个显而易见的好处：第一，投指数基金就是直接投资了在市场上最有行业代表性的成份股，这些成份股都是流动性较高、规模适中、基本面优良和成长性较高的优质股票。第二，投指数基金等于你找到了邀请资金实力更雄厚、研究能力更强大的专业机构帮你理财的好方法。这省去了你研究每只股票的时间和精力，让你腾出更多时间去陪家人、去做自己其他重要的事情等。

我们再举以下几只深交所市场的指数，同样会发现这些指数都是基于某种规则和原则刻画描述深交所某个行业或某类主题股票的总体走势，包含了少则几十多则几百的股票组合，投资者投了指数基金等于是投资了指数的成份股，实质上仍然是投资了股票。

深证成指

深证成指为深圳全市场标尺性指数，其入选样本均为大盘蓝筹股，未来会进一步研究完善，打造深成指对主板、中小板和创业板合理覆盖，并适应未来发展需要的市场基准指数。

深证 100 指数

在深证规模指数体系中定位为"大盘股指数"，与上证 50 和中证 100 的定位相对应。深证 100 指数是深圳市场的重要产品指数，其成份股就像它后面的数字一样，包含了 100 只样本股票。深证 100 相关指数产品已形成较大规模并具有良好的品牌影响力，是深证系列指数开拓产品链的先锋。

深证 300 指数

在深证规模指数体系中定位为"大中盘股指数",与上证 180 和沪深 300 对应。深证 300 具有代表性充分、行业结构均衡等优点,它包括了 300 只成份股,在未来较长一段时期内将是深市指数产品开发的重要载体。

中小板指数

中小板指数为中小板市场的标尺性指数,自发布以来运行表现突出,充分展示了中小板的高成长性,已成为多层次资本市场的代表性指数之一。

四、全球化资产配置的好方式

2018 年 7 月,除香港市场表现较弱、亚洲新兴市场出现分化行情外,全球股市整体向好。其中,由于美国经济强劲复苏,美股表现较佳。标普 500 和纳斯达克 100 指数该月分别上涨 3.6% 和 2.72%,美国摩根士丹利资本国际公司(Morgan Stanley Capital International,以下简称 MSCI)大中小盘指数亦均有不同程度上扬,且以大盘股指涨幅领先。从 MSCI 美股行业指数看,各板块均有上涨。其中,工业板块指数涨幅最大,紧随其后的则是医药保健和金融板块。

其他发达国家和地区方面,德国 DAX 指数上涨 4.06%,法国 CAC40 指数上涨 3.53%,日经 225 指数则上涨 1.12%;但恒生指数以及恒生我国企业指数则表现较弱,分别下跌

1.29%和0.44%。亚洲新兴市场方面,我国(中国)台湾地区加权指数上涨了2.04%;韩国综指下跌了1.33%。

反观我国A股市场则出现分化行情,上证指数上涨了1.02%,但深证成指则下跌了2.14%。但是,我们要告诉你,如果你投资了指数基金,那你就超越了市场表现。

为什么这么说呢?因为投资境外股市的指数基金属于QDII基金,这类基金跟踪的指数是境外股市的重要指数,像标准普尔500、纳斯达克指数、恒生指数等。这类投资于境外股票市场的人民币基金在2018年7月及该年1-7月的市场表现均优于境内A股市场,取得了不错的业绩。例如,2018年7月,投资于美国股票市场的QDII基金以5.49%的平均月度收益率独领风骚,新兴市场股票型基金则以3.96%的平均月度收益率排至第二。

表2.2:投资于境外股票市场的QDII基金2018年7月收益率及1-7月累计收益率情况(来源:根据晨星官网整理)

各境外股票市场主要QDII基金(部分)	2018年7月收益率(%)	当月统计基金数量(只)	2018年1-7月收益率(%)
美国股票市场	5.49	17	14.24
新兴市场股票	3.96	4	-0.84
境外行业股票	3.93	40	9.61
大中华区股票	1.99	20	0.03

具体来看:

2018年7月,受益于美股上涨,投向美国股票市场的QDII基金表现较好,纳入统计的17只基金平均上涨5.49%,且均录得正收益。其中,长信美国标准普尔100等权重指数增强（QDII），在 2018 年 7 月录得 6.67% 正收益，位居第一。此外，由于标普 500 指数表现强于纳斯达克 100 指数，分类中跟踪标普 500 的基金业绩整体表现也更为突出。

2018 年 7 月，投资于境外的行业型股票基金中，纳入统计的 40 只基金录得 3.93% 的平均收益，且仅有两只基金录得负收益。由于美国医疗保健板块延续了 6 月的强劲增长，主投该板块的基金也因此获得较好收益。其中，广发全球医疗保健（QDII）以 9.13% 的正收益居首位。

2018 年 7 月，大中华区股票型基金业绩有所反弹，纳入统计的 20 只基金平均收益为 1.99%，共有 17 只基金净值上涨。其中，南方恒生我国企业精明指数（QDII-LOF）A 以 3.95% 的收益排名同类第一。

再来看 2018 年 8 月我国的 A 股市场和 QDII 基金表现：

截至 2018 年 8 月 31 日，A 股三大市场市月线均以阴线报收，整个 8 月，A 股市场三大股指持续震荡下跌趋势。

据东方财富 Choice 数据，剔除年初至 8 月底开放式基金业绩表现中，QDII 基金取截至 8 月 30 日业绩，多只 QDII 基金超越此前一直霸占榜首的富国精准医疗混合，占据靠前位置。表现最佳的为广发纳斯达克 100ETF，2018 年初至 8 月末总回报 25.83%。业绩靠前的 QDII 基金主要为指数基金，跟踪的标的主要为美国股市的宽基指数基金或信息、生物科技、消费等指数基金，以及一些石油相关指数。

截至 2018 年 9 月 2 日夜间，QDII 基金尚未披露 8 月 31

日业绩，考虑到 8 月 31 日美股纳指与标普 500 指数微涨，QDII 指数基金已经占据先机，更让人感受到不如投 QDII 指数基金，获取全球其他股市收益。

事实胜于雄辩，投资者只要敢于去申购投资 QDII 指数基金，就是投资了全球市场，就已经先人一步，分享全球股市上涨带来的收益。

PART 2

明明白白
投指数基金

第 ③ 章
站在高处看指数基金

一、什么是指数体系

2018年5月15日，MSCI官方发布首批纳入MSCI指数的A股名单，234只A股被纳入MSCI指数体系，本次纳入股票占比2.5%，后续MSCI将会提升纳入比例至5%。按照MSCI此前计划，调整结果将在5月31日收盘后实施，6月1日正式生效。指数是什么？本书向你慢慢道来。

通俗地讲，指数就是某个整体、全体的平均数。举个例子，一个班有50个人，其中，男生20个，女生30个。2018年1月，该班期末考试结束，公布了每个学生的成绩，那么这个班成绩水平到底如何呢？与去年期末考试成绩相比是进步还是倒退了呢？再进一步，这个班的学习成绩是男生好还是女生好呢？遇到这些问题怎么办呢？

怎么办？好办！最简单的方法就是把所有学生的成绩加总再除以全班的人数50，得出平均数，这个平均数就好比指数了。如果只统计20个男生的成绩，求和再除以男生人数，就得到男生组合的成绩指数。我们把这次的平均成绩定义为

100，等到 2019 年 1 月下次期末考试时，用同样的方法求出平均成绩，并且把这个数与 100 对比，看是增加了还是减少了，增加多少分，就称为上涨多少个点；减少了几分，就叫下降几个点。

以上只是为了帮助投资者理解指数而举的简单例子，大致说明指数是衡量整体水平及其水平变化的平均值。在资本市场，指数的编制、计算等非常复杂。但万变不离其宗，归根结底其本质就是平均价格。

1. 指数的宏观体系

在资本市场，不仅股票市场有指数，债券市场也有指数，外汇市场也有指数。其实，所有资本市场理论上都有指数，都可以指数化。比如，美元指数、黄金指数、石油期货指数、比特币指数。这些指数就构成了资本市场的指数体系。有了指数，就会有对应的跟踪指数的基金，这是资本市场发展的必然。

但是，对我们投资者来说，最重要也最为关心的是股票指数。本书如果没有特别说明，均是指股票指数，同时，本书所称的指数基金都是股票指数基金。就国内资本市场而言，截至 2018 年 6 月 30 日，指数基金数量为 606 只，合计规模为 4,716.9 亿元。

股票指数，又叫股票价格指数，是用来描述股票市场总体价格水平及变化的指标，是由证券交易所或金融服务机构编

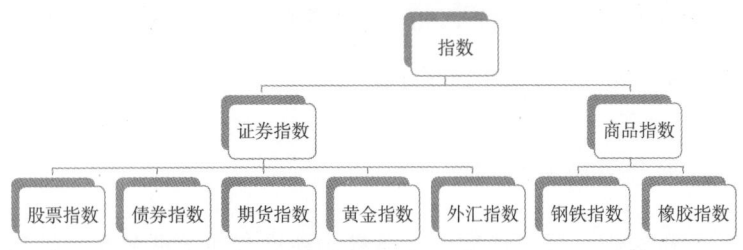

图 3.1：资本市场宏观层面的指数体系（来源：根据网上公开资料整理）

制的表明股票行情变动的一种供参考的指示数字。

由于股票价格起伏无常，投资者必然面临市场价格风险。对于具体某一种股票的价格变化，投资者容易了解，而对于多种股票的价格变化，要逐一了解，既不容易，也不胜其烦。为了适应这种情况和需要，一些金融服务机构就利用自己的业务知识和熟悉市场的优势，编制出股票价格指数，公开发布，作为市场价格变动的指标。投资者据此就可以检验自己投资的效果，并用以预测股票市场的动向。同时，新闻界、公司老板乃至政界领导人等也以此为参考指标，来观察、预测社会政治、经济发展形势。因此，股票指数至关重要，尤其是对于个人及家庭投资者来说。

一般地，我们会把某一个交易日的股票总体价格水平指定为这个指数的基准水平，这个交易日就被称为这个指数的基准日，再给这一日的总体价格水平明确规定一个基准点数，比如，规定为 100 点、1,000 点等。以后我们说股市涨了或跌了就是跟基准日的基准点数做比较得出的结论。例如，基准日点数是 1,000 点，基准日后的某年某个交易日，股市这个指数点数相对于1,000点上涨了50点，点数就是1,050点，上涨幅度为5%。反之，下跌亦如此计算。

2. 指数编制机构体系

在国内，股票指数体系还有一种更有利于理解实操的体系，就是按照指数公司搭建的指数体系。指数公司是指数编制的主体，其他编制机构还有证券公司、私人研究机构等。

国内的指数公司分为两种：一种是具有官方背景的专业指数公司。目前主要有两家，中证指数有限公司和深圳证券信息公司，市场上绝大部分指数都是这两家开发的，所以股票指数基金跟踪的也主要是这两家开发的股票指数。第二种是独立第三方编制机构，包括上文提到的证券公司，例如中信证券和申万证券公司，但是市场上跟踪这些证券公司开发的股票指数的基金产品很少。所以，本书重点介绍中证指数公司和深圳证券信息公司的股票指数。这两家构成了国内的股票指数体系。

中证指数公司股票指数体系

中证指数公司是由上海证券交易所和深圳证券交易所联合出资成立的，是国内最大的指数研发编制、运营和服务公司。长期的指数运营服务经历使其积累了良好的口碑，赢得了市场的广泛认可。例如，中国金融期货交易所上市的三大股指对应跟踪的上证50指数、沪深300指数、中证500指数都由这家公司负责授权维护运营。

中证指数体系包括规模、行业、主题、风格、策略、境外、客户专门定制等股票指数。

深圳证券信息公司股票指数体系

深圳证券信息公司是深圳证券交易所下属公司，经深交所授权，负责研发、维护、运营有关深交所股票市场的一系列指数。深圳证券信息公司是深交所直属指数机构之一，是国内最早开展指数运营服务的专业化机构。

深圳证券信息公司旗下维护运营的"深证"市场指数最早于1991年开始计算，自2002年以来已经开发推出横跨沪深两市的"国证"系列股票指数。先后编制开发了深圳成分指数、中小板指数、创业板指数等极具市场代表性的股票指数，并成功研发推出了"深证100"等投资型指数，完善了"深证""国证"指数系列。目前，深圳证券信息公司的指数在市场上应用较为广泛。

构建多层次和良好的指数和指数产品体系对资本市场的健康发展有着重要的助推和引领作用。这种作用体现在：一是管理市场风险，促进平稳运行。通过指数准确反映市场运行状态，可以为市场监管和宏观决策提供风向标。通过指数产品引导长期理性投资，提供风险管理工具，有助于形成市场内在的稳定机制。二是引导转型升级，服务实体经济。指数能够反映实体经济发展的方向、动向，通过指数产品，聚集金融资源，引导配置到应该转型发展的重点领域、薄弱环节，促进资本市场更好地服务供给侧结构性改革。三是促进资本市场双向开发、国际化发展。指数是资本市场品牌形象的重要载体，加强指数产品开发有助于推进和提升资本市场的国际影响力和竞争力。

3. 全球著名的股票指数

道琼斯工业平均指数（DJIA）

道氏理论的首创者查尔斯·亨利·道于1884年7月3日首创了股票市场平均价格指数。道琼斯工业平均指数首次公布的时间是1896年5月26日，它代表着美国工业中最重要的12种股票的平均数，是世界著名的股票指数。

该指数诞生时只包含11种股票，其中有9种是铁路公司股票。1897年，原始的道琼斯股票指数被一分为二，一个是工业股票平均价格指数，由12种股票组成；另一个是铁路股票平均价格指数，由20种成份股组成；1929年，又添加了公用事业股票平均价格指数；后来把工业股票平均价格指数、铁路股票平均价格指数、公用事业股票平均价格指数一起平均，于是便形成了今天的道琼斯综合指数。但是在这四种道琼斯股价指数中，以道琼斯工业平均指数最为著名，它被大众传媒广泛地报道，并作为道琼斯指数的代表加以引用。

道琼斯指数的出现，使证券市场摆脱了股票价格随机游走的结论，使个股走势发展开始有了一个明确的参考依据，同时使交易者意识到了个股不仅受自身风险的影响，同样也受整个股票市场波动的影响。道琼斯指数不仅为衡量股票市场的整体波动提供了科学的参考体系，同时也逐渐成为一国经济发展的晴雨表。

纳斯达克指数（NQCI）

纳斯达克指数是一个从美国纳斯达克证券市场中采集得来的指数，包括计算机软硬件股、半导体股、网络股、通信股及生化科技等与高科技有关的各种股票。它是高科技产业的重要指针，是全球科技股的风向标，对世界各地的股市深具影响力。纳斯达克证券市场（NASDAQ）由全美证券交易商协会（NASD）创立并负责管理，是1971年在华盛顿建立的全球第一个电子交易市场，并且是目前世界上最大的无形交易市场。建立纳斯达克市场的初衷在于规范美国大规模的场外交易，所以纳斯达克一直被作为纽约证券交易所的辅助和补充。但是发展到后来，纳斯达克市场已不是平常意义上的二板市场。在纳斯达克上市的几千只成份股中，约有一半属于高科技公司；在全美上市的网络公司中，除极少数几家在纽约交易所上市外，其余全部在纳斯达克上市。在美国资本市场上市值最高的5家公司中，纳斯达克市场就拥有微软、英特尔、思科3家（通用电气和沃尔玛则在纽约证券交易所挂牌交易）。截至2018年8月30日，纳斯达克市场发行的外国公司股票数量已超过纽约证券交易所和美国证券交易所所发外国公司股票的总和，成为外国公司在美国上市的主要场所。

标准普尔指数（SPCI）

标准普尔指数由美国20世纪20年代最大的证券研究机构标准·普尔公司编制而成。1923年，普尔公司最初只采选了

230种股票作为标准普尔指数的样本股。到了1957年，该指数范围扩大到了500种股票。近几十年来，虽然该指数中的股票不断被更换，但始终保持为500种。

标准普尔指数以1941～1943年抽样股票的平均市价为基期，基期指数定为10，以股票上市量为权数，按基期进行加权计算。由于标准普尔指数所覆盖的股票市值占到纽约证交所股票总市值的80%以上，且在选股上考量了市值、流动性及产业代表性等因素，所以该指数一向被认为是专业交易者衡量他们投资组合回报的指针，是美国股市最具代表性的指数。与道琼斯工业股票平均指数相比，标准普尔指数具有采样面广、代表性强、精确度高、连续性好等特点。

富时100指数（FTSE100）

英国富时100指数前称为"金融时报100指数"，由英国金融时报创立于1984年1月3日，其成份股由在伦敦证券交易所上市的最大的100家公司（约占该市成交量的70%）股票组成。该指数是英国经济的晴雨表，也是欧洲最重要的股票指数之一。它以股票市值加权的方式进行计算，是伦敦国际金融期货交易所（LIFFE）中指数期货和期权合约的标的指数。英国富时100指数只是英国富时指数中的一个指数品种，与它相近的还有富时250指数和富时350指数。

法兰克福指数（DAX）

德国法兰克福指数是由德意志交易所集团推出的一个蓝筹股指数。1988年7月1日起开始面世，基准点为1,000点。

该指数是德国最受重视的股价指数,但该指数仅由30种最大的蓝筹股组成。

日经指数(NSA)

日经指数由日本经济新闻有限公司编制于1949年,其成份股由东京证券交易所第一组挂牌的225种股票组成,是考察日本股票市场最常用和最可靠的指标。与道琼斯工业平均指数一样,日经指数采用价格加权的方式进行计算,因此价格高的股票对日经指数的影响较大。

恒生指数(HSI)

恒生指数是中国香港股票市场上历史最悠久、影响最大的股票价格平均指数,由香港恒生银行全资附属的恒生指数服务有限公司编制,其成份股由香港股票市场中33家实力雄厚的上市公司股票所组成,其总市值约占香港联合交易所市场资本总额的70%,包括4种金融业股票、6种公用事业股票、9种房地产业股票和14种其他工商业股票。其中,汇丰银行为香港股票市场上市值最大的蓝筹股,占恒生指数的权重约有1/4,故其走势对香港股市有很大的影响。恒生指数于1969年11月24日首次公开发布,基期指数定为100,以其发行量进行加权平均计算。

MCSI指数

MSCI是美国著名的指数编制公司,即摩根士丹利资本国际公司,又译为明晟公司。

MSCI是一家股权、固定资产、对冲基金、股票市场指数的供应商，编制了多种指数。明晟指数（MSCI 指数）是全球投资组合经理采用最多的基准指数。全球约 10 万亿美元的资产以 MSCI 指数为基准，全球前 100 个最大资产管理者中，有 97 个都是 MSCI 的客户，在北美及亚洲，超过 90% 的资产机构以 MSCI 指数为标的，截至 2015 年底，MSCI 客户遍布 86 个国家，共 6,400 家。

MSCI 作为一家提供全球指数及相关衍生金融产品的国际公司，其推出的 MSCI 指数广为投资人参考，全球的投资专业人士，包括投资组合经理、经纪交易商、交易所、投资顾问、学者及金融媒体均会使用 MSCI 指数。

MSCI 国家指数由摩根士丹利资本国际公司收集每个上市公司的股价、发行量、大股东持有量、自由流通量、每月交易量等数据，并将上市公司按全球行业分类标准（GICS）进行分类，在每一个行业以一定的标准选取 60% 市值的股票作为成份股，选取标准包括规模（市值）、长期短期交易量、交叉持股情况和流通股数量。由于摩根士丹利资本国际公司先划分行业，再从行业中选取股票，这样保证了指数组合中各行业都有相对固定的比例的股票，使得指数具有较强的行业代表性。

MSCI 中国指数系列由一系列国家指数、综合指数、境内以及非境内指数组成，是提供给包括 QDII 和 QFII 在内的国内外持牌机构投资者进行多样化投资选择的。整个指数系列可以分为以下几部分。a. 旗舰指数：MSCI 中国指数（MSCI China

Index）及其细分指数。b. 综合指数：MSCI 中国全股票指数（MSCI China All Share Index）、MSCI 金龙指数（MSCI Golden Dragon Index）、MSCI 中华指数（MSCI Zhonghua Index）等。c. 纯境内指数：MSCI 中国 A 股指数（MSCI China A Index）、MSCI 中国 A 股（国际）指数（MSCI China A International Index）等。d. 纯境外指数：MSCI 海外中国指数（MSCI Overseas China Index）等。

其中，MSCI 中国指数是 MSCI 覆盖我国的旗舰指数，之所以这么说，是因为它按照 MSCI 全球可投资市场指数编制方法编制，属于 MSCI 全球可投资市场指数体系中的一员。

4. 指数化投资

所谓指数化投资，就是以复制指数构成股票组合作为资产配置方式，以追求组合收益率与指数收益率之间的跟踪误差最小化为业绩评价标准。其特点和优势在于投资风险分散化、投资成本低廉、追求长期收益和投资组合透明化。

作为一种被动式的投资方式，指数化投资与主动式投资方式的根本差别，在于它完全按照指数样本股票的组合进行投资，基金管理人不进行选股，而将选择股票的权利交给指数编制机构。但从另一个角度来说，最终选择股票的权利其实并非交给了指数编制机构，实质上是交给了市场。

目前市场上最流行且认同度最高的指数，通常按照市值和流动性进行选股。在透明化的指数选样标准下，股票进出指数样本股票组合实际上是市场综合力量推动的结果，是"无形的手"在发挥作用。从这种意义上讲，选择市值覆盖率高的宽基指数进行投资，其核心理念就是以被动方式分享市场收益（beta）并承担市场风险，这类似于我国传统哲学中的"道法自然""无为而无不为"。

5. 指数化投资才真正适合个人投资者

国内资本市场"短炒散户"太多，这是现状，该部分投资者70%是不合格的，只能叫作"投资型娱乐玩家"。这些"短炒散户"不仅是庄家收益的来源，也是证券公司最喜欢的客户，高换手率意味着高额佣金收入，当然还有印花税。

如果没有炒股天赋，估计至少80%的短炒散户都是亏钱的，而且交易费用与价差会持续损耗他们的本金，直到他们被打得对市场失去信心。

假设我们不做"短炒散户"，我们还有什么钱可以赚呢？我们的一个主要目的，还是要降低交易费用，这点对投资者非常重要。例如，股票市场上涨或者下跌的概率都是50%，由于交易费用的存在，如每天交易费用（含印花税）为0.1%，意味着，本来输赢各50%，就变成输赢比为55:45，因为有时候赌赢了，但市场涨幅低于交易费用，那么其实还是赌输了。这样导致这个游戏的胜率从50%降到了45%，如果长期频繁地玩这个游戏，结果可想而知。

避免炒短线与降低交易费用之后，最佳的办法就是选择长期业绩优异的白马股票，例如万科、腾讯等等。但是，这些是千里挑一。这意味着选股的成功率低得可怕，就算我们投资10个股票，成功概率也就10个千分之一，即百分之一。

那我们换一种方法，可以选择一个（行业或者主题）指数。例如，看好大盘股票有沪深300指数，中盘股票有中证500指数，小盘股票还有中证1000等；看好白酒可以购买白酒行业指数，看好军工可以买军工行业指数等。

为什么会这样？因为基金中的被动式指数化投资载体就是指数基金。比如沪深300指数，发行一只基金跟踪该指数，这只基金按照沪深300指数的股票和权重来构建，力图跟踪沪深300指数的波动。因为是跟踪指数的，所以是被动式投资方式，由于不需要选股和择时，指数基金的费用较低。

指数基金也常常有一些申购赎回费用，但是，和主动型基金相比，指数基金收取的这些费用非常低。目前有C类基金免申购赎回费用，当然这不是免费而是改为收取销售服务费。其实最有效的指数投资标的还是ETF与LOF基金，俗称场内基金，交易免印花税，而且基金交易佣金也大幅低于股票，目前通行的费率基本为万分之一，并且可以在盘中进行行业切换。

指数化投资的理念来源于现代投资组合理论和有效市场假说。现代投资组合理论（马科维茨，1952）提出投资者在所有预期回报率相同的投资组合中，只会选择风险最小的组合，而一个充分分散的投资组合，几乎能够为投资者完全消除投资于单个资产所面临的非系统性风险,从而获得风险调整后的最大收益。

在这一理论的基础上,威廉·夏普提出了资本资产定价模型(CAPM),指出所有投资者都可以通过持有无风险资产和市场组合,并根据自己的风险偏好调整两者的比例,来获得属于自己的最佳投资组合,同时获得显著的成本优势。

著名经济学家法玛在1970年提出有效市场假说,他认为,在有效市场中证券价格反映了一切已有的信息,其未来波动必然反映新的信息,服从随机游走模式。因此,对于大多数普通投资者来说,力图通过花费大量的成本和精力进行证券研究以预测价格走势并获得超额收益,是很不现实的。

最佳的投资策略是选择持有市场组合,进行被动的指数化投资,从而在长期获得市场平均收益的同时,最小化交易成本和管理成本。此外,从行为金融学角度来看,指数化投资还能有效地帮助投资者避免心理预期理论所描述的追涨杀跌的心理困扰。

而在应用中,指数化投资的表现也确实没有让人失望。从美国的经验来看,在过去10年,标普500指数的收益率高于85%的主动型基金,而在过去的20年中,标普500更是战胜了98%的主动型基金,甚至在2012年和2013年的牛市当中,巴菲特的伯克希尔·哈撒韦也跑输了标普500。正是因为指数化投资优秀的历史业绩以及历次金融危机的深刻教训,使得曾经也热衷于抄新、抄小、抄差、抄短的美国投资者在投资理念上发生重大转变。

目前，有超过4万亿美元的资金投资于各类指数型基金，占美国资产管理行业总规模的22%，而ETF的交易量也占到了交易所市场交易量的30%以上。

反观国内，尽管市场有效性相对较低，但主动型基金的表现也没有明显的优势。从2006年到2014年的9年间，沪深300指数与主动基金平均水平比较，赢了6次。而国内成立的第一只ETF——华夏上证50ETF，在业绩表现上同样也有6次优于主动基金平均水平。

借鉴国际指数化投资的发展经验，可以预见在不久的未来，随着国内资本市场的持续发展、投资者理念的不断成熟，将会有越来越多的投资者参与到指数化投资的浪潮之中。

一句话，指数化投资是否适合我国市场？答案是肯定的，而且趋势越发明显。随着投资者的成长，同时伴随着市场对投资者的过滤，剩余的投资者必将越来越精明，如同全球市场一样，指数基金必将成为中国投资者的首选标的。

二、指数是股市的仪表盘和风向标

本书所称指数全称是股票价格指数，是选取具有典型代表性的一组股票计算该组股票价格水平并以此刻画描述股票市场或某类股票价格水平及其变化走势的指标。简单地说，就是按照事先确定的筛选标准对选取的某种股票组合依据特定的计算方法统计描述该组合股票的价格变化情况。

其实,股票指数只是资本市场中各种指数中的一种,构成资本市场的各子市场都有对应的用以描述其价格的指数,如前文介绍的债券指数、黄金指数、期货指数等。

股票指数最大的作用是描述刻画了股票市场价格水平和走势,如投资者耳熟能详的上证综指、沪深300指数、深成指、道琼斯指数、标准普尔500指数等。

首先,了解、看懂上述指数就知道了其背后所代表的具体某股票市场当日是涨还是跌,每个交易日都有点位,连续特定时间段,就构成趋势线,看这些指数走势趋势线,就大致知道并能预测股票市场的未来走势。

其次,股票指数是跟踪投资的工具。最常见的就是本书要介绍的指数基金产品。指数基金就是跟踪股票指数的。没有股票指数,指数基金就是无源之水、无本之木,所谓"皮之不存,毛将焉附?"

举个例子,投资者天天耳濡目染的上证180指数基金就是复制跟踪上证180指数的基金产品。通过该基金的基金管理人按照程序化交易指令,代替投资者自己依照该指数编制规则购买对应的构成该指数的具体股票,目的就是确保上证180指数涨多少这只基金也涨多少,上证180指数达到什么收益水平这只基金收益也近似于这个收益。

最后,股票指数是金融衍生品的工具。资本市场上围绕股票指数可以衍生其他投资工具。例如,可以衍生出股指期

表 3.1：2017 年末国内资产规模前十大的指数基金对应跟踪指数
（来源：根据申万宏源证券资料整理）

标的指数	资产规模（亿元）	资产规模占比（%）
沪深 300	992.3	21.39
上证 50	509.5	10.98
中证 500	292.6	6.31
上证 180	217.1	4.68
深证 100	159.4	3.44
中证军工	155.7	3.36
证券公司	148.9	3.21
黄金价格	137.4	2.96
创业板指	118.7	2.56
国企改革	108.5	2.34
其他指数	1799.0	38.78
总计	4639.2	100

货、股指期权、场外联接衍生品等产品。这些产品既是投资工具更是进行有效风险管理的利器。

三、指数是怎么编制的

股票指数是证券价格变动程度的指标。伴随股票市场的飞速发展和对指数投资规模的不断扩大，越来越多的指数被开发出来。我们知道，指数编制过程中最重要的就是成份股的权重选择问题。构成指数的成份股的加权方法也是对指数进行分类的一种标准。目前，主要加权方法有市值加权法、平均价格法、基本面加权法、等权重法、波动率加权法、GDP 加权法。

权重选择方法不同，指数表现就不同。我们举例用市值加权法、价格加权平均法来简单说明一下。以两只股票为例，其期初和期末价格和市值变动情况如下表：

表 3.2：甲乙两只股票期初期末价格变动及市值变化

	流通股份	期初价格	期末价格	价格变动	期初市值	期末市值
甲股票	20	25	30	20%	500	600
乙股票	1	100	90	-10%	100	90

在两种计算方法下，指数变化如下表：

表 3.3：价格加权与市值加权对指数增减的不同影响

价格加权平均法			市值加权法		
期初指数	期末指数	变动	期初指数	期末指数	变动
(25+100)/2 =62.5	(30+90)/2 =60	-4%	假定为100	100*(690/600) =115	15%

可以看出，在价格加权平均法下，高价股票的权重被提高了，也即对指数的变化起主导作用。如甲股票上涨20%，乙股票下降10%，但指数却下降4%；在市值加权法下，由于甲股票的市值是乙股票的数倍，导致指数上涨15%。

市值加权法较好地反映了股票价格的变化，操作相对简单，这是绝大多数指数基金跟踪用市值加权法编制指数的重要原因。

1. 市值加权法

市值加权法，也叫市值权重法，是投资者比较熟悉的加权方式，是指用每只成份股的流通股本数量乘以该只股票的价格为基础确定其市值后,再以各成份股的市值作为权重最后计算出股票指数的一种方法。以市值为投资组合加权的依据,市值越大,某只股票权重就越大,该股票的涨跌对指数的影响也就越大。

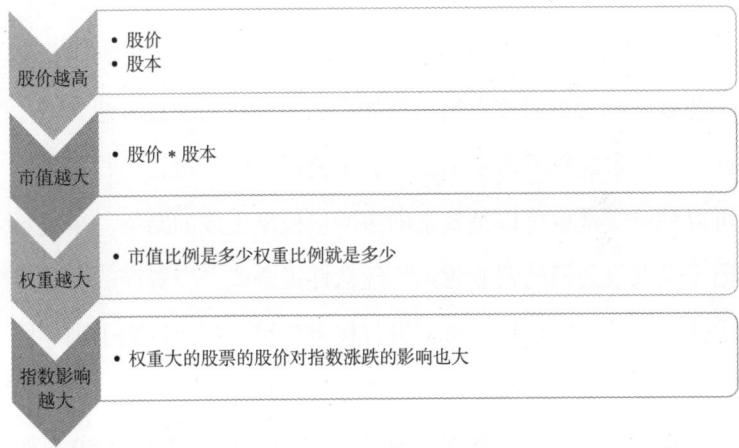

图3.2:市值权重法图解

市值权重法的优点有以下几个方面:一是国内的指数几乎都是市值加权指数,因此跟踪市值加权指数的基金产品数量最多,进而基金流动性最好,交易费用最低。二是计算方法简单,容易复制和管理,跟踪误差比较小。三是为有效市场理论和资本定价模型理论所支持。

当然,市值权重法的缺点也还是明显的:一是成份股的价格变化会致使指数效率不佳。成份股的股价可能偏离其真实价值,出现高估或低估情况,使得指数组合过多买进高估的股票,卖出低估的股票,最终造成投资损失。二是个股权重偏高加大指数风险，投资效率降低。个股权重偏高同时会使某行业在指数配置中过于集中，从而对某国家、地区权重高估，影响全球股票市场的表现。

2. 基本面加权法

基本面加权法就是用上市公司的基本面因素来决定指数中各成份股权重而放弃用市值加权的一种指数加权方法。基本面加权指数的权重因素来源于上市公司的财务报告。权重因子可以是单变量也可以是复杂的多变量模型生成的结果。单变量因子只选取公司的营业收入、经营性现金流、净资产、分红等中的一个基本面指标对股票进行权重分析，多变量因子则是同时选取几个基本面指标进行权重分析。

我们以中证锐联基本面50指数为例。该指数只有50只股票为样本股。在删除流动性差的股票后，以最近5年的年报数据计算出营业收入、净资产、现金流、分红等四个基本面指标并按降序排列，最终筛选出50只股票进入样本空间，计算公式如下：

$$\text{Index} = \frac{\sum_{i=1}^{n}(pi * si * fi * ci)}{divisor}$$

上式中，p代表股价，s是总股本，f是加权比例，c代表基本面调整因子，$divisor$为除数。

基本面加权法的优点有以下几点：一是相对公平。基本面指数的因子都不受市值波动影响，能够辨别个股的真正价值。二是回报率高，风险稳定。从全球看，基本面指数具有高回报而风险稳定的统计特征，这是该类指数最大的比较优势之一。此外，这是受到全球通用财务投资理论支持的投资策略。从财务投资理论看，投资者对财务优秀可靠的公司应该给予更多的投资偏好和投资权重，因此，财务投资理论支持基本面指数的投资理念。

3. 等权重法

等权重法是指赋予每只成份股相同的权重，即成份股股本数量的倒数。理论上，权重是要每日进行调整的，否则权重会偏离成份股股本数量的倒数，不过实际中为了避免换手率增高和烦琐，采取的是定期调整平衡的方法。

与其他加权方法相比，等权重法不偏向任何一只成份股，对股票一视同仁。从市值角度看，该方法减少了那些高市值股票的权重，同时增加了那些市值低的股票权重。

等权重法的优势有：一是从市值角度看，等权重法通过定期调整机制，对指数成份股进行高抛低吸，将一段时间里涨幅过高的股票卖出，以此避免了成份股市值越大权重越高的现象。二是从业绩表现上看，小盘股占优势时间段内的等权重指数业绩表现更喜人。

4.GDP 加权法

GDP 加权法主要是用于国际指数，将传统的市值加权，改为以某个国家或地区的 GDP 作为相应股票权重。例如，2016 年世界上 GDP 排名前三的国家分别是美国、中国、日本，那么在全球股票指数中，占权重最高的就应该是这三个国家的股票，并且权重值还应与其 GDP 成正比。

在 A 股市场上，深证 GDP100 指数的编制不完全是按 GDP 加权的，但是其行业选择上已经运用了 GDP 指标，可以看作国内在此方面的一个初步尝试。

5. 波动率加权法

波动率加权是按照成份股的历史波动率对成份股在指数中的权重进行调整，以实现控制指数风险水平的目标。

从历史上说，波动率指数是一类非常新的指数产品。与传统的指数不同，传统的指数都是以样本池内样本的价格的高低来计算指数，而波动率指数，计算的是波动率的大小。如果对于指数不熟悉，对于衍生产品不熟悉，可能很多人会完全摸不着头脑。那么，波动率是什么？计算波动率又有什么用呢？

波动率，顾名思义，就是衡量股票价格上下涨跌波动幅度的指标，用百分率表示。一般股票进行交易的时候，我们更多的是关注其价格涨跌幅的百分比，因为对于高价股和低价股来说，同样涨跌 1 元钱，造成的影响会完全不同。涨跌幅度在一定的时间里面是会不断地变化的。而波动率计算的就是这个涨跌的比例的幅度。由于在金融工程的基本假设中，股票资产的价格涨跌，一般认为符合正态分布，所以波动率对应的就是一个标准差的涨跌限度。通俗地讲，假设我们把年化波动率控制在一个预先设定好的特定值，那么借助正态分布、标准差等金融工程知识，我们就能够计算出一个特定的百分比，并有相应的把握确保今后一年内股票价格的涨跌幅度比例不会超过这个特定的数字。因此，对波动率进行控制就是对风险进行控制，越能有效地控制风险，投资表现就会越出色。

那么，对于未来的股票价格波动率的预测，一般来说，我们会使用历史波动率、模型波动率或者隐含波动率，来作为未来波动率的合理估计。那么，这个波动率指数使用的就是这个隐含波动率。

好了，问题来了，隐含波动率是什么？这就要讲到期权的定价公式了，学过 Black-Scholes 模型的人都知道，给期权定价的时候，波动率是其中的一个参数项，那么如果我们从市场中已经观察到了期权的公平价格，以及其他的一些参数，我们就可以倒推出一个波动率，这个就是隐含波动率了。而在 VIX 中，使用的是标普 500 的期权，所以，知道标普的厉害了吧。

那么，VIX 的高低到底有什么用呢？其实 VIX 本身的高低并没有特别大的意义，但是把它和其他指数结合起来就会变得特别有意思。下面这张图表来源于芝加哥期权交易所（CBOE）的官网，显示的是隐含波动率 VIX 与标准普尔 500 指数走势相关对比情况。

在标普 500 指数发生变盘的时候，特别是下跌的时候，

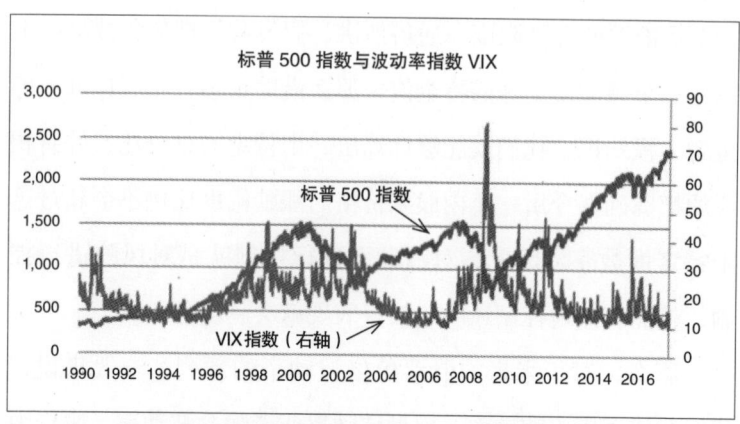

图 3.3：隐含波动率 VIX 与标普 500 指数走势相关对比
（来源：根据芝加哥期权交易所公开资料整理）

VIX 会大幅增高。一般来说，当 VIX<15 的时候，股票市场是太平盛世，但是当 VIX>40 的时候，就是大盘突然大幅下跌的时候。特别地，我们可以注意到在 2008 年 11 月的时候，也就是美国次贷危机较为严重的时候，VIX 一度冲击到了 80.86，但是随着 VIX 的快速下滑，大盘又开始了新一波的反弹。

那么，到底是什么原因造成了这种现象呢？一般来说，我们认为 VIX 指标代表了市场投资者们对于未来短期波动率的一个预测，如果波动率很高，意味着风险在急剧增大，或者说投资者们认为在未来一段时间内风险会很大，有了这样的预期，也就是说，VIX 在快速跳高的时刻，也就是大盘变盘的时刻了。当然了，这里面还牵涉到一个时间问题，即变盘会在什么时刻发生，每个人对市场近况和经济情况的理解和认知不同，会产生不同的判断。所以 VIX 在业内，也被戏称为"恐惧指数"。

另外，如果市场主力拥有了别人所不知道的信息，那么这个信息就一定会通过市场价格从隐含波动率中反映出来。例如，在美联储会议之前，市场担心此次会议加息会对股票市场造成比较大的冲击，结果在会前不久，VIX 从高位突然回落下来，意味着市场的恐慌已经消失，果不其然，美联储在会后宣布暂缓加息。

低波动的逻辑：①低波动率，首先就将大部分庄股题材股给剔除掉了，因为这些股票大部分都暴涨暴跌。②低波动率，说明公众对公司的期望没有发生大的改变，且比高波动率股票更不受大盘波动影响。③低波动率的超额收益，一般来自于熊市抗跌，这也就是低波动选股被称为防御性选股的原因。

以历史上的波动率对成份股进行排序和加权，波动率越大给予的权重越小；波动率越小权重越大，即波动率与权重成反比关系，以此构建一个低波动率的权重配置样本组合。

我们以 MSCI 风险加权指数和标准普尔 500 低波动率指数编制为参考：

表3.4：标准普尔风险加权指数与 MSCI 风险加权指数编制方法比较一览

	标准普尔 500 低波动率指数	MSCI 风险加权指数
指数样本	500 只中波动率最低的 100 只	同市值母指数
加权方法	与个股历史标准差成反比	与个股历史方差成反比
波动率历史数据	过去 252 个交易日日收益率标准差	过去 3 年每周收益率的方差
定期调整频率	每季度调整一次	每半年调整一次

国内市场上，已开发出了沪深300波动指数、中证500波动、上证180波动、上证380波动、深证100波动等。

以中证行业中性低波动率指数（简称500SNLV）为例，该指数于2016年2月4日发布，在保持与中证500二级行业结构一致的前提下，优选了各行业中波动率最低的150家上市公司股票，并用波动率的倒数加权。中证500SNLV指数与中证500指数的基准日都是2004年12月31日。

自2004年起至2018年3月，中证500SNLV指数累计收益率达到1270%，年化收益率为21.50%，大幅领先于中证500指数；从2005年开始的十几个年份里，只有2012年小幅跑输。其余年份都战胜了中证500，获胜率很高。其原因主要是低波动率因子在国内比较有效。

如果中证500的低波动率策略指数能明显跑赢中证500，只要买入被动跟踪低波策略指数的指数基金就能达到增强中证500指数收益的目的。先看从基准期2004年12月31起至2018年3月27日止，500SNLV、500波动两只低波指数与中证500指数的收益情况走势：

500SNLV是一个13年13倍的优秀指数，年化收益率21.5%。如果算上其包含分红收益的全收益指数同期点位15,589，总收益高达13年15倍，年化收益22.7%，远远超出中证500的年化收益。这意味着假如我们在2004年底买入500SNLV，然后躺着什么都不做，到2018年3月底会赚15倍，过去10多年房子的涨幅给所有人留下深刻印象，殊不知

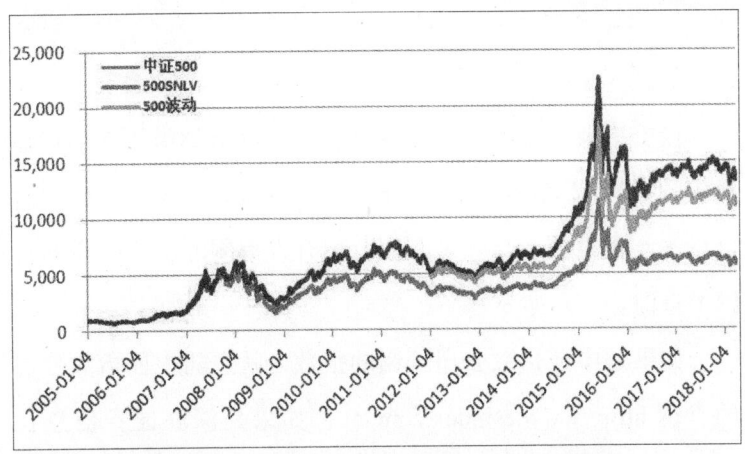

图 3.4：截至 2018 年 3 月 27 日 500SNLV 等两只低波指数与中证 500 累计收益比较（来源：网上公开资料）

简单地买入并持有 500SNLV 就能获得比买房还要高的收益。

低波动策略如此有效，有哪些途径可以投资低波动率指数呢？目前，跟踪 500SNLV 的仅有景顺长城中证 500 行业中性低波动指数基金（代码：003318），属场外开放式基金，需在场外通过申购买入。

四、指数要素有哪些

知道了指数的历史、编制机构、编制方法，是不是就可以下手买对应某指数的指数基金了呢？还不够，投资者还需要掌握指数背后的那些事。接下来，我们将给投资者讲讲指数背后的编制信息以及其所代表的行业、市值、成份股等，我们统称为指数要素。

1. 从哪里了解指数的编制要素

投资指数基金的第一步就是要对所投资的指数基金跟踪对应的指数的编制信息了然于胸。从哪里查询了解指数编制信息呢？很简单，指数是哪家公司开发编制的就到哪家的官网上查询。

如果是中证指数公司编制的指数，就登陆中证指数公司的官网 http://www.csindex.com.cn；如果是深圳证券信息公司编制的指数就登录国证指数的官网 http://www.cnindex.com.cn。

比如，我们想投资跟踪上证100指数的基金，需要先了解上证100指数。那么，首先登录中证指数公司官网。

图 3.5：中证指数公司官网首页页面

找到"指数"搜索模块，输入"上证100"后点击"搜索"，会弹出该公司开发编制的上证100指数。

图 3.6：中证指数官网点击搜索进入指数搜索页面

此时，我们点击指数代码"000132"，就进入上证 100 指数页面。

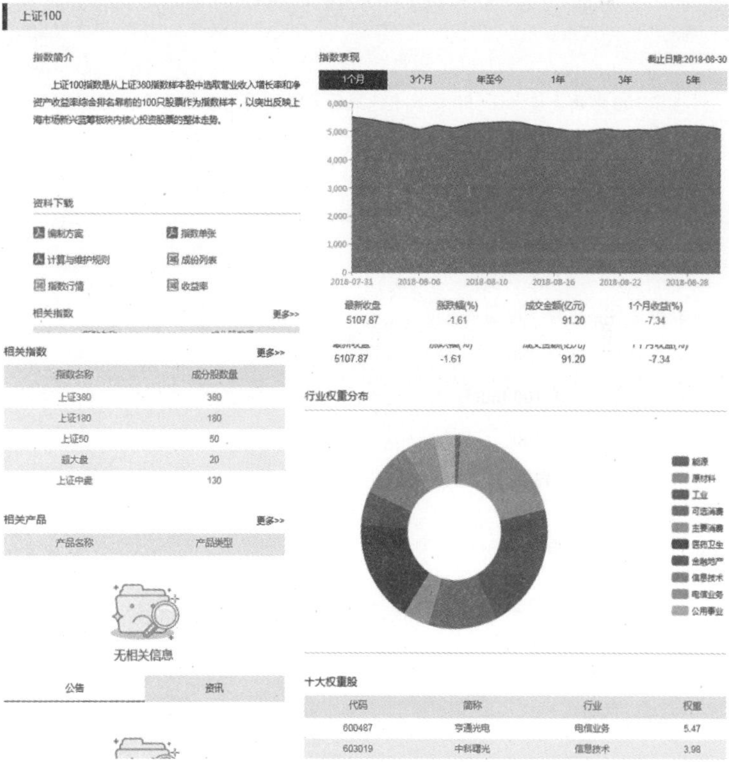

图 3.7：点击进入中证指数官网上证 100 的信息页面

上证 100 指数页面依次有“指数简介”“指数表现”“资料下载”“相关指数”“行业权重分布”“相关产品”“十大权重股”“公告”等内容。

因我们需要仔细阅读其“编制方案”，所以点击“资料下载”下的“编制方案”。点击后，就出现上证 100 指数的编制方案，共有两页。其他指数的编制方案查询以此类推。

中证指数有限公司
CHINA SECURITIES INDEX CO., LTD

上证 100 指数编制方案

上证 100 指数是从上证 380 指数中选取营业收入增长率和净资产收益率综合排名靠前的 100 只股票作为指数样本，采用自由流通市值加权方式，以突出反映上海市场新兴蓝筹板块内核心投资股票的整体走势。

一、指数名称和代码

指数名称：上证 100 指数

指数简称：上证 100

英文名称：SSE 100 Index

英文简称：SSE 100

指数代码：000132

二、指数基日和基点

上证 100 指数以 2003 年 12 月 31 日为基日，以 1000 点为基点。

三、样本选取方法

1、样本空间

上证 380 指数样本股。

中证指数有限公司
CHINA SECURITIES INDEX CO., LTD

2、选样方法

将样本空间中的股票按照营业收入增长率、净资产收益率分别由高到低排名，将两个指标的排名结果相加，所得和的排名作为股票的综合排名，选取综合排名前 100 名的股票作为指数样本。

四、指数计算

上证 100 指数计算公式为：

$$报告期指数=\frac{报告期样本股的调整市值}{除数}\times 1000$$

其中，调整市值 =Σ(股价×调整股本数)。调整股本数的计算方法、除数修正方法参见计算与维护细则。

五、指数样本和权重调整

1、定期调整

上证 100 指数的样本股每半年调整一次，样本调整实施时间为每年6月和12月的第二个星期五的下一交易日。每次调整的样本比例一般不超过10%。样本股定期调整时设置缓冲区，排名在80名内的新样本优先进入，排名在120名内的老样本优先保留。

2、临时调整

特殊情况下将对上证100 指数样本进行临时调整。当样本股暂停上市或退市时，将其从指数样本中剔除。样本股公司发生收购、合并、分拆、停牌等情形的处理，参照计算与维护细则处理。

当出现样本股临时调整，有指数样本股被非样本股替代时，新进指数的股票一般情况下将继承被剔除股票在调整前最后一个交易日的收盘权重，并据此计算新进股票的权重因子。

图 3.8：点击“编制方案”查阅上证 100 指数编制方案（节选图）

2. 需要掌握指数的哪些要素

掌握指数要素的第二步是了解某指数的行业、市值、十大权重股。

我们以沪深 300 指数为例,要了解行业分布,只需要把鼠标放在"行业权重"模块里的饼形图上,鼠标指向哪个颜色环就自动显示该颜色环所代表的行业的权重。

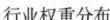

行业权重分布

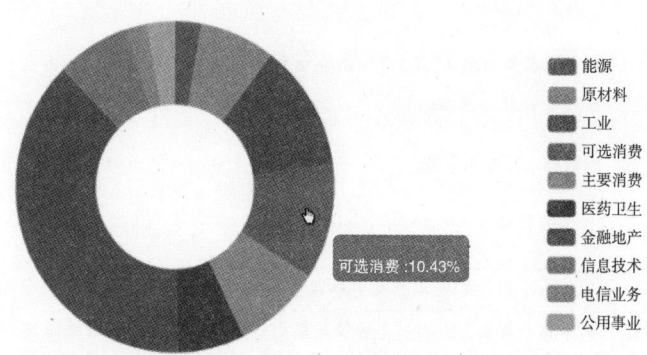

图 3.9:沪深 300 指数各行业占比(截至 2018 年 8 月 30 日)

要查看十大权重股,沪深 300 指数主页面上可以直接显示,非常方便。

表 3.5:沪深 300 指数前十大权重股(截至 2018 年 8 月 30 日)

代码	简称	行业	权重
601318	中国平安	金融地产	6.71
600519	贵州茅台	主要消费	3.35
600036	招商银行	金融地产	2.85
000651	格力电器	可选消费	1.92

（续表）

代码	简称	行业	权重
000333	美的集团	可选消费	1.89
601166	兴业银行	金融地产	1.84
600016	民生银行	金融地产	1.64
600887	伊利股份	主要消费	1.56
601328	交通银行	金融地产	1.50
600276	恒瑞医药	医药卫生	1.47

关于指数市值，在指数页面中没有，可以通过 Wind 查询沪深 300 指数在某个特定日期的总市值，还可以查询平均个股市值。通过 Wind，我们查询到沪深 300 指数截至 2018 年 8 月 30 日的总市值是 315,494.40 亿元，平均个股市值是 1,051.65 亿元。

表 3.6：沪深 300 指数 2018 年 8 月 30 日总市值（来源：Wind）

排名	代码	简称	最新日期	最新收盘点位	总市值（亿元）↓
1	000300	沪深 300	2018-08-30	3,351.09	315,494.40

第三步，了解指数的历史走势。这一步比较简单，在指数页面上就有其走势，有选择 1 个月、3 个月、1 年、3 年、5 年、年初至查询日六个选择功能模块。点击任何一个就会显示出相应时间段的走势，并自动给出对应日的点数、涨跌幅、收益率。

五、如何给指数估值

1. 基本面、技术、价值三位分析指数

了解了那么多有关指数的知识,投资者们是不是跃跃欲试,想大显身手了呢?但是,知道这些还不够,因为我们还不知道某只指数在特定时间点到底贵不贵,价值是多少,贸然下手投资风险很大。我们还得判断这只指数的价值,学会掌握对指数的价值分析对投资者来说非常重要。

人们分析股票大多是进行基本面分析、技术分析,很少人会运用价值分析,在分析指数时也会犯同样错误,其实,价值分析才是灵魂,是最重要的。

首先,说说基本面分析。基本面分析就是以判断金融市场未来走势为目标,对经济数据和政治局势的透彻分析。主要包括:宏观经济状况、利率水平、通货膨胀、企业素质和政治因素。

(1)从长期和根本上看,股票市场的走势和变化是由一国经济发展水平和经济景气状况所决定的,股票市场的价格波动也在很大程度上反映了宏观经济状况的变化。因此股市价格被称作是宏观经济的晴雨表。

(2)利率的升降,影响企业的经营成本,进而影响利润,也相应地会使股票价格有所涨跌。

（3）通货膨胀对股票市场走势有利有弊，既有刺激市场的作用，又有压抑市场的作用，但总的来看是弊大于利，它会推动股市的泡沫成分加大。

（4）对于具体的个股而言，影响其价位高低的主要因素在于企业本身的内在素质，包括财务状况、经营情况、管理水平、技术能力、市场大小、行业特点、发展潜力等一系列因素。

（5）对股票市场发生直接或间接影响的政治方面的原因，都会对股价产生巨大的、突发性的影响。

基本面分析多是从实体经济的角度来判断股票指数的变化趋势。实体经济和股票，两者之间具有密不可分的联系。股市的增值，拉动实体经济的增长。实体经济的增长又促进股市的增长，如此循环往复，使经济不断增长，推动社会的发展。当然，我们要防止产出泡沫破灭，就要使股市的增值速度与实体经济大致同步，从而形成虚拟拉动实体的新局面。否则，股市猛涨，必将导致股市泡沫的破灭，对实体经济产生严重影响。基本面分析的经济（实体经济），犹如人体的骨骼，支撑着整个经济的增长，因而可以说基本面分析是对股票指数的衡量（骨骼）。

其次，来看看技术分析。技术分析是指以市场行为为研究对象，以判断市场趋势并跟随趋势的周期性变化来进行股票及一切金融衍生物交易决策的方法的总和。技术分析法从股票的成交量、价格、达到这些价格和成交量所用的时间、价格波动的空间几个方面分析走势并预测未来。目前常用的有 K 线理论、波浪理论、形态理论、趋势线理论和技术指标分析等。

技术分析的目的是为了寻找买入、卖出、止损信号，并通过资金管理而达成在风险市场中长期稳定获利。从交易实践来看，技术分析方法要领先于基础分析方法，在操作上技术分析则更为实用。基本面分析是判断金融市场未来走势，而技术分析则是一种管理工具（K线图、波浪线、形态线、趋势线），它能够帮助股民寻找买入、卖出、止损信号，管理资金。

为什么说它是管理工具呢？炒股有许多股票分析软件，如同花顺、大智慧，通过它们可以看到大盘和个股的走势，K线图、波浪线等将股票的形态等展示出来以供我们分析。因此，技术分析犹如人的躯体，将股票走势的形态展现出来，完成股票指数的实现。

最后，价值分析才是指数分析的灵魂。在商业社会，人们做人做事都以价值为依据。对于股票指数人们算不准，更猜不准。如果会运用价值分析，就不难判断股票指数的高低。

以价值为依据进行分析，不仅能够判断股票指数的趋势，更能够判断出股票指数涨跌的空间有多大，能够把握资产的价值定价。以价值为衡量标准，先判断大盘的走势，再判断什么行业最有价值，然后再判断该行业内哪些企业的股票有价值、哪些股票的价值大，最后决定持有哪些股票，即分析有价值的资产。价值在不断地变化，需要不断地进行判断，进而决定股票的买进卖出。

例如，就国内股市而言，参考最近七八年的走势可进行简单分析：指数在 2,200 点时，指数大致算触底（经济的基本面分析，当时是经济最糟糕的时候），尽管可能降到 1,900 点左右（通过波浪理论的技术分析容易判断出来），然而上涨大致能触碰 3,600 点左右，精确的点位谁也无法预测，但绝对不会出现 2,200 多点就恐高，3,600 多点又盲目加仓。运用价值分析可以得出，下降空间约为 300 点，但上涨空间为 1,400 点，因此，在 2,200 点时有人大胆地买进股票，卖股票的人惜售，在此位置展开反弹，而不是等跌到 1,000 点左右再建仓（可能永远都没有这一安全机会）。这就是一个简单的价值分析，它比基本面分析和技术分析重要多了。

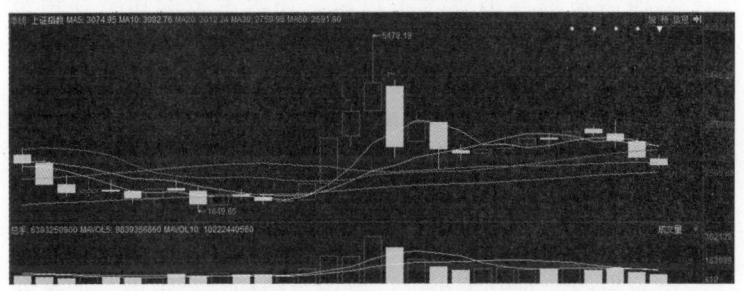

图 3.10：上证综指季线 K 线图走势（2011 年至 2018 年 8 月 31 日）

可以这样说，技术分析代表人的躯体，基本面分析代表人的骨骼，而价值分析则代表人的灵魂。对于整个人体系统而言，三者缺一不可，价值分析作为人的灵魂指示着整个人的思想和行动，对整个人的活动起着关键性作用，这也就显示出价值投资时代背景下指数分析的核心作用。

2. 常用价值分析指标

下面，我们重点讲讲常用的复杂的价值分析指标，这些都是指数估值的基础。常见的指数估值指标有市盈率、市净率、净资产收益率、股息率，这些能反映某只指数估值水平的高低。

市盈率（PE）

从公式上看，市盈率＝市值/净利润，每股市盈率就是每股市价/每股收益，更直接理解是市场价格/净利润。市盈率最直观的解释是一家公司用多少年可以收回投资成本。

一般市盈率分为静态市盈率、动态市盈率和滚动市盈率。计算静态市盈率时分母取过去一年的净利润；计算动态市盈率时是用预测的下一年度净利润做分母；计算滚动市盈率时是依次滚动取连续四个季度财务报表的净利润做分母。通常，滚动市盈率使用较多。

市盈率的绝对值大小可以被用于结构性行情中。如果是大盘股行情，就应当选择估值低的宽基指数或行业指数做投资标的；如果当前是种小盘股的行情，就需要选择高成长性的行业指数进行投资，这种情形下，成长性行业的估值已经处于上升通道，估值不低。

使用市盈率进行投资判断还应当结合估值分位数进行判断。估值分位数是通过与指数历史的估值进行对比，看看该指数目前估值在历史估值中处于什么位置，以便更准确地判断投资价值。

盈利收益率

盈利收益率是市盈率的倒数,等于市值除以净利润,通俗地说,就是当前市场价格除以盈利,即盈利收益率=E/P。这个指标反映了公司当前市场价值可以产生多少盈利,更直白地说就是假设我们按市场价出资买下一家企业,这家企业能够创造的盈利对应我们出的钱的比值。盈利收益率是投资大师格雷厄姆常用的一个估值指标。举个例子,我们出资1000万元买下一家火锅店,这家火锅店当年的盈利是100万元,那么我们付出的这1000万元产生了100万元盈利,盈利收益率就是10%,该指标生动地刻画了对一家企业的投资所能产生的收益大小。

一般来说,盈利收益率越高越好,越高越能说明一家企业被低估,安全边际就越大。这个指标的适用是有条件的,适用于流通性好、盈利稳定的行业。

市净率(PB)

市净率是指每股股价同每股净资产的比值,就是我们说的账面价值,公式是PB=P/B,P表示公司市值、每股股价、市场价格,B代表公司净资产、每股净资产。净资产是资产减去负债的剩余部分,会计上叫所有者权益,这个数值在资产负债表上可以直接查到。净资产代表了全体股东对公司享有的权益,比较稳定。对于周期性行业来说,用PB估值更合理些。

净资产收益率（ROE）

净资产收益率表示公司的净资产给股东创造净利润的水平，该指标反映了股东权益的收益能力，用以衡量公司运用股东自由资本的效率。公式是净利润/净资产。该指标越高说明投资带来的回报越高，体现了自由资本的盈利能力。

股息率

股息率是全年的总派息金额与当前市价的比值。在实践中，股息率是衡量公司是否具有投资价值的重要指标之一。股息率是筛选收益型股票的重要参考指标，如果连续多年的股息率超过一年期定期银行存款利率，则这只股票可以视为收益型股票。股息率也是挑选其他类型股票的参考标准之一。股息率是指数基金取得复利效应的途径之一，股息率越高，我们可以获得的红利越多，而红利可以再投资，所以长期坚持下来，就能获得非常不错的复利收益。

决定股息率高低的不仅仅有股利和股利发放率因素，还有股价。比如，两家公司，A公司股价为10元，B公司股价为20元，两家公司都按每股0.5元股利发放。则A公司股息率是5%，B公司股息率是2.5%，显然，A公司更吸引投资者。在国内股市环境中，股息率高的指数一般是偏蓝筹大盘股的指数。

股息率和盈利收益率之间有较大关系。我们知道，股息率=股息/市值，盈利收益率=盈利/市值，分红率=股息/盈利，后两个公式相乘，得出股息率=盈利收益率*分红率。但是，企业的分红政策一般不会轻易改变，会维持很长一段时间,所以在分红率一般不变的前提下,股息率与盈利收益率成正比,盈利收益率越高,股息率越高。

如何获取指数估值的有关数据呢?主要有以下三种渠道:

一是查询各种财经网站,像基金公司官网、证券公司软件等,也包括微信上的财经公众号。二是登录指数公司官网,找到有关行业板块的估值数据。三是通过专门的第三方金融信息提供商的终端软件,例如万得、Choice 等。

3. 要正确灵活运用指数估值

具体来说,指数选择的重要标准之一就是选取合理低估值的指数。简单的逻辑就是,当估值水平处于全市场估值的低位时,资金趋利行为会涌入估值较低的指数,造成该指数的上涨,最终市场趋同。

值得注意的是,我们看指数估值时,要将动态估值和静

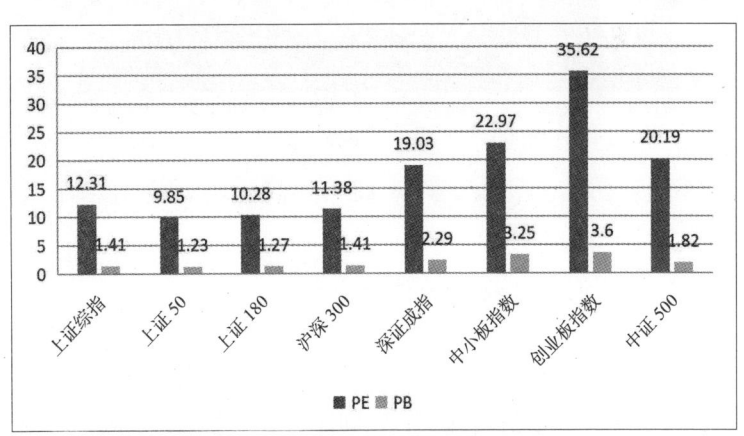

图 3.11:截至 2018 年 9 月 4 日主要指数的 PE/PB 数据
(来源:根据网上公开资料整理)

态估值区别开来,因为大多数情况下,动态估值和静态估值会有不小的差距。具体来说,静态市盈率是根据上一个会计年度的盈利计算的。动态市盈率是根据未来一个会计年度的盈利计算的。因此,静态市盈率根据历史的盈利计算,没有动态市盈率的参考意义大。

例如,截至 2017 年 12 月 15 日,经过一年的修复,大盘蓝筹板块的估值水平稳步抬升,但仍处于历史低位。沪深 300 指数的市盈率(TTM 整体法)由 2017 年年初的 13 小幅上升至 13.87,稍高于 2011 年以来的均值 11.9,但仍低于上市以来的均值 17.38,具有较高配置价值。

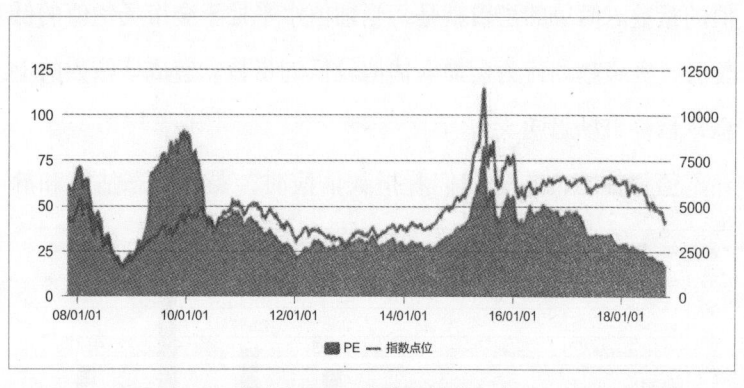

图 3.12:2008-2017 年底沪深 300 指数 PE 走势(来源:Wind 长城证券)

4. 大师们筛选指数的估值公式

接下来,我们给投资者进一步介绍大师们常用的两个用于删选投资组合的估值指标,它们同样可以用来筛选指数基金。

第一个就是盈利收益率法。无数研究机构通过对主要发达国家股市的历史数据进行分析研究,发现绝大多数指数基金,选择盈利收益率高的时候开始投资则收益很好;反之,投资收益一般。也就是说,我们要在盈利收益率高的时候投,在该指标低的时候卖出,这样方能赚钱而不是亏钱。

那么,问题来了,盈利收益率要多高才算高,多低才算低呢?市场上的历史大数据告诉我们两个参考数值:10%、6.4%。一般来说,当指标大于10%时,开始定投指数基金;当指标值介于二者之间时,持有手上指数基金;当小于6.4%时,赎回(卖出)基金。

第二个就是博格公式。博格公式的创始人——约翰·博格,是全球第一只指数基金的创建人,也是世界第二大基金管理公司先锋基金的创始人。在他的推动下,指数基金逐渐成为全球深受广大投资者追捧的投资工具,包括巴菲特也成为指数基金的拥趸。约翰·博格被《财富》《时代》等杂志评选为"20世纪四大投资巨人"之一、"全球最具有影响力的100位人物"之一,更被投资界称为"指数基金之父"。

约翰·博格把指数的长期回报归因于三个最关键因素:投资期初的股息率、投资期内市盈率的变化率、投资期内的盈利增长率,并认为指数的年复合增长率是前三者之和,写成公式形式就是:

年复合增长率 = 期初股息率 + 市盈率变化率 + 盈利增长率

这个公式背后的逻辑推理类似于盈利收益率法,认为市盈率等于股价/盈利,所以股价等于市盈率*盈利。这说明了股价的变化来自于两个方面，即市盈率的变化和盈利的变化，再考虑到股票分红因素，最后得到优化后的公式：

股价的变化 = 股票分红 + 市盈率的变化 + 盈利增长

优化后的公式直接反映出投资股票的回报来源于市盈率的变化、盈利的增长和分红。最终，逻辑上回到年复合增长率 = 期初股息率 + 市盈率变化率 + 盈利增长率。

约翰·博格认为，股息率和盈利增长率长期来看对收益率的影响是正向的，可实证的。理由也很简单，二者来自于公司的业绩提升。从宏观上分析，社会经济总体上是发展的，只是有快有慢而已，套用我们熟悉的马克思辩证唯物主义论述就是"社会发展总是波浪式前进，螺旋式上升"。

约翰·博格认定股息率和盈利增长率是长期回报的真正内因，而公式的另一个变量——市盈率的变化率，是个带有投机性质的变量，可以称其为投机收益率。市盈率可以变大也可以变小，但总的来说是不会超出合理波动范围的。

我们结合盈利收益率法的股息率 = 盈利收益率 * 分红率，可以发现，盈利收益率与博格公式法相类似，都考虑到了股息率和盈利这两个因子，而博格公式法只是将市盈率的变化作为投机因素也考虑进去了，实质上是对盈利收益率法的扩展。

值得注意的是，盈利收益率法通常适用于盈利稳定的指数，波动较大的指数，用盈利收益率法估值时容易出现较大偏差。对于博格公式因为加入了市盈率的变化率，其适用范围同样有限制，比如不能适用于盈利为负的情况。这时怎么办呢？可以对博格公式进行改进，用市净率的变化率代替市盈率的变化率，因为市净率比较稳定。

改进后的博格公式是：年复合增长率＝市净率的变化率＋净资产增长率，投资者仔细观察会发现少了一项"股息率"，这是因为股息来源于公司盈利，已经在净资产的变化率中得到体现，故改进后的公式没有此项。

掌握了博格公式后，我们来教大家具体如何运用。要用好博格公式，只需要把握理解透公式中能够影响复合增长率的三个因子：期初股息率、市盈率的变化率、盈利增长率。先来看看三个因子是如何计算出的。

第一步，通过计算指数的成份股的股息率得出，在准备投资期初就确定期初股息率。第二步，在投资期初，市盈率是确定的，但未来的市盈率情况不得而知，不过我们可以通过历史大数据去预测未来市盈率，比如，现在是历史高位，那么未来市盈率下降就是大概率事件。第三步，计算盈利增长率，这是博格公式中较难确定的一项，我们知道指数的业绩增长具有马尔科夫效应，今天的高增长不意味着明天一定高增长，盈利增长率无法用历史数据去预测。

最后要说明两点：第一，博格公式法在历史上的成功运用告诉我们一个统计学上的规律，就是坚持长期投资的年化收益往往更高。第二，由于庞大数据的处理和计算问题，投资者只需要定性运用博格公式去指导自己的投资操作，无须亲自动手计算，登录基金公司官网或第三方基金 APP 就可以查到股息率、市盈率变化等。

5. 指数价值分析案例：中证传媒指数

2018年以来，市场风格在价值和成长之间交替切换，作为成长风格代表的TMT（Technology、Media、Telecom）相关行业受到广泛关注，其中传媒行业由于长期以来一直有着大起大落的特点，更是受到A股市场中部分投资者的青睐。目前，传媒指数27倍左右的市盈率已处于历史低位，大幅低于45.22倍的历史平均水平，估值经历了显著的回调。

中证传媒指数由中证指数公司于2014年4月份发布，基期为2010年12月31日。该指数从可选消费和信息技术中选取不超过50只与传媒相关的股票，来代表传媒行业公司股票的整体走势。截至2018年7月18日，指数总市值1.29万亿元，个股平均市值258亿元，从市值分布来看，指数成份股总市值大多集中在100亿~500亿元，属于中小型股范畴。

从指数成分来看，该指数前五大细分行业分别为移动互联网服务（19.05%）、影视动漫（14.94%）、互联网信息服务（14.14%）、营销服务（12.76%）以及有线电视网络（9.06%），合计权重69.95%。相关细分领域正经历高速发展阶段，2018年上半年，广告营销、游戏行业、院线行业净利润同比增长分别达到25.4%、16.9%和10.5%。

从成份股分布来看，该指数前十大成份股占比合计达到45.56%，成份股分布总体较为集中。其中，第一和第二大成份股分众传媒和东方财富占比分别高达9.96%和9.18%。分众传媒的主营业务为媒体广告业务，2017年营业收入120亿元，净利润约60亿元；东方财富的主营业务是证券服务、金融电子商务服务和金融数据服务，2017年营业收入为25亿元，净利润约6.3亿元。

从收益和风险情况来看，中证传媒指数兼具高收益和高波动的特征。自基日至2018年7月18日，其累计收益率为37.44%，年化收益率为4.46%，超越了同期沪深300和上证综指的表现。

就波动性而言，中证传媒指数年化波动率高达31%。综合收益率和波动率，中证传媒指数的信息比率表现比市场主要宽基指数更高。

通过对最近5年申万一级行业涨跌幅的统计可以发现，传媒行业在2016年和2017年跌幅排名分别为第一和第二，板块已经经历了深度回调。

从估值情况来看，目前中证传媒指数市盈率PE为27.57，所处历史分位比例为1.9%，市净率PB为3.10，所处历史分位比例为4.7%。指数经历了长达两年的连续下跌，目前距离2015年高点已下跌超过70%，而且中证传媒指数机构投资占比仍处在较低的水平，整体来看，当前中证传媒指数的估值水平处于历史低点。

目前跟踪中证传媒指数的基金共有5只，包括广发中证传媒基金、鹏华中证传媒基金、工银瑞信中证传媒基金以及广发中证传媒联接基金等。对于长期看好传媒行业、短期又担心下跌的投资者，选择跟踪中证传媒指数基金定投是不错的选择。

六、熟悉常见重要指数

熟悉了指数，将为投资者掌握指数基金打下坚实的基础。所以，这一章我们将给大家逐一介绍常见的重要的指数。这些指数，分别代表了宽基指数、行业指数、主题指数、策略指数类型。

希望投资者在学习中，把上文学习到的有关指数的属性行业、权重成份股、估值要素牢记于心，融会贯通。

1. 常见宽基指数：上证 50

上证 50 指数，代码 000016，该指数由 A 股中规模最大、流动性最好、最具有代表性的 50 只股票组成，反映了上海证券交易市场上最具有影响力的那部分龙头股股价表现。上证 50 指数以 2003 年 12 月 31 日为基准日，以 1,000 点为基点。选样规则是对样本空间内的股票按照最近一年总市值、成交金额进行综合排名，筛选排名前 50 的股票作为样本，但因市场表现异常且被专家委员会认定不宜作为样本的股票除外。

上证 50 指数的成份股以大盘股为代表，估值偏低，属于典型的蓝筹股板块。截至 2018 年 8 月 31 日，该指数总市值为 165,920 亿元，平均个股市值为 3,318 亿元。市盈率约为

12.74，市净率约为 1.5。

上证 50 指数主要权重股分布在金融业，前十大权重股中，金融股占到 42%，共有 7 只金融行业股。

表 3.7：上证 50 指数 2018 年 8 月 31 日前十大权重股
（来源：中证指数官网）

代码	简称	行业	权重
601318	中国平安	金融地产	15.23
600519	贵州茅台	主要消费	7.61
600036	招商银行	金融地产	6.46
601166	兴业银行	金融地产	4.18
600016	民生银行	金融地产	3.72
600887	伊利股份	主要消费	3.53
601328	交通银行	金融地产	3.41
600276	恒瑞医药	医药卫生	3.34
601288	农业银行	金融地产	3.07
600030	中信证券	金融地产	2.79

跟踪上证 50 指数的基金产品共有 22 只，节选如下：

表 3.8：追踪上证 50 指数的指数基金（部分，2018 年 8 月 31 日）

证券代码	基金名称	基金成立日	基金类型	产品类型	标的指数
001051	华夏上证 50ETF 联接 A	2015-03-17	其他	联接基金	上证 50
001237	博时上证 50ETF 联接 A	2015-05-27	其他	联接基金	上证 50
001548	天弘上证 50 指数 A	2015-07-16	股票型	指数基金	上证 50
001549	天弘上证 50 指数 C	2015-07-16	股票型	指数基金	上证 50
004746	易方达上证 50 指数 C	2004-03-22	股票型	指数基金	上证 50
005733	华夏上证 50ETF 联接 C	2015-03-17	其他	联接基金	上证 50
005737	博时上证 50ETF 联接 C	2015-05-27	其他	联接基金	上证 50
005880	建信上证 50ETF 联接 A	2018-10-25	其他	联接基金	上证 50
005881	建信上证 50ETF 联接 C	2018-10-25	其他	联接基金	上证 50
110003	易方达上证 50 指数 A	2004-03-22	股票型	指数基金	上证 50

上证 50 指数成份股绝大部分属于低估值的金融板块，所以投资上证 50 指数基金产品相当于因看好金融行业而投资该板块。从该指数的历史表现看，自 2005 年至 2017 年，累计收益为 186%，但是低于沪深 300、中证 500 和中证全指等其他宽基指数。

2. 常见宽基指数：沪深 300

因为沪深 300 指数横跨沪深两大市场，所以有两个代码，沪市分配的代码是 000300，深市分配的代码是 399300。沪深 300 指数于 2005 年 4 月 8 日发布，基准日为 2004 年 12 月 31 日，基准日点位是 1,000 点。

沪深 300 指数的样本股按照以下步骤和规则从经营良好、股票价格无异常波动或市场操纵的公司中删选出：一是计算样本空间内的股票最近一年的 A 股日均成交金额、日均总市值。二是对样本空间内的股票在最近一年的 A 股日均成交金额进行降序排列，剔除排名后 50% 的股票。三是对剩下的股票再按照最近一年 A 股日均总市值进行降序排名，选取前 300 名股票进入指数成份股。

沪深 300 指数的成份股以大盘蓝筹为主，市场代表性高，估值偏低。截至 2018 年 8 月 30 日，该指数总市值为 315,494.40 亿元，平均个股市值为 1,051.65 亿元。市盈率为 15.44，市净率为 1.8，股息率约为 1.94%。

沪深 300 指数行业偏向于金融行业，只是比上证 50 指数分布更均衡，相对更合理而已。该指数成份股所属行业前三名依次是金融业、工业和可选消费品业，权重占比分别达到34.7%、12.6%、11.8%。其中，前十大成份股中金融业股票占比为50%。

表3.9：截至2018年8月31日沪深300指数前十大权重股
（来源：中证指数公司）

代码	简称	行业	权重
601318	中国平安	金融地产	6.71
600519	贵州茅台	主要消费	3.35
600036	招商银行	金融地产	2.85
000651	格力电器	可选消费	1.92
000333	美的集团	可选消费	1.89
601166	兴业银行	金融地产	1.84
600016	民生银行	金融地产	1.64
600887	伊利股份	主要消费	1.56
601328	交通银行	金融地产	1.50
600276	恒瑞医药	医药卫生	1.47

当前市场上追踪沪深300指数的基金产品很多，产品类型包括了普通指数基金、ETF、LOF、分级基金。

表3.10：追踪沪深300指数的部分指数基金产品
（来源：中证指数公司）

证券代码	基金名称	基金成立日	基金类型	产品类型	标的指数
000051	华夏沪深300ETF联接A	2009-07-10	其他	联接基金	沪深300
000172	华泰柏瑞量化增强混合	2013-08-02	混合型	指数基金	沪深300
000176	嘉实沪深300指数研究增强	2014-12-26	股票型	指数基金	沪深300
000311	景顺长城沪深300指数	2013-10-29	股票型	指数基金	沪深300
000312	华安沪深300增强A	2013-09-27	股票型	指数基金	沪深300

（续表）

证券代码	基金名称	基金成立日	基金类型	产品类型	标的指数
000313	华安沪深 300 增强 C	2013-09-27	股票型	指数基金	沪深 300
000613	国寿安保沪深 300ETF 联接	2014-06-05	其他	联接基金	沪深 300
000613	国寿安保沪深 300 指数	2014-06-05	股票型	指数基金	沪深 300
000656	前海开源沪深 300 指数	2014-06-17	股票型	指数基金	沪深 300
000961	天弘沪深 300 指数	2015-01-20	股票型	指数基金	沪深 300

虽然跟踪的指数是同一只，但是具体的产品规模和产品形式也是会影响投资收益的，比如，不能选择规模太小的指数基金，因为规模太小特别容易受到大额赎回事件影响；对于场外沪深 300 指数基金，可以投资 C 份额，因为 C 份额免申购费，满七日还能免赎回费。

3. 常见宽基指数：中证 500

中证 500 指数的代码是 000905，它由全部 A 股中剔除沪深 300 指数成份股，再删除总市值前 300 名的股票后，总市值排名前 500 的股票组成。该指数综合反映了国内 A 股中小市值公司的股票整体价格表现。该指数的基准日是 2014 年 12 月 31 日，自发布以来至 2017 年 12 月 31 日，累计收益率达到 525%，平均年化收益率为 15.14%，大幅领先沪深 300 指数和上证 50 指数。

中证 500 指数的取样前提一是上市时间超过一个季度，除非该股自上市以来日均总市值在 A 股中排名前 30。二是不得选取 ST、*ST、暂停上市股票。

中证 500 指数选样方法是：首先删掉沪深 300 指数成份股，然后再按总市值排名后剔除排名前 300 的股票，其次将余下股票按最近一年的日均成交金额进行降序排列，再次删掉排名在后 20% 的股票，最后对剩余股票按总市值降序排列取前 500 名的股票作为指数样本股。这样的选样规则使得该指数代表了中小盘股票的整体特征。截至 2018 年 8 月 31 日，其总市值为 67,565.83 亿元，成份股平均市值为 135.13 亿元。

中证 500 指数含有 500 只股票，前十大权重个股如下：

表 3.11：截至 2018 年 8 月 31 日中证 500 指数前十大权重股
（来源：中证指数公司）

代码	简称	行业	权重
000661	长春高新	医药卫生	0.95
603019	中科曙光	信息技术	0.72
000977	浪潮信息	信息技术	0.62
002410	广联达	信息技术	0.61
600426	华鲁恒升	原材料	0.59
000703	恒逸石化	原材料	0.59
002049	紫光国微	信息技术	0.56
600256	广汇能源	能源	0.55
600201	生物股份	医药卫生	0.54
300146	汤臣倍健	主要消费	0.53

中证 500 指数行业分布相较于上证 50、沪深 300 而言更加均匀，行业更具有广泛代表性。包含了新材料、新信息技术、先进制造业等引领我国未来产业发展方向的细分行业领域。

截至 2018 年 8 月 31 日，市场上跟踪该指数的基金产品有 23 只。节选部分如下图：

表 3.12：截至 2018 年 8 月 31 日跟踪中证 500 指数的部分指数基金产品（来源：中证指数公司）

证券代码	基金名称	基金成立日	基金类型	产品类型	标的指数
000478	建信中证 500 指数增强 A	2014-01-27	股票型	指数基金	中证 500
001052	华夏中证 500ETF 联接 A	2015-05-05	其他	联接基金	中证 500
001214	华泰柏瑞中证 500ETF 联接 A	2015-05-13	其他	联接基金	中证 500
001241	国寿安保中证 500ETF 联接	2015-05-29	其他	联接基金	中证 500
001455	景顺长城中证 500ETF 联接	2015-06-29	其他	联接基金	中证 500
002903	广发 500ETF 联接（LOF）C	2009-11-26	其他	联接基金	中证 500
002906	南方中证 500 增强 A	2016-11-23	股票型	指数基金	中证 500
002907	南方中证 500 增强 C	2016-11-23	股票型	指数基金	中证 500
003986	申万菱信中证 500 指数优选增强	2017-01-10	股票型	指数基金	中证 500
004945	长信中证 500 指数增强	2017-08-30	股票型	指数基金	中证 500

4. 常见宽基指数：创业板指数

我国创业板股市于 2009 年 1 月登录深交所，被誉为"我国的纳斯达克"板块。为了反映创业板上市公司股票的整体价格变动和趋势，深交所于 2010 年 6 月 1 日正式发布了创业板指数，基准日为 2010 年 5 月 31 日，代码是 399006。

创业板指数是客观描述、反映我国多层次资本市场表现的重要指数，由 100 家具有代表性的公司的股票组成。该指数选择了创业板中流动性较好、规模较大的100只龙头股。截至2018年8月31日，创业板指数总市值为18,142.35亿元，平均个股市值为181.42亿元。创业板指数中前十大权重股偏重于高科技、成长性新兴产业公司，前十大权重股合计占比达到33.04%，具有明显的龙头效应。

从行业分布上看，创业板指数前三大行业依次是信息技术、先进制造业、生物医药，行业权重合计为80%，这三大行业明显属于高成长性朝阳行业。基于此，创业板指数的估值高于上证50、沪深300、中证500。

5. 行业/主题指数

上文提到的上证50、沪深300、中证500、创业板指数等统归为宽基指数，因为这些指数的成份股覆盖了各行各业。接下来，我们给投资者介绍行业/主题指数，这类指数的成份股都属于同一个行业，特征非常鲜明。

在讲行业指数前，我们先来看看行业的分类，国际上通行的分类标准是标准普尔和摩根士丹利联合发布的GIGS全球行业分类标准，我国也不例外。市场上关于行业分类的方法繁多，但绝大多数都是以GIGS为参考标准的。

GIGS的标准把行业分为一级行业和二级行业。其中，一级行业为10类；一级行业中包含了子行业，这些子行业构成二级行业。

表 3.13：中证指数公司行业分类

一级行业	二级行业
原材料	原材料
能源	能源
工业	资本品、商业服务与商业用品、运输
主要消费	食品与主要用品零售、食品、饮料与烟草、家庭与个人用品
可选消费	汽车与其零部件、耐用消费品与服装、消费者服务、媒体、零售业
医药卫生	医疗保健设备与服务、制药、生物科技和生命科学
信息技术	软件与服务、技术硬件与设备、半导体产品与设备
电信业务	电信业务、通信设备
公用事业	公用事业
金融地产	银行、综合金融、保险、房地产

以上这些行业覆盖我们生活的方方面面，是国民经济的重要组成部分。每个行业有各自的行业特征，我们可以根据行业特征做进一步的分类。例如，根据行业是否具有周期性可以划分为周期性行业和非周期性行业。其中，偏周期性的行业有能源、原材料、工业、金融地产；偏非周期性的行业包括医药卫生、主要消费、公用事业等，这些非周期性行业的指数呈现稳健缓慢上升的趋势。

同时，除依据行业对股票进行划分外，我们还可以根据特定主题对股票进行分类，如环保主题、养老主题、医疗主题、传媒主体，相应的对应指数称为环保指数、养老指数、医疗指数、传媒指数等。

首先，给大家介绍医药/医疗行业指数。医药行业是全球公认的国际化产业，同时是各国争先恐后发展的重点行业。当前，全球药品市场规模持续扩大，制药、生物科技等生产规模保持稳定增长，而以我国为首的新兴市场增速极其明显，2013-2017年保持15%以上的增长，这些得益于人们对医药消费的持续需求。

刚需致使医药行业成为一个具有较强防御性的板块，最近10年保持了稳定的发展速度。从历史数据看，医药板块虽然自2014年行业增速下滑以来表现一般，但是始终维持在平均每年约80%的复合收益率。

与医药行业类似的是医疗主题，二者各有侧重。医药的细分行业主要集中在化学制药、中药、生物制品方面，医疗主题细分市场集中于医疗器械、医疗保健服务方面，在实操中可以将二者结合起来分析。目前，国内市场有关医疗行业的指数主要有：①中证全指医药卫生指数，指数代码是000991。这只指数是从中证全指样本股医药卫生行业内选取流动性和市场代表性较好的股票构成的指数成份股，用以反映沪深两市医药卫生行业股票的整体水平。②中证医疗指数，代码399989。该指数选取与医疗器械、医疗服务等有关的代表性公司股票作为指数样本股，采用自由流通调整市值加权，并根据成份股数量设置不同的权重上限，用以反映沪深两市医疗主题股票的整体水平。③沪深300医药卫生指数，代码000913。该指数由沪深300指数样本股中的医药卫生行业股票组成，用以刻画描述该行业股票整体走势。④上证医药卫生行业指数，代码

000037。由上海交易所医药卫生行业股票组成,能反映该行业股票整体水平。⑤中证全指医疗保健设备与服务指数,代码H30178。该指数样本股由中证全指样本股里删选出的医疗保健设备与服务股票组成,可以反映该行业股票的整体表现。

由于中证全指医药卫生指数和中证医疗指数能更全面、更广泛地覆盖和反映沪深两市医药行业和医疗主题的整体水平,所以重点解析这两只指数的基本要素。

截至2018年9月11日,中证全指医药卫生指数成份股数量是218只,总市值约为32,270.71亿元,平均市值约为148.03亿元。中证医疗指数成份股数量是46只,总市值约4,628.80亿元,平均个股市值约为100.63亿元。中证全指医药卫生指数前十大权重股中前5只股票都是制药业股票,中证医疗指数还包含了医用专业设备制造业、医药软件与医药信息技术业,这也印证了医疗主题指数偏重于医疗设备方面的制造业和服务保健业。两只指数的成份股集中度都较高,前十大股的权重超过35%,故这两只指数具有较好的行业龙头效应。

市场上跟踪医药医疗板块指数的基金产品很多,涵盖了普通指数基金、分级基金、增强型基金、ETF等。

其次,我们谈谈消费行业指数。消费行业,覆盖了人们日常生活中的衣食住行等方方面面,这个行业中的细分行业绝大多数属于比较容易赚钱的行业。对于消费行业,国内一般进一步将其划分为主要消费和可选消费两大板块。其中,主要消费板块又叫必需消费,主要代表就是食品饮料、农林牧渔等与日常生活息息相关的子行业。

可选消费则是指除了必需消费以外的其他消费,最有代表性的如汽车、传媒、电视等。

目前,消费板块的指数主要有:①上证主要消费行业指数,代码是000036。该指数的成份股由上交所主要消费行业股票组成,可以反映主要消费业公司股票的整体表现。②上证可选消费行业指数,代码是000035。该指数的成份股由上交所可选消费业公司股票构成,能整体反映可选消费行业市场行情。③沪深300可选消费指数,代码是000911。该指数的成份股是从沪深300指数成份股中筛选出的可选消费公司股票组成的,能很好地反映可选消费公司股票的走势。④中证全指主要消费指数,代码是000990。该指数的成份股是从中证全指样本股中选出主要消费行业内流动性、市场代表性较好的141只股票组成,可以反映沪深两市主要消费行业公司股票的整体水平。

我们重点介绍一下中证全指主要消费指数。该指数截至2018年8月31日总市值是31,087.95亿元。其中市值最大是贵州茅台,总市值近万亿元。该指数目前市盈率为34.45,市净率为4.80倍。

中证全指主要消费指数前十大权重股占比合计55.12%,其中有4家著名的白酒生产企业,包括贵州茅台和五粮液。该指数前三大细分行业是食品饮料、农林牧渔、商业贸易。

6. 策略指数

接下来，我们看看策略指数。上文我们介绍了宽基指数、行业/主题指数，这两大类指数有一个共同点，那就是二者都是按照市值加权法进行编制的。简单地说，就是某只股票市值越大其所占权重越大，对指数影响也越大。市值加权法是现阶段市场上主流的指数编制方法。不过，市场上也有不按照市值进行加权的指数，这类指数按照不同的策略来加权，叫策略指数，主要包括基本面指数、红利指数、低波指数。

基本面指数

基本面指数就是按照技术分析常用的营业收入、现金流、净资产、分红这四大财务指标来删选样本股并且以此决定各股票权重配置的股票指数。

在基本面指数中，最有名的当属基本面50指数。该指数代码是000925，全称是中证锐联基本面50指数。该指数以沪深A股为样本空间，挑选其中基本面价值最大的50家上市公司股票作为成份股，采用基本面价值加权计算，在一定程度上打破了样本市值与其权重之间的关联，避免了传统市值指数中过多配置高估股票的现象。基本面50指数成份股筛选步骤如下：

第一步，对样本空间内的股票，按照最近一年的日均成交金额做降序排列，剔除排名后20%的股票。

第二步，对样本空间的剩余股票计算其基本面价值

(FV)。单只股票的基本面价值计算方法如下。

（1）以过去5年的年报数据计算4个基本面指标。①营业收入：公司过去5年营业收入的平均值；②现金流：公司过去5年现金流的平均值；③净资产：公司在定期调整时的净资产；④分红：公司过去5年分红总额的平均值。

（2）若某公司可用年报数据少于5年，那么按可用年限的数据计算基本面指标。

（3）计算每只股票单个基本面指标占样本空间所有股票这一指标总和的百分比。

（4）每只股票的基本面价值由上述4个百分比数据的简单算术平均值乘以10,000,000得出。

截至2018年8月31日，中证基本面50指数总市值是192,542.84亿元，平均个股市值近3,850.85亿元，所以这个指数代表的是超大盘股票行情，指数市盈率为11.38。

从指数的成份股来看，前十大成份股都是特大型公司，并且大多是金融行业的公司。这说明基本面50指数反映的整体走势是蓝筹大盘股走势。

目前，跟踪基本面50指数的基金产品主要有普通指数基金、ETF、LOF，规模最大的基本面50指数基金是嘉实基本面50LOF。

红利指数

红利指数是指以股票市场上股息率最高、现金分红较多的股票作为其成份股所编制出的用以反映市场上高红利股票整体状况和走势的指数。同时，红利指数实行定期调仓机制，即根据最新的股息率进行筛选，具有自动筛查机制，故此，该类指数收益的有效性经得起市场长期考验。当前A股市场上常见的红利指数有中证红利指数、沪深300红利指数、上证红利指数、上证180红利指数、上证380红利指数、深证红利指数。

这里，要再解释一下什么叫股息率。股息率就是每股派发的股息除以当下最新市场价或买入股票成本价的商。对于投资者来说，以股息除以买入的价格更能反映投资的真实收益。接下来，我们重点介绍三只上证红利指数。

第一只是上证红利指数，其成份股由上证A股中股息最高、分红稳定、具有一定规模和较好流动性的50只股票组成，指数代码是000015。截至2018年9月5日，上证红利50指数成份股总市值为121,556亿元，平均个股市值是2,431亿元，市盈率为9.18倍。上证红利50指数前五大权重股是中国神华、上汽集团、建设银行、工商银行、农业银行，均是市场上出了名的"红利奶牛"，分红金额高，分红政策稳定。

第二只红利指数是深证红利指数，是国内红利指数系列中最早开发的一只，指数代码是399324。深证红利指数为投资者提供了在深交所上市的高现金派红、具有长期稳定回报的40只股票。这40只股票代表40家优质成熟、注重股东回报的企业。深证红利指数总市值接近4万亿元，平均个股市值约940亿元，目前的市盈率为18.36倍。深证红利指数前五大成份股占比为52%，集中在家电板块，包括美的集团、格力电器，集中度较高。

第三只红利指数是中证红利指数，代码是000922。该指数的成份股是选取沪深两市中股息高、分红稳定、具有一定规模代表性的100只股票组成。相较于上证红利和深证红利两只指数，中证红利指数样本股空间选择更大，覆盖面更广。该指数覆盖100只股票，总市值合计达到19万亿元，平均个股市值是1,937亿元。指数的市盈率是10.03倍，介于上证红利和深证红利指数之间。

在上述三只红利指数中，深证红利指数收益率相对较高，约为126%。市场上跟踪红利指数的指数基金非常丰富。

低波指数

与基本面指数和红利指数相似，低波动策略指数也是近年来较流行的指数品种。低波指数的实质就是在样本股票中，按照波动率排名，删选一定数量的波动率最小的股票组成指数成份股，并通过波动率的倒数对成份股匹配权重。低波指数的逻辑是通过选取波动率较低的股票来降低投资组合的风险。

目前，市场上主流的低波指数有180波动指数、300波动指数、500波动指数、沪深300行业中性低波动指数、中金300等权重波动指数等。我们可以看到，这些低波指数不仅含有波动率因素作为权重指标，还同时包含了所谓"行业中性""低贝塔"等权重因子，这是策略指数的一个特征，即策略指数一般不会仅仅只含有一个赋权因子，而是会包含两个或多个因子。策略指数还有一个特征，就是样本股的加权方法多样，如等权重。

过去，我们往往先入为主地认为低波动必然意味着低风险、低收益，但是最近几年低波指数在市场表现不俗，这类指数在有效控制风险的同时收益也有所提高，这个现象被称为"波动率现象"。

前文中，我们用中证500SNLV指数去理解低波指数，下面我们就对该指数的要素做个比较详细的介绍。

中证500SNLV指数的代码是930782，简称500SNLV。该指数的基准日是2004年12月31日，发布日是2016年2月4日，其成份股有150只，属于代表中小盘股情况的指数。500SNLV指数的选样步骤和规则是，首先对样本空间的股票的最近一年平均日波动率进行升序排列，其次，根据中证500成份股在中证二级行业样本数量分布确定各二级行业的样本分配个股数量，再次，按照行业的样本分配个股数量，在行业内选取波动率靠前的股票，最后，对各行业里的样本股票做调整使得成份股数量只有150只。

我们通过500SNLV指数与中证500指数对比发现，加入了波动率因子的500SNLV指数在中长期内，其表现优于中证500指数。

市场上，跟踪低波指数的基金产品不多，目前只有少数的几只，例如华泰紫金红利低波指数基金，该基金的规模也较小，只有1.79亿元。

7. 全球重要指数：H 股指数

H 股指数就是恒生中国企业指数的简称，由恒生指数公司编制，于 1994 年 8 月 8 日推出，该指数以 2000 年 1 月 3 日为基准日，用港币结算，每个季度调整一次，指数基点设定为 2,000 点。

通过 H 股指数的全称我们知道，其成份股都是中国香港上市的境内公司，包括了工商银行、中石油、建设银行、中石化等国有特大型企业。随着时间推移，非国有的腾讯、比亚迪等行业代表企业也被 H 股指数纳入样本里，所以，现在的 H 股指数不仅可以反映在香港上市的国有企业的表现，而且已发展成为能够描述刻画在港上市的国内企业总体走势的综合性指数。

H 股指数的特点是：覆盖了最大和最活跃的 H 股，具有广泛的 H 股市值覆盖率；成份股以流通市值调整，更能反映其投资性；与 H 股指数、恒生中国 H 股金融行业指数高度相关。

根据恒生指数公司 2018 年 1 月发布的报告，目前 H 股指数总市值为 6.41 万亿港元，占所有 H 股市值覆盖的 81.31%。同时，我们可以查询统计到该指数前十大成份股中有 8 只属于金融业，2 只属于能源行业，且市值都较大，所以，H 股指数可以算是港股里的蓝筹股。

现在，市场上跟踪 H 股指数的基金产品共有 3 只，它们是嘉实恒生中国企业指数基金、易方达恒生 H 股 ETF 及其联结基金，资产规模为 80 亿元左右。另外，需要说明的一点是，境内投资者购买的港股基金均是 QDII 基金。

8. 全球重要指数：纳斯达克 100

纳斯达克 100 指数（NDX.GI）的成份股由美国纳斯达克股票市场上排名前 100 的大型非金融类上市公司股票组成。最大特点就是以科技股为主，涵盖计算机硬件、软件、互联网、通信、生物技术等，十分看重高成长性。该指数可以作为观察除金融行业外的美国股票市场表现的参考指标。纳斯达克 100 指数的基期是 1985 年 2 月 4 日，成立至今已经有 60 倍的涨幅，虽然中途遇有 2000 年互联网泡沫破裂的行情，但终究得到了价值回归。

目前，市场上追踪纳斯达克 100 指数的基金主要有 7 只，并且都属于 QDII 基金范畴。

9. 全球重要指数：标准普尔 500

标准普尔 500 指数简称标普 500（SP500.SPI），是全球最重要的指数之一，其成份股来源于美国两大股票市场：纽约证券交易所和纳斯达克，由指数委员会选择并调整样本股，被投资者视为美国经济的晴雨表。

与道琼斯工业指数相比，标普 500 指数具有采样面更广、市场代表性更强、精确度更高、连续性更好的特点，它的成份股数量高达 505 只，行业均衡，风险也就更分散。该指数的成份股平均市值为481亿美元,总体市值覆盖美国股市总市值的80%,故标普500指数能够刻画广泛的市场表现,可以作为股指期货合约的标的对象。

标普500指数的编制方法和规则是:所选公司必须是美国公司;公司市值必须达到53亿美元以上;超过50%的已发行股票被公众持有;公司必须在最新财报季度以及前4个季度累计盈利;必须有极好流动性的普通股,并可以在高流通市场买卖。

长期看,标普500指数增长稳定,是投资美国权益类产品最为普遍的参考标的。

标普500指数的成份股覆盖了苹果、微软、强生、美孚、伯克希尔·哈撒韦等全球知名企业,前十大成份股占比达到20.70%,行业分布于信息、通信、金融、医疗、互联网等。在2017年9月底,标普500指数市盈率为23.53倍,市净率为3.11倍,处于中等略偏高位置。

当前,市场上追踪标普500指数的基金有易方达标普500人民币基金、博时标普500ETF联接基金、博时标普500ETF基金、大成标普500等权重基金。

七、指数基金的概念

指数基金是专门购买某种证券指数所覆盖的全部或者一部分证券并且进行指数化投资的股票基金,它按照证券价格指数编制原理构建投资组合，其目的在于获取与该指数变动相同的反映市场平均水平的收益。

顾名思义，指数基金就是以特定股票指数（如沪深300指数、中证500指数、上证50指数、深证100指数等）为标的，并以该指数的成份股为投资对象，通过购买该指数的全部或部分成份股构建投资组合，以追踪标的指数表现的基金产品。

上述定义点明了指数基金的特质：第一是特殊的股票基金，第二是必须以指数化方式投资。

全球第一只指数基金于1971年出现于美国，是富国银行向机构投资者推出的指数基金产品。当时引起的反对远远多于支持。到了20世纪70年代后期，才有一些年金基金，包括美国电报电话公司在内，部分地改变了人们对指数投资的看法。进入20世纪80年代，美国股市日渐繁荣，指数基金开始

大部分投资者，包括机构投资者和个人投资者，早晚会发现，最好的投资股票的方法是购买管理费很低的指数基金。

——巴菲特

图3.13：世界著名投资大师巴菲特

吸引一部分投资者的注意力。1980年指数基金的总额仅有公开交易股票的市场价值的1%。进入20世纪90年代，指数基金才真正获得了巨大的发展。1994年至1996年是指数基金取得成功的3年。1994年初，美国股票市场起伏不定，相应地，共同基金也表现不好。但到了年底，准普尔500指数增长了13%，超过了市场上78%的股票型基金的表现。1995年标准普尔500指数取得了37%的增长率，超过了市场上85%的股票型基金的表现。1996年优势继续，标准普尔500指数增长了23%，超过了市场上75%的股票型基金的表现。3年加在一起，市场上91%的股票型基金的收益增长率都没有超过标准普尔500指数的增长率，指数基金开始在投资者心中树立良好的形象，也引起基金业的广泛注意，指数化投资策略的优势开始明显地显现出来，并对传统的证券投资思维形成巨大的冲击与挑战。

1976年8月，先锋集团推出了第一只指数共同基金——先锋500指数基金。从1985年一直到1999年，该基金总回报率是1204%，远高于大盘股混合基金类886%的平均回报率。规模从1988年的10亿美元到2000年的1,070亿美元。

美国先锋集团的标准普尔500指数基金截止至2000年12月31日已具有893.93亿美元净资产，位居世界第一。到2000年底，追踪标准普尔500指数的共同基金资产已超过1万亿美元，追踪标准普尔400指数的基金资产达250亿美元，追踪标准普尔600指数的基金资产达80亿美元。

进入 20 世纪 90 年代后,股票型指数基金得到壮大和发展。1994 年到 1996 年是其成功的 3 年,大部分主动管理型股票基金的绩效相对较差,指数化投资策略的成本低、税收优惠的优势开始显现,得到美国投资者重视。

据统计,2015 年在持有共同基金的家庭中,至少有 32% 持有股票型指数基金。这也使得股票型指数基金占股票类共同基金的规模比例从 2000 年的 9% 逐步提升至 2015 年的 22%,且近年来这一比例呈加速递增趋势。

截至 2015 年底,美国市场 ETF 资产规模达到 2.1 万亿美元,为全球规模最大、品类最丰富的 ETF 市场。同时,ETF 覆盖多种金融产品,且进一步基于部分规模大、流动性佳的 ETF 基金开发了期货、期权等相关衍生品。

下面讲一讲我国指数基金的发展历程。随着境外指数基金的迅速发展,我国开始引入指数化投资方式。我国于 1999 年 7 月 14 日相继推出了四只指数基金——基金兴和、基金普丰、基金天元和基金景福,它们分别以上证综指、深证综指为目标,以其资产的 50% 进行指数化投资,另外 30% 的资产进行积极投资,其余 20% 的资产则投资于国债。因此,上述四只基金严格地说只是一种优化的指数基金,还不是纯粹的指数基金。

2002 年,上证 180 指数、深证 100 指数相继推出,之后,华安上证 180 指数增强型证券投资基金面市。2003 年初,天同上证 180 指数基金也上市发行,该基金是我国第一只标准指数基金。

2004年我国第一只ETF——华夏上证50ETF面世。2009年，我国股票型指数基金新增数量超过了过去7年的发行数量之和，被称为"中国指数年"。

早期的指数基金都是追踪规模指数的大盘指数基金。后来发现，一些特殊的因子，如红利、小市值等可以让指数获得相对大盘的超额收益，于是因子指数和因子ETF出现了。跟因子ETF同时出现的，还有行业ETF。

近年随着量化交易的兴起，一种新型的指数基金——策略指数基金开始崛起。常见的策略指数有基本面指数、互联网大数据指数、投资大数据指数等。

截至2018年6月30日，剔除联接基金、分级基金子份额与债券指数基金后的指数基金数量为606只，与普通股票型基金相比，不管是基金数量还是发行总规模都占有绝对市场地位。

八、指数基金的类型

从2002年国内第一只指数基金诞生，A股指数基金已经发展10余年，市场上指数基金的数量越来越多，指数基金的种类也越来越丰富。

为了便于认识进而帮助大家投资指数基金，我们下面介绍指数基金的类型。关于指数基金的类型有许多划分标准。划分标准不同，分类结果就不同，并且同一标准下还可以继续划分。

1. 按照基金所跟踪指数的成份股覆盖范围，分为宽基指数基金和窄基指数基金。

美国证券期货监管机构把股票指数分为两类：宽基和窄基。如果股票指数期货合约的标的满足以下两个条件之一，该指数就被认为是宽基指数，不满足下述两个条件的指数被视为窄基指数。

条件之一：含 10 只或更多只股票；单个成份股份权重不超过 30%；权重最大的 5 只股票累计权重不超过指数的 60%；平均日交易额排名最后 1/4 的成份股累计的平均日交易额超过 5,000 万美元。

条件之二：含 9 只或更多只股票、单个成份股权重不超过 30%；每个成份股均为大盘股（按市值和平均日交易量都排入前 500 的股票）。

在国内 A 股市场，人们一般会将成份股多为大盘股的指数列为宽基指数，而将行业、策略、风格以及主题类的指数划归窄基指数。代表市场基准的指数，如沪深 300 代表大中盘股票，中证 500 代表小盘股票。如经典的上证 180，抢眼的深证 100，以及泛滥的沪深 300 等。跟踪这些指数的基金就是宽基指数基金，其他称为窄基指数基金。

2. 窄基指数基金可进一步分为行业基金、主题基金、策略基金。

行业基金

顾名思义，行业指数反映的是一个行业的股票的概貌和运行状况，目前国内较有影响力的行业指数有上证行业指数和中证行业指数，上证行业指数系列包括 10 只行业指数；中证行业指数系列包括 10 只 300 行业指数（对沪深 300 指数样本股进行行业分类而编制）和 10 只中证行业指数（对中证 800 指数样本股进行行业分类而编制）。跟踪该类指数的基金即为行业指数基金。如新兴产业、消费、农业等行业性指数基金。

主题基金

主题指数基金的含义就更加广泛了，它按照"主题"来跨行业、地域选择相关的股票，通过发现影响经济发展和企业盈利的深层次原因和关键性因素，将相关的股票纳入样本股范围，构成对这个投资主题的描述。在国内，中证指数公司已经推出了成系列的各种主题指数，例如央企指数、民企指数、红利指数、社会责任等等。跟踪该类指数的基金构成主题指数基金。

策略基金

策略指数是除了传统的只做多的市值加权指数之外的指数。从定义表述可以看出，策略指数与其他指数的本质区别在于两点：一是加权方式，策略指数主要采用非市值加权方式，如基本面加权、财富加权、固定权重等；二是多空交易，策略指数可以采用多空两种方式，其他指数只能单边操作。追踪策略指数的基金产品就可以认定为策略指数基金。

从策略指数成份股覆盖的资产类别及加权方式入手，可将策略指数基金进一步分为以下三类：非市值加权基金、单一资产类别基金、多资产类别基金。

3. 按照指数基金本身投资操作方式，可划分为普通指数基金和增强型指数基金。

普通指数基金就是所谓的完全被动跟踪指数的指数基金，对于普通的完全复制指数的基金来说，其投资目标一般仅是跟踪标的指数的走势并控制跟踪误差；而指数增强型基金的投资目标则是要在控制跟踪误差的前提下力求获得超越标的指数的表现，其收益情况不仅受到指数的走势的影响，也和管理人创造超额收益的能力息息相关。

就目前来看，国内的增强型指数基金，指数增强策略的

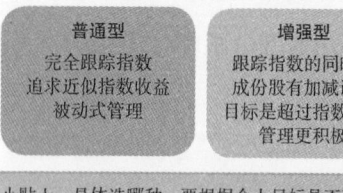

图 3.14：普通指数基金与增强型指数基金的区别

核心是选股以及对个股权重的调整,且大多可以在原指数的基础上提高收益。比如,从 Wind 数据库中近 3 年来市场上的增强型指数基金的收益来看,绝大多数基金跑赢了业绩比较基准并取得了超额收益。

此外,Wind 数据还显示,在 2017 年以来市场上全部 77 只公募指数增强策略基金中,取得正收益的有 60 只,2/3 的基金在采用增强策略后跑赢了普通指数基金。

4. 按照是否在交易所上市交易可分为场内指数基金和场外指数基金。

场外指数基金,即只能通过基金公司渠道或通过银行、证券公司柜台等场外渠道申购、赎回基金份额而不能在证券交易所买卖的指数基金,也就是一般意义上普通开发式指数基金。早期,场外指数基金是 A 股市场的主流,产品种类也从宽基指数基金,逐渐发展到行业指数基金、主题指数基金和策略指数基金等多个子门类;场内指数基金是指可以在证券交易所买卖交易的基金,ETF、LOF 就是典型的代表。

场外指数基金与场内指数基金主要有以下五个区别:①交易渠道不同。场内购买基金是在证券公司开户后,通过证券公司交易软件进行交易,而场外购买基金通过银行柜台、网银、证券公司柜台、基金公司网站等渠道交易。②交易对象不同。场内能购买的基金为 LOF 基金、ETF 基金、分级 A 和分级 B,而场外可以购买全部开放式基金。③交易费率不同。

场内买入或卖出单向交易费率一般最高不超过 0.3%；而场外申购费率一般为 0.6%～1.5%，赎回费率通常约为 0.5%。④到账时间不同。场内基金一般情况下购买后 T+1 个工作日可卖出，资金 T+1 个工作日到账；场外基金一般情况下申购后 T+2 个工作日可赎回，资金通常在 T+1 个工作日后到账。⑤交易价格不同。场内购买是按股票交易方式进行，根据供求关系，以适时撮合价交易，价格在交易日的不同交易时间会有所区别；场外申购则是未知价格，以当天收盘净值为价格进行交易，每天仅有一个价格。

下面，我们再详细地从交易方式、价格机制、净值报价、交易成本四个维度进行阐述。

首先，从交易方式来看，传统开放式指数基金的投资者只能通过场外开放式基金账户进行申购、赎回。而 ETF 和 LOF 指数基金作为开放式基金的创新品种，投资者既可以通过场外开放式基金账户进行申购、赎回，也可以通过股票账户进行买卖。不过，需要注意的是，通过开放式基金账户申购 ETF 基金属于一级市场申购，通常门槛较高，要求份额申请在 50 万份以上，所以一般更适合机构投资者。普通投资者受限于资金，一般只能通过股票账户在二级市场进行买卖。

其次，从价格机制来看，传统开放式指数基金的价格即基金份额净值，在一级市场形成，其计算方法是基金资产净值除以基金总份额；而 ETF 和 LOF 指数基金由于是一级市场和二级市场并存的体制，因而存在一级市场价格和二级市场价格,一级市场价格的形成和传统开放式指数基金相同,二级市场的价格是由投资者在证券交易所的竞价形成,这和封闭式基金是一样的。也正是因为价格机制的不同,ETF 和 LOF 指数基金一旦出现二级市场的折溢价情形时,也意味着套利机会。不过值得注意的是,由于资金限制和时间延误方面的原因,这种套利模式并不适合普通投资者。

再次,从报价方式来看,传统开放式指数基金一般是每天收市后根据当天的市场走势更新净值,即申购价格的更新以天为频率;LOF 指数基金在一级市场的报价同传统开放式指数基金,在二级市场通常一天报价 1 次或几次,而 ETF 基金在二级市场通常每 15 秒报价一次。

最后,再来看看交易成本,传统开放式指数基金的交易成本通常由一次性费用和年度运作费用组成,一次性费用主要指申购、赎回费用,年度运作费用包括管理费、托管费、销售费用等。具体来看,目前我国传统的开放式指数基金的申购费费率多在 0.5% ~ 1.5% 之间(申购金额越大,费率越低),赎回费费率多在 0 ~ 0.5% 之间(持有时间越长,赎回费率越低)。管理费费率多在 0.5% ~ 1% 之间,托管费费率在 0.1% ~ 0.5% 之间。LOF 指数基金在一级市场的费用基本同传统开放式指数基金。而 LOF 指数基金和 ETF 基金在二级市场上的交易成本主要是投资者向券商缴纳的佣金(不高于 3‰)。

(1)ETF:指数基金在全球的未来主流趋势

ETF(Exchange Traded Funds)即交易型开放式指数证券

投资基金。它是一种在交易所上市交易的开放式指数基金，兼具股票、开放式指数基金及封闭式指数基金的优势与特色，是一种高效的指数化投资工具。

具体来讲，ETF具有以下四个特点：①交易所挂牌买卖。像买卖股票和封闭式基金一样，大家可以直接买卖ETF份额。②一篮子股票申购赎回机制。指数基金申购赎回机制比较独特，投资者只能用与指数对应的一篮子股票申购或者赎回。相比LOF基金，股票申购赎回机制导致ETF的跟踪误差会更小。③套利机制。申赎套利机制的存在，会使ETF的实际净值和交易所买卖价格更接近。相比LOF基金，ETF的场内折溢价率会更小。④费率较低。没有印花税，场内买卖只有券商的交易佣金。另外，管理费和托管费在三类指数基金产品里面基本处于最优惠的水平。

ETF近年来在海外市场迅速发展，现已成为海外指数投资的主要品种。1990年，加拿大多伦多交易所推出全球第一只交易所交易基金（ETF），1993年跟踪标普500指数的ETF（SPY）面世。数据统计，全球ETF的规模由2000年的790亿美元增长到2015年底的2.96万亿美元，增长超过37倍，年复合增长率超过27%。而国内自2004年底第一只ETF（上证50ETF）诞生以来，历经十余年发展，至2016年底，ETF产品数量达到120只，规模达到2,003亿元，已涵盖股票、债券、商品、境外资产等多种类别。随着ETF的种类不断丰富，规模不断壮大，ETF将逐步成为A股市场不可或缺的投资工具，A股市场指数投资工具持续发展值得期待。

（2）LOF基金：国内特有的基金

LOF基金，英文全称为"Listed Open-Ended Fund"，中文译为"上市型开放式基金"，与传统的开放式场外指数基金相比，LOF的主要特点为增加了一种交易方式，即除了能申购或者赎回外，还可以买入或者卖出，对投资者来说，交易更加便利，且交易成本更加低廉。LOF的推出为开放式基金的投资者提供了一种全新的退出途径和方式，也为投资者投资基金提供了一种更为便利的交易方式。投资者们所熟知的分级指数基金其实就是LOF基金的一种，可以说，LOF指数基金是我国本土化改良的创新品种。

LOF基金与场外普通指数基金最大的区别在于增加场内交易功能，LOF采用场内交易和场外交易同时进行的交易机制，为投资者提供了基金净值和围绕基金净值波动的场内交易价格，当场内交易价格与基金净值价格不同时，就存在套利的机会。

从交易效率来说，LOF基金的交易效率低于ETF，无法做到瞬时套利，故一般情况下场内LOF基金的价格会比实际净值低1%~2%。以深交所的LOF基金为例，通常当天买入基金份额，T+1日才可以赎回，当天申购基金份额，T+2日才可以卖出，由于时间的差异，导致通常情况下很多LOF指数基金场内折溢价会比ETF更高些。

九、指数基金名称后缀的 A、B、C

目前，各大基金公司为了迎合不同申购渠道、不同规模资金方和不同持有期的投资者偏好，开发了一系列以英文字母 A、B、C 为后缀名的基金，这让投资者摸不着头脑。例如，广发中证环保产业 A，广发中证环保产业 C 等。不用着急，下面一一讲解其具体的含义。当然，由于不同类型的基金其后缀的 A、B、C 可能代表不同含义，因此，本文只是根据市场上的普遍情况分三大类予以剖析。

首先，谈谈股票型/混合型/债券型基金产品的 A、B、C。请注意，指数基金包括在股票基金里，因为它们是特殊的股票基金。

在此类基金中，后缀带 A 一般表示此基金份额是前端收费，所谓前端收费就是当投资者在申购时就直接扣除申购费用。前端收费模式是目前业界最常用的基金收费模式，大家平常申购的场外基金几乎都是前端收费模式。例如，广发沪深 300ETF 联接 A 类（270010），对于申购金额小于 100 万元的散户，要收取 1.2% 的申购费，通过其官网"钱袋子"申购打 1 折。赎回费率则随着持有期限的增加而减少。持有期超过 2 年以上免赎回费。

后缀带 B 一般表示后端收费份额，即申购时不收费，只在赎回时收费。后端收费模式与前端收费模式唯一的区别在于申购时不扣申购费，等到投资者赎回时再扣，并且此时的申购费率会随着持有期限的长短有所变化。赎回费率与前端收取赎回费规则一样，随着持有基金份额期限的增加而降低。

后缀带 C 的表示免除申购与赎回费，转为"销售服务费模式"。销售服务费模式是指在申购、赎回基金时，以上所讲的两种费用都不收取，改为按日收取销售服务费。需要注意的是，销售服务费模式下，满足达到特定持有期限条件时会免收赎回费，不过基金公司仍然按天收取销售服务费，费率一般在 0.2% 左右。

销售服务模式是新出现的收费模式，许多投资者不甚了解，实际上对于持有时间不定，以波段操作为主的投资者来说，C 类份额恰恰是适合其做短线投资的一类产品。

例如，同样申购广发沪深 300ETF 联接基金并持有 2 个月，选择 A 类份额最高成本为 1.7%，最低也要收取 0.62% 的费用，而选择 C 类份额只要 0.0167% 的成本，A 类份额成本最高可以是 C 类的 100 多倍。当然，这也不是绝对的，投资者长期持有基金时，C 类份额成本反而高于持有 A 类份额了。

表 3.14：A 类份额与 C 类份额费率比较

广发沪深 300ETF 联接	A 份额		C 份额
申购渠道	银行网点	互联网平台 APP	互联网平台 APP
持有期限	30 日	30 日	30 日
申购费率（%）	1.20	0.12	0
赎回费率（%）	0.50	0.50	0
销售服务费率（%）	0	0	0.0167

（续表）

广发沪深 300ETF 联接	A 份额	C 份额
总费率（%）	1.70	0.62	0.0167
不同销售渠道 A 类份额费率是 C 类份额费率的倍数	102	37	

其次，介绍货币基金的 A、B 后缀的含义。

货币基金 A 类：低门槛，适用于认购、申购金额低于 500 万的投资者，散户投资者买的货币基金都是这一类；由于该类货币基金不收取认（申）购费用，不论投资金额的代销，都是统一按年费率（0.25%）计提销售服务费，用于补偿支付销售机构的账户设立及维护的服务成本。

货币基金 B 类：高门槛份额，适合 500 万以上的投资者，转为高净值客户或机构设置，货币基金 B 类的管理费较 A 类低。

但从收益率来看，货币基金 A 类及 B 类相差并没有那么大。值得一提的是，也有部分基金为了满足投资者的理财需求，将 B 类货币基金的门槛降低了。比如南方基金就于 2017 年 7 月 19 日将南方天天利货币 B 的申购门槛由原来的 500 万元降至 100 元。

最后，讲一讲分级基金后缀 A、B 是什么意思。

在这里，特别强调一下，不要把此处分级基金里的 A、B 与上文提到的指数基金 A、B、C 份额混淆了。股票基金中的分级 A、B 类中的 A、B 份额是分别代表不同风险收益特征的两类份额。其中，分级基金 A 类份额是融资资金的低风险份额，分级基金 B 类份额是融资炒股的高风险份额。

比如说，一位母亲有两块钱，她给自己的两个孩子 A 和 B 一人一块。B 找 A 借钱去炒股，并承诺给 A 一定的收益率。于是 B 拿着两块钱去炒股，A 获得的是 B 给他的利息，这个不管炒股盈亏，都是固定的。而 B 则承担支付利息后的总体投资盈亏风险。

十、指数基金的属性

1. 持牌运营的一种公募基金

首先，指数基金属于公募基金。这要先给投资者解释一下什么叫公募，什么叫私募。公募基金是指以公开方式向社会公众投资者募集资金并以证券为投资对象的证券投资基金，私募基金是指以非公开方式向特定投资者募集资金并以证券为投资对象的证券投资基金。所以，根据基金募集方式不同，某只基金或者划归于公募基金，或者归属于私募基金。

公募基金和私募基金的区别：①公募基金必须维持 80% 仓位，不能空仓。其中，指数基金仓位要求 90% 以上。私募基金想空仓就空仓，做空的衍生品也比较灵活。②公募基金单只规模比较大，而私募基金可大可小，根据策略的有效性、容量等调整资金，相对而言，其收益受资金规模的影响要小很多。③公募基金的基金经理追求管理规模排名,而私募基金的基金经理是看绝对收益。100万起投的高净值客户知道你赚少了或者亏了,就不会再信任私募基金的基金经理了。④公募基金的持仓都是公开的,每季度会更新。私募基金对仓位等投资信息可以不予披露,保密性比较好,除非自愿披露投资情况。

2. 信息高度公开透明

根据某只基金跟踪的标的指数,我们基本可以判断出目前指数基金的持仓组合,信息公开透明是指数基金的属性之一。

我们知道,其他主动型基金,像纯粹股票基金、混合型基金等是一个季度才公布一次前十大成份股。这意味着,如果某只环保行业的主动型基金第一重仓是环保,那你有可能是三个月以后才知道。但是,指数基金不一样,每日公布净值,同时其是复制指数成份股并且按照事先公开的定期调仓规则锁了定调仓频率,透过这些公开可查的信息,我们可以随时查询指数包含哪些成份股,也可以看看指数基金里最新的10大权重股。

那么我们如何去看跟踪的指数呢?首先,投资者可以先看指数基金跟踪的指数,以天弘中证医药100指数A基金为例,该只基金的代码是001550,其跟踪指数是中证医药100指数。然后随便在网页或者某个炒股软件、基金销售APP搜这个指数,都可以知道其编制方法、更新频率、成份股等一系列资料，当然最优方案是到指数公司官网去搜。这里，我们通过新浪财经官网查看到该基金的基本信息如下：

天弘中证医药100指数A（001550）开放式-指数型

单位净值：0.6869	净值增长率：-1.37%	净值增长率：-1.37%	累计净值：0.6869	截止日期：2018/09/11
最新估值：0.6989（15:04）	涨跌幅：-0.98%	涨跌额：-0.0069		
最新规模：1.37亿元	风险等级：高风险	申购状态：可申购	赎回状态：可赎回	

图 3.15：新浪财经官网直接搜索查看天弘中证医药 100 指数 A
（截至 2018 年 9 月 11 日）

基金概况	
基金全称	天弘中证医药 100 指数型发起式证券投资基金
基金简称	天弘中证医药 100 指数 A　基金代码　001550
成立日期	2015/6/30　上市日期　--
存续期限（年）	--　上市地点　--
基金总份额（亿份）	1.991（2018/6/30）　上市流通份额（亿份）　1.991（2018/6/30）
基金规模（亿元）	1.37（2018/6/30）　选择风格　—（年季）
基金管理人	天弘基金管理有限公司　基金托管人　国泰君安证券股份有限公司
基金经理	张子法 陈瑶　运作方式　开放式
基金类型	股票型　二级分类　指数型
代销机构	银行（共 0 家）　代销机构　证券（共 6 家）
最低参与金额（元）	最低赎回份额（份）
投资目标	紧密跟踪标的指数，追求跟踪偏离度和跟踪误差的最小化，实现与标的指数表现相一致的长期投资收益。
基金比较基准	中证医药 100 指数收益率×95%+银行活期存款利率（税后）×5%

图 3.16：天弘中证医药 100 指数 A 主要要素介绍（来源：新浪财经）

3. 属于被动投资

被动投资不需要基金公司和基金经理主动选择投资方向，考虑持仓多少和进出策略等。指数型基金就是被动投资的基金类型，因为一个股票指数里有成份股，有每一个成份股所占权重的大小，指数基金就是完全配置这些股票，并且按照各个股票的比例，完全被动地模拟指数的，尽量无误差地跟踪指数涨跌。

举个例子，沪深300指数有300个成份股，覆盖沪深两市300家在各行各业成熟的龙头公司，沪深300指数基金就要买入300只股票，并且按照每一只股票所占权重配置，如此叫作被动投资。

被动投资的理论基础是建立在有效市场假说上的随机漫步理论。相对于价值投资或者趋势投资，被动投资在更大程度上体现了"从市场的不断发展中获利"的思想。如果投资者非常谨慎，不想冒个股的非系统性投资风险，也没有时间和精力去研究公司和股票的基本面，那么就可以采取被动投资的方式。

当1975年约翰·博格推出第一只指数基金时，被动投资的理念不被当时的市场所认可，原计划募集1.5亿美元的指数基金最终只募集了1,100万美元。直到10年后，市场上才出现了第二只指数基金。然而时间是最好的试金石——长期来看，大多数主动基金都难以战胜市场指数。据先锋基金统计，1985年到2015年，标普500指数的年化收益率为11.2%，同期大盘主动基金的平均收益为9.6%，绝大部分主动基金并没有跑赢市场指数。

股神巴菲特就是指数基金的推崇者，曾在1993年至2008年期间多次推荐指数基金。2007年巴菲特摆下了一场价值百万美元的10年赌局，一个对冲基金 Protégé Partner 前来应战。巴菲特当时选择的是 Vanguard 标普500ETF，而 Protégé Partner 选择的是5只对冲基金组合。时间到了2016年底，当时标普 500ETF 累计收益率已经达到了 85.4%，而 5 只对冲基金组合的收益率只有 22%，且组合内基金的业绩分化严重，最好的是 62.8%，最差的只有 2.9%。ProtégéPartner 最终在 2017 年 5 月公开表示提前认输。

　　巴菲特这场 10 年赌局的背后，正是全球资产管理行业深刻变革的最佳佐证。从 2007 年到 2017 年，被动投资在美国取得了长足的进展。首先，从资金流量来看，2007 年至今，约 1.1 万亿美元资金流出主动股票基金，而有 1.4 万亿美元资金流入指数基金，其中 0.83 万亿流入 ETF。其次，从投资收益率来看，过去 10 年指数基金的业绩表现超过绝大部分的主动管理基金。

第 ④ 章
指数基金的运作和参与机构

一、指数基金的运作原理

1. 理论基础

指数基金是按照证券价格指数编制原理构建投资组合,进行证券投资的一种基金。指数基金根据有关股票市场指数的分布投资股票,以令其基金回报率与市场指数的回报率接近。运作上,它比其他开放式基金具有更有效规避非系统风险、交易费用低廉、延迟纳税、监控投入少和操作简便的特点。从长期来看,指数投资业绩甚至优于其他基金。

指数基金是一种以拟合目标指数、跟踪目标指数变化为原则,实现与市场同步成长的基金品种。指数基金的投资采取拟合目标指数收益率的投资策略,分散投资于目标指数的成份股,力求股票组合的收益率拟合该目标指数所代表的资本市场的平均收益率。

指数投资看似简单,其背后有着深刻的理论基础。

第一大理论基础是有效市场假说,最早由尤金·法玛教授提出。尤金·法玛凭借该假说获得了2013年的诺贝尔经济学奖。有效市场理论的核心观点是市场是有效率的，市场不可战胜。

"有效市场"意味着"天下没有免费的午餐"，市场信息都在第一时间被充分、有效地传递和消化，股票当前的价格已经包含了你所掌握的所有信息。因此，长期来看，投资个股是不可能获得超过指数的收益的。

第二大理论基础是马科维茨的投资组合理论。投资组合理论开创了对投资组合管理的先河，马科维茨也是诺贝尔奖得主。他认为投资任何一只股票包含两种风险：一种是系统性风险，比如经济危机、战争等会对所有股票产生影响；另一种是非系统性风险，非系统性风险是个股的独特风险，比如公司经营不当，新产品开发失败，纠纷，诉讼等，都会给个体公司带来重大损失，乐视网就是一个很好的例子，但非系统性风险不会对整个市场造成太大影响。所以你投资个股就面临两种风险，系统性风险和非系统性风险，引起非系统性风险的因素非常多，而且往往带来灾难性的打击。但如果你投资指数，你只需要承担系统性风险，非系统性风险能够被消除。所以投资组合理论的核心观点就是指数投资是最优的，投资个股往往会遇到"黑天鹅"，投资指数就不会。

第三大理论基础是资本市场效率理论。上市公司欺诈，基金公司"老鼠仓"屡见不鲜。金融市场充满着不信任，股民对上市公司的不信任，基民对基金公司的不信任。因为你不知道他们拿着你的钱去干了什么。但指数基金不一样，指数基金是完全复制指数，而且基本满仓操作，所以能有效降低管理人的操作风险和道德风险，你从指数基金获得的收益和市场指数基本是一样的。

第四大理论基础是行为金融理论（心理预期理论）。即使是资本市场的老手，有些时候也难免受到心理因素的影响而影响投资决策。追涨杀跌，羊群效应，过度自信等都会导致对投资决策的误导。指数化投资属于被动化的投资，复制市场表现，一定程度上避免了择股的心理波动，避免了主观因素对投资收益的拖累。

了解了上文提到的那么多指数基金的理论基础，其实，我们可以把它的原理归为五个字：简单胜复杂。

简易、低成本的策略是大多数投资者最佳的投资选择。如今市场上可供投资者选择的复杂投资策略不胜枚举，但真正能让大多数投资者受用的，恐怕仍然是那些简单的市值加权指数基金。指数追踪基金的普及主要是建立于"市场有效性"的概念之上——即市场能够快速、准确地将有关上市公司的所有公开信息反映在其股票价格上，股票错误定价的情况非常罕见，所以合乎逻辑的结论是，你应该持有指数，并利用市场的长期总体增长来使资本增值。市场效率理论并非支持市值加权指数基金的唯一论据。

为争取理想回报，一个复杂的投资策略往往包含了很多个牵一发而动全身的组成部分。构成一个系统的组件越多，可能出现故障的地方也就越多，这就增加了系统崩溃的可能性。丹尼尔·卡尼曼（Daniel Kahneman）和阿莫斯·特沃斯基（Amos Tversky）在他们的论文《不确定性下的判断：启发式和偏见》（*Judgment under Uncertainty: Heuristics and Biases*）中提出了一个概念：以核反应堆或人体为例，在一个复杂的系统内，任何基本组件失效都会导致整个系统故障，即使每个组件发生故障的可能性很低，但是如果系统涉及很多组件，整体发生故障的概率便会很高。

在数学上，系统（或投资策略）发生故障的概率远高于其任何单一部分发生故障的概率。这是由于单一组件故障的概率结合的复合效应。任何单一部件故障都可能导致整个系统崩溃。投资策略也一样，活动部分愈多，表现不佳的可能性也愈高。事实上，我们已目睹过无数复杂投资策略无法带来理想回报。

简单往往胜过复杂。根据这些原则，彭博曾就美国威斯康星州基诺沙迦太基学院（Carthage College）捐赠基金经理比尔·阿伯特（Bill Abt）发表了一篇富有洞察力的文章。这篇文章大意是："他并没有涉足那些具话题性的硅谷风险投资基金、对冲基金或由常春藤物理学家和数学家最新研发的计算机智能基金……在迦太基，比尔·阿伯特采取的投资方法非常普通：他主要持有领航集团的低成本市场追踪指数基金，与一众没有投资专才协助的个人投资者无异。"比尔·阿伯特的投资成绩令人信服。在截至 2017 年 6 月的 10 年间，他每年以 1.8%

回报差距领先于哈佛大学的捐赠基金，其6.2%的年化回报率更是跑赢了超过90%的同行。

除此之外，比尔·阿伯特的故事也给我们一个关于复杂投资策略的启示。他的竞争对手，也就是其他基金的管理人，无一不是明星级的投资经理团队。他们受过高等教育且拥有很好的关系网络，按理应该比任何人都更能理解和善用复杂投资策略。但如果连他们也无法打败简单的指数基金投资组合，普通投资者就更不可能有机会了。

复杂投资策略失败的另一个原因，是他们往往收取较高的费用，费用会直接蚕食投资回报。削减开支是在任何情况下都不会出错的策略。无论你选择哪种投资策略或大市表现如何，低费用的好处必然存在。在这个充满不确定性的行业中，这是非常罕见的确定性。

费用比率是查看成本的直接方式。隐性成本，如那些与交易相关的费用，尽管并不明显，但对投资者同样重要。基金的周转率是透视投资策略相关隐性成本的优良指标。较低的周转率意味着某个基金的交易活动较少，这样可直接降低基金自己的交易成本。市值加权指数追踪基金的周转率往往非常低。你的花费越少，才会有越多资本留下来复合增值。这不是理论，而是数学上的必然性。

奥卡姆剃刀法则大概最适合用来总结我们的观点：当有两种或更多选择时，较简单的方案通常会带来更好的效果。将成本最小化，无论是隐性的还是非隐性的，都会带来直接的优势。投资指数追踪基金能够最直接捕捉这两个特征，而这也是投资者应该关注并投资指数基金的原因。

2. 如何选择对应的股票指数

指数基金在设计投资方针时，需要选择基金所追踪的市场指数。市场指数种类很多，在选择市场指数时需要考虑的核心问题是权衡市场指数的广泛代表性与可能发生的交易成本，因此，需要考虑所选市场指数以下几个方面的内容：①所选市场指数的广泛性及代表性。②指数所包含证券数量的适中性。③指数本身的相对稳定性。④构成指数的证券的流动性。

3. 股票组合的构建

指数基金是投资基金的一种特殊类型，它按照某种证券价格指数编制原理构建投资组合，不主动对个股和买卖时机进行选择，只是跟踪目标指数的变动，以取得目标指数所代表的整个市场的平均收益为投资目标。

这种构建投资组合的方法称为指数化投资，属于一种典型的被动型投资方式。按其选取投资组合的方式不同，指数基金指数化投资的方法大致可划分为三种：完全复制法、优化选样法和分层抽样法。

1999年成立的三只优化型指数基金分别采用了其中的两种方法：基金普丰和基金兴和采用完全复制法分别追踪深证和上证A股综合指数，基金景福采用分层抽样法追踪上证A股综合指数。华安180指数基金以完全复制法为主，辅之有限度的增强管理来追踪上证180指数。

4. 组合权重的调整

通常情况下标的指数的成分会发生变化，新股的加入和原有股票的增配等因素都会引起标的指数中的各成份股票的权重发生改变，因此指数基金也必须及时做出相应的调整，以保证基金与指数权重的一致性。

5. 红利收入再投资

在投资过程中，基金管理人的一项常规工作就是对上市公司派发的现金红利及时进行再投资。考虑到操作成本方面的因素，这种再投资的频率不宜太高，通常情况下以月为单位进行。

6. 跟踪误差的监控和调整

跟踪误差描述的是指数基金的表现与标的指数走势的差异。由于交易成本和交易制度的限制，主要是基金存在申购赎回，仓位不能100%复制指数，这就导致天然存在误差。优秀的基金经理会采取一些行为来弥补这一天然的缺陷。比如通过一定的选股来提高收益等，但这样的小动作并非每次都奏效，因此指数基金的收益差距就出现了。任何一个指数基金都不可能与标的指数收益保持一致，基金管理人需要及时度量、监测这种差异，确保这种差异在可控范围内。

尤其值得一提的是，指数基金跟踪误差是管理能力的体现，不要单纯看指数基金的收益，投资者最好选择长期跟踪误差较小的品种。

那么，究竟什么是好的跟踪误差？其实控制跟踪误差是指数基金的一个基本目标。数据显示，一般指数基金契约要求跟踪误差在3%~4%，也有要求指数基金日平均跟踪误差不超过0.35%。投资者最好选择日跟踪误差控制在0.2%以内或者年跟踪误差在1.5%以内的纯指数基金，若是年跟踪误差在1%以内的品种更优。

从实际运作上看也需要注意以下三点：

第一，大型基金公司或者某些量化方面有优势的基金公司旗下的指数基金跟踪误差较小。这主要是因为，管理费、托管费等固定费用也是影响跟踪误差的一个因素，大型基金公司谈判能力更强，往往费率上有优势。

第二，定期调整指数成份股，也会对跟踪误差产生较大影响，这可以体现基金公司的管理能力。另外，指数基金组合也必须持有一定的现金资产以应对赎回，相对来说，采取实物申赎方式进行一级市场交易的 ETF 基金占有一定的优势。因此从跟踪误差来看，ETF 这一品种最好。

第三，需要注意的是，有些极端情况也会影响误差，比如说套利资金较多会影响指数基金收益，一段时间内资金大量涌入会影响指数基金收益，这经常发生；比如说市场大幅波动导致停牌股太多也会影响指数基金运作，进而影响指数基金的跟踪误差，在股灾和熔断期间不少指数基金的跟踪误差都很大。因此，最好选择相对规模稳定且规模较大的指数基金。

此外，基金会遭遇一些投资限制，导致不同基金的组合有所差别。比如某基金不能投资托管行、管理人股东等关系方股票，而这些股票恰好是基金所跟踪指数的成份股，这对收益会产生一定影响。

二、指数基金的主要参与机构

1. 基金管理公司

本书所称的基金管理公司专指证券投资基金的管理人。基金管理公司是指依据有关法律法规设立的对基金的募集、基金份额的申购和赎回、基金财产的投资、收益分配等基金运作活动进行管理的公司。

我国证券投资基金法律、法规明确规定了证券投资基金的募集应依法由基金管理人承担；基金管理人由依法设立的基金管理公司担任。担任基金管理人应当经国务院证券监督管理机构核准。截至2018年6月30日，全国已发公募产品的基金管理公司有124家。

表 4.1：（剔除货币和理财基金）2018 年上半年管理规模排名前 15 的公募基金管理公司（来源：Wind）

排名	基金公司	最新规模（亿元）	规模变化（较年初）	排名变化
1	易方达	2,469	-240	持平
2	华夏	2,062	-305	↑1
3	博时	2,036	-228	↑1
4	嘉实	1,961	-426	↓2
5	中银	1,943	56	↑1
6	南方	1,668	-305	↓1
7	汇添富	1,556	104	↑1
8	招商	1,515	-232	↓1
9	广发	1,450	159	↑1
10	富国	1,418	113	↓1
11	工银瑞信	1,193	-39	持平
12	兴全	1,101	262	↑5
13	华安	1,100	-62	持平
14	建信	1,054	-139	↓2
15	农银汇理	1,032	31	↓1

由于指数基金属于公募基金，法律明确规定担任公募基金的管理人必须是基金管理公司，自然人个人、合伙企业、个人独资企业是不能担任公募基金的管理人的，所以，从法律上保证了指数基金在设立募集、管理运营上的合法性和安全性。

一言以蔽之，指数基金是持牌金融产品，其管理人也是持牌经营的合法、正规的金融机构。

表 4.2：截至 2018 年 6 月 30 日指数基金规模排名前 15 的基金管理公司（来源：Wind）

排名	基金公司	最新规模（亿元）	规模变化（较年初）	排名变化
1	华夏	827	-33	持平
2	易方达	636	104	持平

(续表)

排名	基金公司	最新规模（亿元）	规模变化（较年初）	排名变化
3	富国	440	4	持平
4	南方	438	66	↑1
5	华安	380	23	↑1
6	嘉实	373	-38	↓2
7	博时	284	110	↑3
8	华泰柏瑞	260	37	持平
9	广发	238	69	↑3
10	汇添富	211	-21	↓3
11	鹏华	168	-31	↓2
12	国泰	160	-7	↑1
13	招商	149	-20	↓2
14	景顺长城	110	26	↑3
15	申万菱信	101	-20	↓1

根据《证券投资基金法》的规定，设立基金管理公司，应当具备以下条件：①有符合《证券投资基金法》和《公司法》规定的章程；②注册资本不低于1亿元人民币，且必须为实缴货币资本；③主要股东具有从事证券经营、证券投资咨询、信托资产管理或者其他金融资产管理的较好的经营业绩和良好的社会信誉，最近3年没有违法记录，注册资本不低于3亿元人民币；④取得基金从业资格的人员达到法定人数；⑤有符合要求的营业场所、安全防范设施和与基金管理业务有关的其他设施；⑥有完善的内部稽核监控制度和风险控制制度；⑦法律、行政法规规定的和经国务院批准的国务院证券监督管理机构规定的其他条件。

基金管理人的职责主要有以下方面：①依法募集基金，

办理或者委托经我国证监会认定的其他机构代为办理基金份额的发售、申购、赎回和登记事宜；②办理基金备案手续；③对所管理的不同基金财产分别管理、分别记账，进行证券投资；④按照基金合同的约定确定基金收益分配方案，及时向基金份额持有人分配收益；⑤进行基金会计核算并编制基金财务会计报告；⑥编制基金季度、半年度和年度报告；⑦计算并公告基金资产净值，确定基金份额申购、赎回价格；⑧办理与基金财产管理业务活动有关的信息披露事项；⑨召集基金份额持有人大会；⑩保存基金财产管理业务活动的记录、账册、报表和其他相关资料；⑪以基金管理人名义，代表基金份额持有人利益行使诉讼权利或者实施其他法律行为；⑫我国证监会规定的其他职责。

2. 基金托管人

基金托管人是投资人权益的代表，是基金资产的名义持有人或管理机构。为了保证基金资产的安全，按照资产管理和资产保管分开的原则运作基金，基金设有专门的基金托管人保管基金资产。

基金托管人应为基金开设独立的基金资产账户，负责款项收付、资金划拨、证券清算、分红派息等，所有这些，基金托管人都是按照基金管理人的指令行事，基金管理人的指令也必须通过基金托管人来执行。在外国，对基金托管人的任职资格都有严格的规定，一般都要求由商业银行及信托投资公司等金融机构担任，并有严格的审批程序。

基金托管人的作用决定了它对所托管的基金承担着重要的法律及民事责任，因此，有必要对托管人的资格作出明确规定。概括地说，基金托管人应该是完全独立于基金管理机构、具有一定的经济实力、实收资本达到相当规模、具有行业信誉的金融机构。法律、法规已明确规定：经批准设立的基金应委托商业银行作为托管人。

基金托管人应具备的主要条件如下：①设有专门的基金托管部。②实收资本不少于80亿元人民币。③有足够的熟悉托管业务的专职人员。④具备安全保管基金全部资产的条件。⑤具备安全、高效的清算、交割能力。

基金托管人的主要职责有：①安全保管基金的全部资产；②执行基金管理人的投资指令并负责办理基金名下的资金往来；③监督基金管理人的投资运作，发现基金管理人的投资指令违法违规的，不予执行，并向我国证监会报告；④复核、审查基金管理人计算的基金资产净值及基金价格；⑤保存基金的会计账册、记录15年以上；⑥出具基金业绩报告，提供基金托管情况，并向我国证监会和我国人民银行报告；⑦基金章程或基金契约、托管协议规定的其他职责。

3. 基金销售机构

指数基金的销售机构也就是其销售渠道，这和其他股票基金没有太大区别。

基金公司直销渠道

基金直销就是直接从基金公司购买该公司的基金。通过基金公司官网认购、申购或者赎回基金一般可以享受费率优惠，在早期基金直销以其优惠的费率广受投资者欢迎。其缺点就是只能买开户的基金公司的基金。

表 4.3：2018 年二季度非货币基金月均规模排名前 20 的公募基金管理公司（来源：搜狐）

排名	公司名称	非货币公募基金 2018 年二季度月均规模（亿元）
1	易方达基金管理有限公司	2909.54
2	中银基金管理有限公司	2712.27
3	广发基金管理有限公司	2393.48
4	汇添富基金管理有限公司	2220.58
5	华夏基金管理有限公司	2218.63
6	博时基金管理有限公司	2007.57
7	南方基金管理股份有限公司	1841.11
8	嘉实基金管理有限公司	1838.39
9	招商基金管理有限公司	1631.63
10	富国基金管理有限公司	1458.66
11	建信基金管理有限责任公司	1437.91
12	工银瑞信基金管理有限公司	1414.05
13	华安基金管理有限公司	1205.46
14	兴全基金管理有限公司	1137.36
15	农银汇理基金管理有限公司	1046.26
16	交银施罗德基金管理有限公司	1002.38
17	鹏华基金管理有限公司	932.61
18	银华基金管理股份有限公司	919.65
19	上海东方证券资产管理有限公司	904.81
20	国泰基金管理有限公司	833.08

直销渠道开户并不复杂，基金公司网站上都有详细的指引，一般包括银行卡验证身份、提交个人信息、设置密码、签署协议、开户成功等几个步骤。

银行代销渠道

银行曾经是基金销售的主要渠道和基金宣传的主要媒介。15年前笔者也是通过银行了解的基金。银行代销的优势在于银行可以构建一个金融超市，超市里面汇集很多家基金公司的各类基金产品，供投资者自由选择。互联网时代我们也不用跑去柜台申购基金，登录网银就能轻松申购、赎回。不过银行代销的弊端在于费率不够优惠。

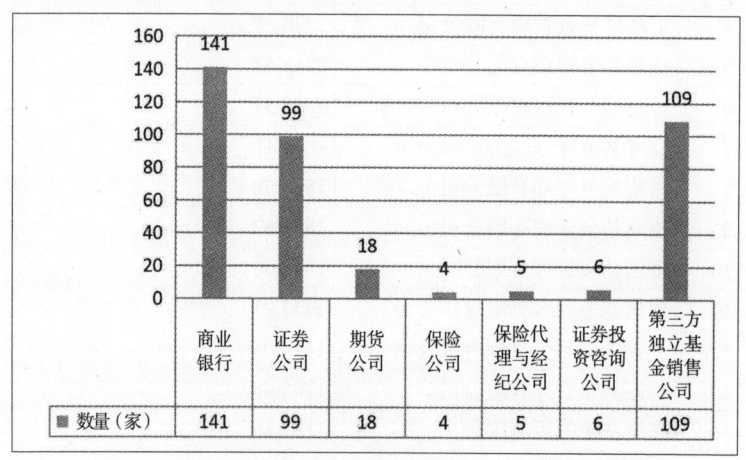

图 4.1：各基金销售机构的数量对比情况，2018年6月30日
（来源：公开资料整理）

场内交易渠道

封闭式基金、ETF 基金和 LOF 基金可以通过证券公司营业部和各种股票交易软件，通过场内交易渠道进行基金的

买卖。

要进行场内交易，首先投资者需要有股票账户，现在股票开户不收取费用，在手机和电脑上就可以在几分钟内开户完毕，方便快捷。

基金的买卖跟股票其实是一样的：登录账户，输入基金代码，确定买卖价格和数量，买入或者卖出。

第三方平台销售渠道

第三方基金销售渠道是指以天天基金网，好买基金，蚂蚁财富等为代表的第三方基金销售平台（必须是证监会认定的有基金销售业务资格的平台）所构建的基金交易渠道。第三方平台销售渠道以其丰富的基金产品，优惠的费率，完善的服务和强劲的市场营销迅速占领市场，成为当前最适合投资者的基金交易渠道。

一直以来，渠道是基金销售竞争的焦点：从最早确立银行代销垄断地位，到基金公司官网直销、第三方机构代销，再到电商渠道开放，基金销售竞争虽白热化趋势不减，但本质上并未改变传统的"货架式"销售模式。但在市场突变的2016年，以机构客户为主的委外基金大行其道，通过分发流量卖基金的思路显得力不从心。

东方财富旗下的天天基金网，一直占据第三方基金销售的龙头地位。东方财富2016年年报显示，天天基金网2016年共实现基金销售额3,060.65亿元，较2015年的7,432.55亿元，大幅下滑58.8%。

新三板挂牌公司众禄金融也是业内知名的第三方基金销售机构。其年报显示，该公司净利润由2015年的2101.9万元猛降至2016年的-125.49万元，同比下降了105.97%。

表4.4：第三方销售渠道的组成机构（来源：网上公开资料）

销售渠道	目标客户	展业平台	营销手段
银行代销	储户	网点支撑下的客户经理开发	电子渠道、厅堂介绍、电话营销
券商代销	股民	网点支撑下的客户经理开发	电子渠道、客户经理营销
基金公司直销	自有客户	电子商务为主，辅以营业网点	广告宣传、网络客户端、网点客户维护
第三方机构	网民	网站及客户端	广告宣传、网络客户端

这里，我们给投资者讲讲目前基金第三方销售渠道的某些现状和未来发展趋势，以方便投资者选择第三方销售渠道。

第一是基金销售牌照审批收紧，牌照涨价。从事基金产品销售，必须获得基金销售牌照。截至2018年6月30日，合格的基金销售机构已达到382家。其中商业银行获得的基金销售牌照最多，有141家，其次是独立基金销售机构，有108家。自从首批4家机构自2012年2月22日获得独立第三方基金销售牌照开始，5年内已有107家获得基金销售牌照。

根据证监会颁布的《证券投资基金销售管理办法》，基金管理人可以办理其募集基金产品的销售业务；商业银行（含在华外资法人银行）、证券公司、期货公司、保险机构、证券投资咨询机构、独立基金销售机构等，应向工商注册登记所在地的证监会派出机构进行注册并取得相应资格。

申请注册基金销售业务资格的机构，不仅需要满足健全的治理结构、完善的内部控制和风险管理制度、良好的财务状况等一般性要求，针对不同的申请对象也有差异化的门槛。比如保险公司申请基金销售业务资格，其注册资本不低于5亿元人民币；证券投资咨询机构注册资本不低于2,000万元人民币，且必须为实缴货币资本；独立基金销售机构，注册资本或者出资不低于2,000万元人民币，且必须为实缴货币资本。

2017年1月，上海证监局向业内下发的《关于辖区基金公司及子公司违法违规情况的通报》称，发现基金公司个别专户产品委托不具备基金销售资格的机构进行对外销售，双方签署居间服务协议；无牌第三方从事产品宣传推介工作，费用收取比例与销售服务费相同。这就是业内所说的"直销代办"。

一般来说，银行对基金公司的委外业务都走直销流程。但也有销售力量薄弱的基金公司为了冲规模，通过第三方销售机构引流业务。这种第三方机构往往不持有基金销售牌照，它们负责联系银行等机构客户，但开户和验资流程走基金公司直销系统。第三方机构从中向基金公司收取尾随佣金，按照2016年底的行情，可以达到管理费的30%左右。

通过第三方的代销系统下单、真正承担销售行为，收取客户维护费是合理的；但走"直销代办"，则变成了说不清的账。

按证监会的要求，公募基金管理人和注册取得公募基金销售业务资格的机构，才可以从事公募基金销售活动。未经证监会注册，擅自从事公募基金销售业务的，证监会将依法对相关机构和人员进行处罚。证监会将保持高度关注，发现互联网平台未经注册、以智能投顾等名义擅自开展公募证券投资基金销售活动的，将依法予以查处。

第二点是第三方销售待转型。在监管层收紧委外基金、叫停"直销代办"后，持牌第三方销售机构业务面临转型。

委外基金 2016 年涌入时，基金公司纷纷降低费率以扩大规模，第三方销售机构承压，天天基金网甚至在 2016 年 9 月 1 日宣布全面费率一折，不少基金也公告召开份额持有人大会，投票决议降低费率。例如广发鑫利灵活配置混合型基金已经通过持有人大会表决生效，管理费率由 1.0% 降为 0.6%，托管费率由 0.2% 降为 0.1%。

再以新三板挂牌的基金销售机构众禄金融为例来说明独立第三方基金销售机构经营压力之大。其 2016 年年报显示，该公司净利润由 2015 年的 2101.9 万元猛降至 2016 年的 -125.49 万元。该公司称，业绩下滑主要是因为资本市场大幅波动及市场景气度下降，客户投资意愿下降，公司基金代销规模下降；同时行业内竞争对手率先发起价格战，将非货币基金申购费率由四折降至一折，为避免客户流失，公司采取跟随策略，主动大幅降低了基金申购费率，进而影响了公司的金融电子商务服务收入。在机构委外基金赎回而又没有新增规模时，上述价格战策略难以为继。

当前基金销售行业的竞争主要体现在两点：一是参与机

构众多，呈现业务交叉、竞争合作的态势；二是竞争模式从公募基金代销转到产品上下游整合能力。不同机构间在业务上重合度较高，而且优势差异化明显，因此在客户获取、产品销售等方面相互竞争，同时又在产品发行、运作、服务提供上能够各取所需、相互合作，行业呈现出竞争与合作的格局。

随着大量业务相似度高的第三方理财机构的兴起，传统公募基金产品代销业务难以形成实质性突破，且代销费率的全面下调促使这块业务难以成为竞争焦点；专业化的投资顾问服务、特点突出的金融产品、及时有效的资讯等，成为实现差异化的主要方向，并成为行业竞争所在；而入股基金公司、证券公司，从源头上把控产品设计和运营，已成为行业竞争的一个新现象，通过产品和服务上下游整合能力来提升自身在行业中的地位。

目前市场上第三方销售机构的经营策略，与"财富号"和"京东行家"在本质上趋同。此外，陆金所、腾讯理财通、东方财富等机构也都具备这样的转型基础。

现实情况是，基金销售各方存在着或多或少的利益冲突，对代销机构来说，它们是佣金模式，一线销售人员不自觉地需要客户资产周转，所以销售渠道、客户、基金公司三者利益并不一致；加上资本市场本身大起大落，客户就很容易追涨杀跌。根据银河证券基金研究中心数据统计，共有124家公募基金管理人，合计管理基金数量4,970只，管理基金资产净值总规模127,496.89亿元，份额规模123,606.24亿份。从2007

年到 2018 年 6 月底近 10 年间，尽管公募基金的总规模从 3 万亿元增长到 12 多万亿元，但偏股型基金的规模没有多少增长，一直徘徊在几万亿元左右。基金产品，如果不是在牛市期间，一直都是有销售困难的，实际也存在着错配，把一个长期的东西当成短期的产品卖，把未来收益不确定的东西当成一个收益确定的东西卖。另外，代销机构卖的是工业化的标准产品，但每个人的情况不一样，每个人的需求都是个性化的。

第三点是未来我国基金第三方代销市场会向低成本、顾问式销售转变。艾瑞咨询公司发表的《我国互联网基金研究报告》认为，"互联网＋基金"模式的发展，要从基金公司和互联网公司双向展开，还要深挖用户数据，个性化定制产品。一方面能帮助企业识别用户特征，推送相关金融产品和服务；另一方面，用户的特殊需求也能很好地帮助企业进行金融产品的设计和研发。未来公募基金的销售模式的趋势就是：一端是以低成本为主的在线销售，一端是以个性化投顾服务为代表的顾问式销售；介于两者之间的单纯以佣金为导向的传统线下销售方式，不会再有很好的增长。

当第三方基金网络销售遭遇寒冬之际，蚂蚁金服和京东金融的新模式或将成为行业效仿的对象。"财富号"是基于蚂蚁金服旗下蚂蚁（杭州）基金销售有限公司持有的牌照；"京东行家"是基于旗下北京肯特瑞财富投资管理有限公司的牌照。

4. 基金评级机构

根据百度百科的说法，基金评级机构是向投资者以及社会公众提供基金相关资料与数据的服务机构，其中的研究部门出具的基金排行榜和业绩评级是其主要产品。例如我国银河证券基金研究中心、国外的晨星基金评级、理柏基金中心、惠誉基金评级等。

由于基金评级产品是对基金业绩进行复杂的数学和统计运算后得到的结果，其生产过程比较隐蔽，数据处理工作量大，对其进行逐笔核算显然是不现实的，因此，基金评级产业的监管应首先从基金评级机构的选择着手。通过对基金评级机构的独立性、公正性以及数据处理水平等方面的考察，为基金评级产品质量控制把好第一关。基金评级机构应该具有下列五个基本条件：

独立性

独立性是指基金评价机构所提供的信息不能受任何机构及个人利益和意志的影响。基金评价结果可能涉及基金市场中很多参与者的利益，如果基金评价机构与基金市场相关参与者有利益关系，基金评价结果就有可能受某些参与者利益的影响，进而误导所有评价结果的使用者，对投资者的基金选样和投资决策，对基金销售以及基金经理激励等各方面造成不良影响。同时，如果评价结果不能充分保证其独立性，其评价结果的市场公信力将受到影响，甚至动摇整个基金评价行业的公信力，从而影响行业的发展。因此，基金评价机构的独立性是保证其评价结果和相应产品的公正性和可靠性的基础。

公正性

基金评价系统及其产品的公正性是其获得市场认可的基础。公正性包括基金评价产品实质上的公正性和形式上的公正性。实质上的公正性是指对每一个基金的评价结果都应该是公正的，基金评价结果没有任何利益或其他关联等原因对任何基金有所偏向或袒护。为了保证基金评价实质上的公正性，进行基金评价并推出相关产品的机构必须能够充分保证其独立性和公正性，并且能够得到市场中各个参与者的信任和认同，也就是从形式上要让投资者相信评价结果的公正性，即保证其形式上的公正性。

强大的数据维护和处理能力

基金评价是一个数据处理的过程，需要以庞大的数据库为基础，按照一定的规则，即基金评价指标体系，进行数据处理。该数据处理规则的确定和完善，需要强大的理论和市场研究来支持。因此，拥有强大的基础数据库和数据库处理能力是基金评价产品成功的基础。

强大的资金实力

基金评价系统的建立和维护，基金评价产品推出之初的推广和宣传，都需要一定的人力、物力和财力的投入，通常需要在基金评价产品具有比较广泛的市场影响力和公信力后才能逐渐产生经济效益。因此，基金评价机构需要有一定的资金实力进行初期和前期的投入，或者有其他盈利产品进行补充，以保证其未来的成功。

广泛高效的信息渠道

除保证基金评价指标体系的科学、公正之外，成功的市场推广也是基金评价产品取得商业成功的重要保障，而通畅的信息发布渠道和灵活多样的推广方式是基金评价产品商业推广的基础。因此，广泛而高效的基金评价结果发布和推广渠道是基金评价成功的重要支持。

目前，我国最知名的基金评级机构是天相公司，另外还有像银河、海通、招商这类证券公司以及万得咨询、济安金信等专门的金融信息提供商。

就全球而言，最著名的三大基金评级机构是晨星（Morningstar）、理柏（Lipper）、惠誉（Fitch）。这些评级机构都是独立的、第三方性质的，专门向投资者提供有关的投资数据和评估报告。

这里重点介绍全球老牌也是公认的最权威的基金评级公司——晨星，它在我国办事机构的官方网址是 cn.morningstar.com。晨星公司的基金评级工具叫"投资风格箱"，是其在1992年发明的。投资风格箱为投资者提供了一套简单、直观、高效的分析工具，帮助投资者进行基金组合的优化配置，是基金投资圈普遍使用的分析工具。

晨星投资风格箱方法（Morningstar Style Box）创立于1992年，旨在帮助投资人分析基金的投资风格，迅速得到机构投资者和个人投资者的广泛认同。不同的投资风格往往带来不同的风险和收益水平，因此对投资人而言，了解和考察其资产的投资风格非常重要。在此前提下，晨星投资风格箱应运而生，提供了一个直观简便的分析工具，协助投资人优化投资组合并对组合进行监控。

该方法把影响基金业绩表现的两项因素单列出来：基金所投资股票的规模和风格。晨星以基金持有的股票市值为基础，把基金投资股票的规模风格定义为大盘、中盘和小盘；以基金持有的股票价值-成长特性为基础，把基金投资股票的价值-成长风格定义为价值型、平衡型和成长型。

晨星投资风格箱是一个正方形，显示为一个 3×3 的矩阵，划分为九个网格。纵轴描绘股票市值规模的大小，分为大盘、中盘、小盘。横轴描绘股票的价值-成长定位，分为价值型、平衡型、成长型。具体的说明可以参见晨星公司网站上的"投资风格箱"的说明。

投资风格箱简单直观地展现了基金的资产配置风格，投资人首次得以依据基金的投资组合而不是根据基金的名称或推销者的描述来评价基金。该方法是晨星对基金进行风格分类的基础，为基金分类和追踪基金投资组合提供了行业标准。

晨星公司后来对原有的投资风格箱方法进行了改进，推出新的晨星投资风格箱（New Morningstar Style Box）。新方法用 10 个因子分析方法衡量股票的价值-成长定位，其中 5 个因子分析价值得分、5 个因子分析成长得分。在衡量股票

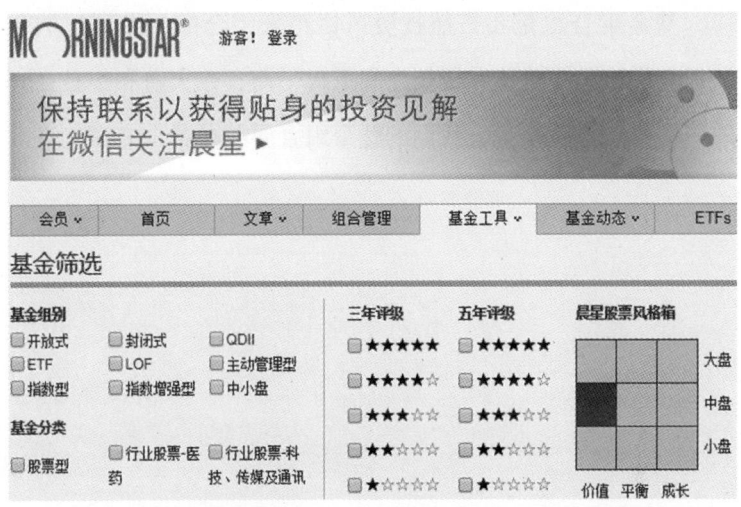

图 4.2：晨星评价基金的工具：风格箱和星级评级（来源：晨星官网）

市值规模时，则采用更具有弹性的划分方法来界定大、中、小盘。

其中，股票的价值得分反映投资人综合对上市公司预期收益、净资产、收入、现金流和分红的考虑，愿意为每股股票支付的价格状况。成长得分反映上市公司的成长性，包括收益、净资产、收入和现金流四个因素。

相对而言，价值投资策略比成长投资策略风险小，而投资大盘股比投资小盘股风险小。在晨星投资风格箱中，风险从上到下、从左到右递增。同时投资成长股或者小盘股，风险大最终收益会大。也就是说，在整个风格箱中，左上角大盘价值投资型基金风险最小，收益最小；右下角小盘成长型基金风险最大，收益最大。

基金组合也是要按照投资风格箱来组合的。最理想的分散投资应该是在价值和成长之间取得平衡、在大盘和小盘之间取得平衡。也就是说，我们的整个组合要兼顾各个方面。

第 5 章
指数基金的优势及影响

一、指数基金的优势

1. 安全性

马尔基尔在《漫步华尔街》一书中指出,随着随机漫步理论的日益流行,人们逐渐意识到股票市场的不可预测性,因而试图战胜市场的想法基本是不可行的,但是指数基金一直保持着稳定的收益率,跟随指数可以获得指数收益。在国外较为成熟的证券市场上,指数基金的年收益率为16%左右,但是一般股票基金的收益率却只有不到15%。

2. 成本费用低

这里的成本收费低有两层意思。一是说指数基金具有成本优势,投资者选择指数基金不需要花费大量的人力、物力来分析单只股票或单个基金的信息,相对降低了管理费用和交易成本。二是说指数基金自身费率低。

为什么指数基金收费低呢?因为指数基金采取的是跟踪

指数的指数化投资策略，基金管理人不必对股票的选择和投资时机进行分析和研判，因此可以大大减少管理费用。同时，由于指数基金在较长的时间内采取的是持有策略，所以其交易成本也远远低于其他类型的非指数型基金。

天相投顾发布的2016年公募基金年报数据显示，纯被动指数基金平均管理费率为0.78%，平均托管费率为0.17%，平均销售服务费率为0.18%，平均认购费率为0.76%，平均申购费率为0.99%，平均赎回费率为0.45%（各项费用均以未打折计）。通过对比可以发现，指数型基金费率在整个基金产品体系中处于很低水平。

以下举例来介绍指数基金的各项收费和费率。投资指数基金的费用构成主要有运作费用和交易费用两大类，具体内容我们用图表来阐述。

（1）运作费用主要分为管理费、托管费和指数授权费。

管理费是指基金公司管理基金产品收取的报酬，是付给基金公司的；托管费是指基金公司代资管托管银行收取的托管费用，实际上是付给托管银行的。

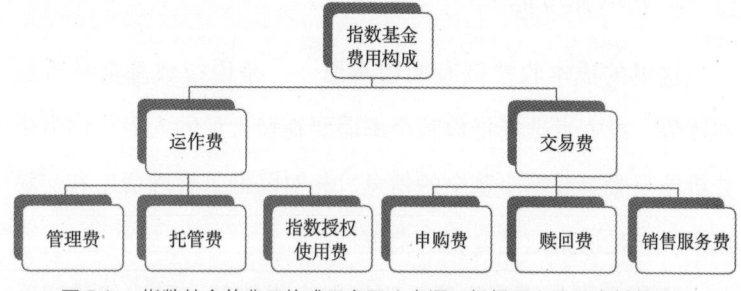

图5.1：指数基金的费用构成示意图（来源：根据网上公开资料整理）

管理费和托管费在每日公告的净值中已经扣除，因此运作费用是一种隐性的费用。也就是说，买卖基金时是无法直观地看到这笔费用的，通常人们不会意识到自己实际上已经支付了这一笔费用。

除了以上两种费用，指数基金还有指数授权费，ETF 为万分之三，其他指数为万分之二。

（2）交易费用主要包括申购费、赎回费和销售服务费。

对于 A 份额来说，申购费是归销售渠道（银行、第三方销售）所有，因此申购费是否打折因具体销售渠道而异，也因基金种类而异。通常来说，指数股票型基金的申购费通常为 1%~1.2%，天天基金网、蚂蚁财富等平台一般都会有申购费一折的优惠。

赎回费是指赎回基金的时候需要付出的费用，通常和持有时间有关，通常一年以内的费率为 0.5%，大于两年时费率为 0。因此 A 份额基金更加适合长期投资。

我们以广发沪深 300ETF 联接 A（270010）为例说明 A 份额的申购费与赎回费，如图 5.2、图 5.3 所示。

我们可以看到，申购费率的大小与投资的金额有关，费率最高达到了 0.12%（一折），投资的金额越大，费率越低。而赎回费率的大小与投资期限长短有关，费率最高达到了 0.5%，投资的时间越长，费率越低，当期限大于等于 2 年时，赎回费率为 0。

再以广发沪深 300ETF 联接 C（002987）为例说明 C 份额

○ 申购费率（前端）

适用金额	适用期限	原费率	天天基金优惠费率 银行卡购买	活期宝购买
小于 100 万元	---	1.20%	0.12%	0.12%
大于等于 100 万元，小于 500 万元	---	0.80%	0.08%	0.08%
大于等于 500 万元，小于 1000 万元	---	0.20%	0.02%	0.02%
大于等于 1000 万元	---	每笔 1000 元		

友情提示：活期宝买基金方便又快捷。了解什么是活期宝
基金超级转换，转入基金的申购费率参照天天基金活期宝购买优惠费率。了解基金超级转换

○ 申购费率（后端）

适用金额	适用期限	申购费率
---	小于 1 年	1.30%
---	大于等于 1 年，小于 2 年	1.10%
---	大于等于 2 年，小于 3 年	0.90%
---	大于等于 3 年，小于 4 年	0.70%
---	大于等于 4 年，小于 5 年	0.40%
---	大于等于 5 年	0.00%

图 5.2：广发沪深 300ETF 联接 A 前端与后端模式下不同的申购费率
（来源：天天基金网，2018 年 9 月 11 日登录）

○ 赎回费率

适用金额	适用期限	赎回费率
---	小于 7 天	1.50%
---	大于等于 7 天，小于 1 年	0.50%
---	大于等于 1 年，小于 2 年	0.30%
---	大于等于 2 年	0.00%

▲ 友情提示：为保护长期投资者利益，证监会规定，本基金对持有期较短的投资者赎回时，将收取不低于 0.5% 比例的赎回费。该费用由基金公司收取，并计入基金财产。（详见费率表）
友情提示：赎回份额会按照先进先出算持有时间和对应赎回费用。

图 5.3：广发沪深 300ETF 联接 A 赎回费率（来源：天天基金网）

的申购与赎回费率情况，如图 5.4 所示。

可以看到，C 份额是免申购费的，并且当持有时间超过 7 天时也免赎回费（有些 C 份额基金是超过 30 天才免赎回费，但对于广发基金来说，大多数 C 份额产品都是超过 7 天免赎回费）。

申购费率（前端）

适用金额	适用期限	原费率	天天基金优惠费率 银行卡购买 | 活期宝购买
---	---	0.00%	

友情提示：活期宝买基金方便又快捷。了解什么是活期宝

赎回费率

适用金额	适用期限	赎回费率
---	小于 7 天	1.50%
---	大于等于 7 天	0.00%

▲ 友情提示：为保护长期投资者利益，证监会规定，本基金对持有期较短的投资者赎回时，将收取不低于 0.5% 比例的赎回费。该费用由基金公司收取，并计入基金财产。（详见费率表）

图 5.4：广发沪深 300ETF 联接 C 申购费与赎回费率
（来源：天天基金网，2018 年 9 月 11 日登录）

运作费用

管理费率	0.50%（每年）	托管费率	0.10%（每年）	销售服务费率	0.20%（每年）

注：管理费和托管费从基金资产中每日计提。每个工作日公告的基金净值已扣除管理费和托管费，无需投资者在每笔交易中另行支付。

图 5.5：广发沪深 300ETF 联接 C 份额销售服务费

但是，C 份额多了销售服务费，销售服务费通常为 C 份额的指数基金所特有，因为无申购费且超过一定时间后免赎回费（通常为 7 天或 30 天，具体看产品费率结构），需要用销售服务费来给销售渠道带来一定的补偿。因此，虽然我们看到天天基金网里将它分类到了运作费用中，但事实上我们更愿意将它视为交易费用。例如，从上图的广发沪深 300ETF 联接 C 的费率中，我们看到，广发沪深 300ETF 联接 C 每年的销售服务费率为 0.2%。

由此可见，一次申赎下来，C 份额便节约了 0.62% 的费用，而一年 0.2% 的销售服务费是以日计提的，对于短期投资者尤为适用。假设投资一个月，C 份额的销售服务费率仅为 0.0167%。

那么，如何根据费率选择最优的指数基金呢？这里介绍3个小窍门。

第一，比较管理费率和托管费率，即将二者相加，将费率进行比较。通常来说，指数型基金的管理费率和托管费率会比主动型基金低，这是因为主动型基金更依赖于基金经理人的水平和策略，风险相对来说也会比指数型基金大。但具体如何选择还是要看投资者的偏好。

第二，根据投资者的交易频率进行选择。假设管理费率和托管费率一致，我们来比较一下 A 份额和 C 份额基金费率之间的差异。

表 5.1：指数基金 A、C 份额主要费用上的差异（来源：网上公开资料）

	指数基金 A 类	指数基金 C 类
申购费	有（随金额增加而减少）	无
赎回费	有（一般持有超过 1 年减少，超 2 年免除）	有（一般持有超过 7 天免除）
销售服务费	无	0.2%/ 年

我们仍然用广发沪深 300ETF 联接 A 和广发沪深 300ETF 联接 C 为例进行比较，因为它们的管理费率和托管费率一样，在此忽略不计。计算出 A 的费率，分为两档：

0.12%（申购费）+0.5%（赎回费）=0.62%（1 年内）

0.12%（申购费）+0.3%（赎回费）=0.42%（1 年到 2 年之间）

再计算 C 的费率为：0.2%* 持有时间（超过 7 天）

经过计算可以得到，持有时间为 1.05 年是分割线，近似为 1 年。即持有超过 1 年时，A 份额更划算。持有时间不足

1年时，C份额更划算。

因此，如果是做长期投资，可选择A份额，如果倾向于短线操作，行业轮动，更适合C份额。

第三，选择大型的基金公司的产品。通常来说，选择基金要选择大型的、知名度高的基金公司的产品，因为大型基金公司的团队实力较强，运作好，指数的跟踪误差更小，产品线更为齐全，方便做基金转换。

3. 投资全球股市的工具

购买指数基金能够分享全球经济发展的成果，指数基金是基于股价指数（如道琼斯、标准普尔、日经、上证、深证等），按照构成指数的各成份股的比例进行组合的，以达到与股票市场获得相近收益率的目的。

4. 有效降低市场风险

投资指数基金可以很好地降低市场风险。从理论上讲，宽基指数基金可以完全分散股票的非系统性风险；行业型指数基金则可以充分分散行业内的非系统性风险，任何一只股票的价格波动都不会对指数基金的整体表现产生很大的影响。

5. 最大限度地弱化基金经理的影响

指数基金是程式化交易，这种交易可以减少人为的干预。指数基金运作最关键的是标的指数的选择以及对被选择的标的指数的走势进行分析，而不是频繁地进行主动性投资。指数基金管理人的主要任务只是监测标的指数的变化情况，并保证指数基金的组合构成与之相适应，有效地控制跟踪误差。所以，在指数基金运作中，基金经理的人为因素会降到最低，基金经理作为个人的情绪化影响也就减到最小。这既是指数基金的优势，也是其能够战胜其他类型基金尤其是股票基金的秘籍之一。

6. 帮你强制储蓄

我们都很羡慕那些理财高手，然而几乎所有人的第一桶金都是靠"攒"得来的。没有攒出来的第一桶金，就算你发现再好的投资项目，也只能空叹。

存钱，是理财的第一步也是最重要的一步。特别是在收入不高的时候，尤其需要坚定地攒钱。说到这里，或许有人会感到疑惑：既然收入不多，又如何能攒下钱来呢？聚沙成塔的道理相信大家都了然于胸，而我们需要做的就是坚定地去践行这种"存钱"理念。即使每个月只存1,000元，一年之后也有12,000元（不算利息），10年就有12万。

存钱，尤其是强制储蓄，是效果最为明显的方法。强制储蓄，顾名思义就是强制性的储蓄，用自身强大的意志力强迫自己达到储蓄的目的。

基金定投具有良好的强制储蓄特性。如果你觉得攒不住钱，可以尝试用基金定投的方式来存钱。如果能够坚持下来，也可以实现财富的积少成多，培养自己良好的理财习惯。而且，据"管家伯"研究结果显示，基金定投堪称一种风险适中、收益可观的理财投资方式。

然而，在做基金定投的过程中，尤其需要注意两点：第一是定投周期不能太短，如此方能穿越牛熊行情，看出它的优势来。

有人或许会问哪类基金比较适合做定投，答案就是本书推荐的指数基金。因为指数基金可以持续存在，且指数基金反映的是一个国家的整体经济走势，随着时间的推移，国内大盘指数总是呈现波浪式上升趋势。如果确定能够执行较长的投资周期（至少5年以上），指数型基金将是不错的定投选择。

第二是定投止盈不止损。基金定投获利的原理就是通过不断地定期购买相同的基金份额来降低平均持仓成本，等待牛市到来，进而获利出局。通过定投我们可以用比较低的成本积累更多的份额，等基金分红时，我们也能得到更多的红利。

有朋友或许会问：如果定投的基金下跌了怎么办？当你所定投的基金出现下跌时，不必恐慌，更不要止损，如果有富余的资金甚至可以单笔追加投资金额，进一步摊低平均成本。大家需要做的就是，提前设定期望收益率，然后坚持定投，静静等待牛市到来，届时达到预期目标后，即可停止扣款、落袋为安。

二、指数基金的影响

1. 引导价值投资理念

指数基金的出现可以帮助投资者树立理性化投资理念，而最好的理性化投资理念就是价值投资。比如说上证 180 指数的推出，就可以引导投资者重新重视业绩优良和稳定的蓝筹股票，在降低投资风险的前提下分享证券市场健康发展所带来的收益。

2. 丰富了基金品种

指数基金的出现丰富了基金品种，基金持有人又多了一个可以选择的投资对象。

3. 指数基金是机构投资者避险的理想目标

机构投资者（如保险公司）在资产管理过程中的首要任务是确保资产的安全，其次才是资产的增值。如果保险资产投资于积极型基金，就会面临投资收益波动性大的风险，并直接威胁本金的安全性。

第 6 章

指数基金的风险控制

一、风险与收益：认识 α 与 β

首先，风险是什么？本书不是金融教科书，更不是学术论文，所以不从严格学术意义上讲这个概念，只是直白、通俗地告诉投资者，风险就是不确定性，当然从人们的直观感受来说，风险就是损失的可能性。投资回报有多大可能偏离预期回报？会偏离多少？衡量风险概率的方法有很多种，最常见的是收益标准差。这个数据有助于投资者了解回报率的平均波动情况，是一个简单并被广泛接受，却未能令人满意的指标。

标准差有几方面的缺点。首先，它平等地对待下行风险（利淡）和上行风险（利好）。此外，它忽略了回报分布中的"尾巴"：那些导致市场严重亢奋或严重崩溃的事件。当然，还有其他量度风险的方法能填补这些缺陷。

量度风险的方法包括索提诺比率（Sortino Ratio）和晨星风险评级。索提诺比率是夏普比率的变体，是量度调整风险后回报最常用的方法。这两个比率都以相对无风险利率的超额收益作分子。但夏普比率以标准差（同等对待好的和坏的风险）为分母，索提诺比率则只用下行风险偏差作分母，可更准确地反映每个投资单位由坏风险换取的回报。

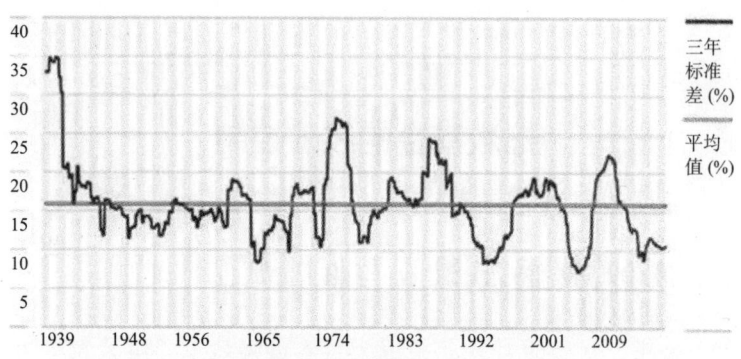

图 6.1：1939 年 3 月到 2018 年 4 月底标普 500 指数三年标准差
（来源：根据网上公开资料整理）

低买高卖是每个投资者的朴实想法，但是价格多低才算低，多高才算高，谁也给不出确定的答案。风险就像影子一样，始终陪伴着收益，高收益必然伴随高风险，反之却不然。风险又像一头难以驯服的野兽，搅动资本市场跌宕起伏。每个人都想知道，风险究竟是什么，它和收益到底是什么关系，风险又该如何衡量，我们为了收益去冒多大的风险才是值得的。美国芝加哥大学一名博士马科维茨在其博士论文里给出了一个解决前述这些问题的答案。

好了，对于投资理财这件重要的事情来说，风险就是投资收益的不确定性，我们可以把投资面临的风险视为统计上的随机变量。进一步，我们用这个随机变量的均值（数学期望）来估计预期收益率，风险用能够反映随机变量波动情况的方差来表示。如此一来，风险就同收益有了数学上的联系，为更为精准地描述预测风险收益带来了数学工具，由定性走向了定量，变成了数据与数据的关系。总之，马科维茨的博士论文让纽约华尔街金融精英豁然开朗起来，有种如鱼得水的感觉。

华尔街的金融精英根据马科维茨的论点，试着解决一个过去十分棘手的难题——面对多种证券组合，手里拿着原始资金该怎么投资？马科维茨的答案是：假设 X，为各种证券的投资比例作为变量，问题就转变成求证券组合收益最高、风险最小的数学规划问题。这个方程的解就是让投资各种证券达到收益最大、风险最小的配方。马科维茨的学生威廉·夏普站在老师的肩膀上更进一步：假设市场上所有人都按照这个方法进行投资组合，他推导出"风险—收益"之间的数量关系，即投资收益＝阿尔法收益＋市场平均收益＊贝塔系数，这就需要认识阿尔法和贝塔了。

1. 贝塔系数（β）——衡量系统性风险

投资收益＝阿尔法收益＋市场平均收益＊贝塔系数，这个公式反映了风险的化身是右侧的贝塔系数，它以市场整体波动性为基准，衡量包括基金在内的证券投资组合收益所承担的不确定性，即风险大小。也就是说，如果一只基金的价格和市场整体价格波动性完全一致，那么这个贝塔系数的值是 1，如果某只基金的贝塔值是 1.2，意味着当市场整体上涨 10% 时，这只基金上涨 12%，反之，则下降 12%。所以，我们可以得出结论，贝塔值越大，系统风险越大。

2. 阿尔法系数（α）

我们已经知道，贝塔系数（β）刻画的是系统风险，代表了基金在市场中固有的风险，贝塔系数乘以市场平均收益就是贝塔收益，系统风险对应的收益，直接与市场整体涨跌幅挂钩。那么，实际收益与贝塔收益的差额就是阿尔法收益，也就是人们耳熟能详的超额收益，这个收益不为市场所动。

超额收益能力能够规避市场系统性的风险，考验的是基金管理人的真本领，例如选股能力，建仓时机判断能力，量化选股、量化买卖能力等。但是，在A股中，甚至在全球市场中，具有长期的持续获得超额收益的基金经理少之又少。

与市场保持同步并不难，我们买入沪深300指数的基金就可以实现，但人是贪婪的，并不满足于仅仅获取市场同步收益，一心想获取超额收益。所以，投资者开始关注阿尔法系统。阿尔法的值大于0，说明某只基金就有望获得超额收益，小于0则不能。阿尔法不随着市场整体波动而变化，其值越大越能规避市场下跌带来的损失，相对于银行存款来说就越吸引投资者。

威廉·夏普论证的模型和其拓展衍生模型至今依然运用于资本市场各领域，既然是模型，其有效性到底如何，这就需要另一个指标来测量，这就是R平方指标。一般而言，基金的R平方值越高，贝塔和阿尔法的准确性就越高。

那么，投资者从哪里查阅这些系数呢？答案就是我们前文给大家推荐的网站——晨星官网。

打开晨星我国区官网，你可以搜索自己要看的基金名称，进入主页后，除了有历史业绩这些常规数据外，往下拉，可以看到"风险统计"，点击就是了。我们举长信美国标准普尔100等权重指数增强基金为例，在晨星官网上的搜索栏里输入"美国标准普尔100等权重指数基金"，弹出只有长信美国标准普尔100等权重指数增强基金，点击进入这只基金的主页，如下图：

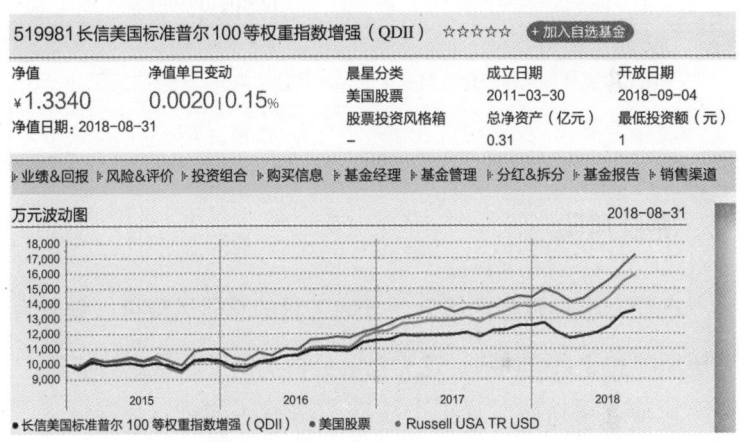

图6.2：晨星官网上搜索标准普尔100等权重指数增强基金

继续往下拉，可以看到"风险统计"了，如图：

晨星官网上还有个栏目叫晨星投资风格箱，同样是挑选基金的重要参考，投资者可以快速方便地判断手上持有的基金的市值、风格，进而判断这只基金是否属于自己希望投资的那种风格。继续以长信美国标准普尔100等权重指数基金为例，可以看出这只基金重点投向了大盘价值型股票，属于大盘价值风格。

⇨ 风险统计		2018-06-30
	+/- 基准指数	+/- 同类平均
阿尔法系数 (%)	-3.69	-2.08
贝塔系数	0.84	0.67
R 平方	90.41	67.83

图 6.3：长信美国标准普尔 100 等权重指数增强基金风险统计数据
（来源：晨星官网）

图 6.4：晨星风格箱指示某基金的风险特征（来源：晨星官网）

二、系统风险

现代金融投资理论认为，金融工具的总体风险可以划分为系统风险和非系统风险。这为投资分析奠定了数量化的基础。

所谓系统风险，是指不依赖于特定的投资对象的风险，它作用于整个市场，是某一投资领域内所有投资者将共同面对的风险，无法通过投资分散化将其消除。而非系统风险，是只影响特定投资对象的风险。这种风险可以通过投资组合的分散化来降低乃至消除。

非系统风险是在总风险中，剔除了系统风险之后那部分剩余的风险。因此可将包括指数基金在内的金融工具的风险，划分为系统风险和非系统风险。

任一证券组合的总风险都是由系统风险与非系统风险两

部分构成的，系统风险来自于宏观因素的不确定性的影响，而非系统风险来源于组合中各证券特殊因素不确定性的影响。由于系统风险来自于对整个证券市场推动力的宏观因素的影响，所以所有证券都会受其影响，无法通过证券组合的分散化加以降低；而非系统风险来自于企业微观因素的影响，由于不同企业的微观因素互不相关，可以通过分散化把这一部分风险尽可能地降低甚至消除。

我们知道，投资指数基金本质上是一种被动式的指数化投资，反过来说，指数化投资的典型代表就是指数基金。

指数化投资理论在有效市场假说的基础上开始出现并成熟起来。根据这一理论假说，如果金融市场满足某种程度的有效性条件，则证券价格是相关信息的反映，同时，如果金融市场达到某种程度的有效性，从长期来看，投资者无法采用积极的投资策略通过研究和分析来发现价格被低估的股票，也就不能持续获得超过市场平均水平的投资收益。正是在此基础之上，指数化投资的理论和实务得以发展起来。

在投资实践中，指数基金不同于其他积极管理型的投资组合。指数基金的收益状况主要取决于跟踪误差的控制。所谓跟踪误差，是度量指数基金与其跟踪的基准指数之间偏离程度的指标。在实际分析中，该指标有不同的表现形式，从理论上看，若指数基金能完全复制基准指数，则其跟踪误差为零，但在投资实践中，理论上的完美条件并不存在。所以跟踪误差总是存在的，并不能完全消除。因此，对于奉行被动投资策略的指数基金来说，其最大的挑战就是如何有效地控制跟踪误差。指数基金的投资管理可以理解为在有效控制跟踪误差的条件下，实现指数基金收益的最大化。

简而言之，指数基金的收益最终将取决于其基准指数的市场表现，而指数基金的风险状况，也取决于其对基准指数的跟踪情况。为了有效分析指数基金的风险，本书引入跟踪误差方差这个指标，来衡量指数基金的风险水平。以下将从理论模型入手，探讨如何识别、度量指数基金的风险状况。

方差分解的单因素模型如下（《指数化投资的风险评估与预测：基于中国指数基金的实证研究》作者：赵勇、巴曙松）：

$$TE^2 = \underbrace{[\alpha + (\beta-1)\mu_B]^2}_{\text{预期的跟踪误差方差}} + \underbrace{(\beta-1)^2\sigma_B^2 + \sigma_\varepsilon^2}_{\text{随机的跟踪误差方差}}$$

其中 $(\beta-1)^2\sigma_B^2$ 为偏离基准的跟踪误差方差，σ_ε^2 为残余的跟踪误差方差。

方差分解的多因素模型如下（《指数化投资的风险评估与预测：基于中国指数基金的实证研究》作者：赵勇、巴曙松）：

$$TE^2 = \underbrace{A^2 + \sum_{k=1}^{K}\sum_{j=1}^{K}B_kB_j\mu_k\mu_j + 2A\sum_{k=1}^{K}B_k\mu_k}_{\text{预期的系统性风险部分 = 预期的跟踪误差方差}} + \underbrace{\sum_{k=1}^{K}\sum_{j=1}^{K}B_kB_j\sigma_{kj}}_{\text{随机的系统性风险部分}} + \underbrace{\sigma_v^2}_{\text{非系统性风险部分}}$$

其中后两项合为随机的跟踪误差方差。

对上述两个模型，投资者只需知道总体分为预期的跟踪误差方差加上随机误差方差，前者就是系统性风险，后者则刻画了非系统性风险。

金融学的资产定价理论认为，金融资产的风险由系统风险和非系统风险构成，系统风险来自基金对基准指数的跟踪，因此系统风险部分就由以下部分构成：预期的跟踪误差方差和指数基金相对于基准偏离的风险暴露，而残余的跟踪误差方差，可以理解为非系统风险。

在投资实践中，指数基金的投资目标为跟踪基准指数，故其系统风险主要来自于基准组合，因此，本书使用公式给出单因素模型，以其作为跟踪误差方差分解的理论模型。

指数基金作为一种非系统性风险充分分散化的证券组合，可认为其风险即是市场风险。因为指数基金是一种跟踪它们的目标指数的组合证券投资，指数基金一般有和基金持有的资产类型相关的所有风险，它能够减少的只是投资少数股票会有的公司和行业风险。在股票市场下跌时，股票指数基金的净值也将下跌；在市场利率上升时，债券指数基金的价格将下跌。例如，由于美国高科技公司泡沫的破裂，美国以科技股Nasdaq100指数为基准指数的指数基金在2001年8月31日到2002年8月31日的一年里的收益率是-36.5%左右。因此，在证券市场震荡向下时，一种指数基金的净值可能下跌得比一种积极管理的基金多。总而言之，指数基金不减少市场风险，即由所有债券和股票组成的市场下跌的可能性。

三、流动性风险

指数基金的流动性风险是指基金管理人在面对赎回压力时，将其所持有的资产（投资组合）在市场上变现过程中价格的不确定性与可能遭受的损失。开放式基金没有发行规模的限制，可随时增加发行，也可随时赎回。当投资者申购新的基金单位时，基金规模就扩大，而赎回时其规模则缩小。由于开放式基金具有较大弹性和流动性，基金管理人在制定投资目标和投资组合时，首先必须考虑到基金的流动性风险，指数基金作为开放式基金的一种，同样存在着流动性风险。在目前我国股票市场，上市公司业绩波动幅度极大，上市公司素质普遍不高、优质蓝筹品种稀缺的情况下，难免出现很多机构同时重仓持有某一只股票的情况，致使一些流通股与总股本差别较大的股票流动性非常弱。机构共同持有的部分股票数量一度接近或超过流通股本的20%，个别股票持有量甚至达到30%，这些股票的换手率普遍较低，个别股票全月换手不足10%，反映出股票活跃程度明显降低。而指数基金进出"门槛"——申购和赎回费用相对较低，无法抑制流动性需求较高的资金流出，基金面临赎回压力。指数基金为应付赎回资金，在跟踪指数的程序化交易中，如果个别股票的交易流动性差，则指数基金将面临流动性风险。

四、跟踪误差

跟踪误差是度量一个股票组合相对于所选定的基准组合偏离程度的指标。

指数基金建立的理论基础是有效市场理论。该理论认为，当给定所有已知信息时,股价的水平是公正的,频繁地买入或抛出股票是没有意义的,这只会浪费大量的经纪佣金而不会提高期望业绩。基于此,一种被动投资策略(Passive Investment Strategy)被提出并付诸实践。该策略通过建立一个充分分散化的证券投资组合,寻求获得市场平均收益。它的一个常用策略就是建立一个指数基金,即一个代表包含广泛的股票指数业绩的股票基金。

跟踪误差(Tracking Error)是指数基金的收益率相对于所追踪的指数的收益率的偏差,它是伴随着指数化投资而出现的,它体现了组合对基准指数的相对风险。一般来说,跟踪误差的准确性与观察周期的长短有关,观察周期越长,观察点越多,计算出的跟踪误差就越准确。对于指数基金而言,跟踪误差越低,基金绩效越好。

指数化投资的目的不是在风险一定的情况下获取尽量高的收益,而是尽量减少投资组合与所跟踪指数之间的收益率之差,使二者最大限度地保持一致,即使跟踪误差尽量地小。跟踪误差是衡量指数基金业绩的一个重要指标。根据指数基金的资产配置方式不同可以将其分为增强型指数基金和完全复制型指数基金。

就指数基金而言,由于其是典型的被动投资资产组合,在不完全复制指数股票的情况下,必然出现跟踪误差。作为被动投资者,我们希望指数基金在成本允许的前提下尽可能减少跟踪误差。

五、其他风险

我国的市场效率还不高,股市信息的完全性、分布的均匀性和时效性都较为欠缺,并且市场上还存在着制度缺陷和许多的不规范行为。如我国证券市场的涨跌停板制度和流动性不足等缺陷,新股配售和增发配售等机制缺陷给指数基金的运作带来一定的困难,增加了跟踪成本。指数基金分散投资的广度远远大于普通基金,理论上应根据各股票在指数中的比重,投资所有构成指数的股票,使个别股票的损失不会对整体投资产生大的影响。但我国上市公司的股权结构中存在着大量的非流通股份,由此建立的股票指数给基金组合的构造带来一定的困难。

六、惧怕风险才是最大的风险

1. 什么是真正的风险

我们认为真正的风险在于我们如何应对市场涨跌。市场的波动性是市场参与者共同行为的结果。我们时刻都对证券市场中的"信号"即其他市场参与者行为作出回应。为了在残酷的证券市场中生存下来,我们的大脑每时每刻都在生成和分析这些信号,因为我们天生就是厌恶风险的。真正的风险是我们惧怕风险,因而在错误的时间做了错误的事情,偏离了实现目标的轨道。单单靠所谓风险统计数据传达这一点是不可能的。

2. 风险是个人化的

风险的概念是抽象的,因为它是非常个人化的。投资者如何体验和应对风险取决于其性格、所处环境和经验。投资者的风险胃纳可能随市场波动,也可能随时间而改变。

投资者的风险承受能力由个人性格驱动。有些人在投资市场上天生偏好风险,就像有些人喜欢极限运动一样,但更多的人还是喜欢稳稳当当地站在地上。关键是,风险是个人的。

当然,投资者的情况也会影响他们承担风险的意愿和能力。累积了丰厚金融资产的投资者可能具有更大的承担风险的能力,但他们可能希望保本,因此不愿意承担更多风险。投资者承担风险的能力也与时间有关。大学毕业生首次为他们的养老金供款便有较高的风险胃纳,因为他们在退休前还有数十年时间来储蓄和投资。临将退休的投资者在从累积资产转为依赖退休金生活时,承担风险的能力便会下降。风险量度的标准方法均没有考虑到这些因素。

投资者的经验,无论是关于投资还是个人事业,都会影响他们如何看待风险。曾经在市场上损失巨额财富的人可能对冒险感到不安,企业家可能比打工族更能承担风险。

人们对风险的态度会随市场的转变而变化。如果你现在问我,假设身在牛市多时,在相对平静的市况下评估我愿意承担风险的程度，我会告诉你，我很乐意冒险。但如果在 2007 年底问我，我可能会说"不，谢谢"。我们对风险的态度总是在变化。虽然在 2018 年 8 月，我会拒绝承担更多风险，但下一次市场下跌时，希望我们会想起这是趁低吸纳的绝佳良机。

3. 有效的风险管理就是大胆而适当地投资

有很多方法可以管理投资风险，我会把它们分成三个部分：资产配置、投资选择和行为。理想情况下，前两个部分应有助于优化第三个部分。

也许最有效的风险管理方法是选择适当的资产组合。忍痛能力较高的投资者应该偏好股票。那些较保守的投资者应倾向于持有债券和现金，要在两者中寻找平衡是相当棘手的。因为即使某些投资者不喜欢股市涨跌，但为着实现目标，有时也不得不坐上"过山车"。

现在是重新审视资产配置的时候。考虑到近年来市场的表现，相信许多投资者都较持重股票，持轻债券。如果是这样的话，则是时候把组合重新平衡了。正确的投资组合最终将取决于上述几方面的因素：风险胃纳、承担风险的能力、个人性格和经验等。

投资选择是投资者可以用来控制风险的另一杠杆。大型股的风险通常比小型股小，美国股票比新兴市场股票较少波动，政府债券比企业债券更安全。

当投资基金时，投资选择便会延伸至策略选择。例如，有许多机构投资者买卖基金会采用低波动率的策略，通过市场组合来控制风险。这些基金提供了投资于广泛市场但又降低风险的投资策略。

其实，最重要的风险来源之一就是我们自己。有关资产配置或投资选择的错误决定很容易让我们偏离正轨。因此，前两个部分的选择应该因个人行为而优化。最佳的投资组合是你最有可能在下一次市场变得令人害怕时仍坚持的组合。

PART 3

手把手教你投
指数基金

第 ⑦ 章

国内外主要指数基金扫描

本书上一章详细介绍了全球以及国内主流指数体系，本章将对国外以及国内可以投资的主要指数基金产品进行介绍。同时，本章也会对指数基金的投资策略、投资技巧以及投资操作的具体步骤详细为读者进行讲解。相信每一个读者均能从本章中找到适合自己的投资标的和投资方式，长期坚持对指数基金进行投资，通过指数基金投资带来财富增长。

一、国外主要指数基金

1. 纳斯达克 100 指数基金

纳斯达克是我们比较熟悉的一个股票市场，包括很多新兴经济体，像大家熟知的阿里巴巴集团（BABA）、苹果（Apple）、微软（Microsoft）等公司都在纳斯达克 100 指数里。纳斯达克 100 指数投资的是纳斯达克规模最大的 100 家大型企业。纳斯达克 100 指数的代码是 NDX，简称纳斯达克

100。纳斯达克 100 从 1985 年 100 点开始，到 2018 年 9 月达到 7654 点，33 年上涨到最初的 76.54 倍。

国内跟踪纳斯达克 100 指数的基金产品情况

截至 2018 年 8 月 31 日，国内跟踪纳斯达克 100 指数的基金产品共有 11 只，统计如下：

表 7.1：国内跟踪纳斯达克 100 指数的基金（数据来源：Wind）

证券代码	证券简称	基金成立日	基金类型	托管费率(%)	管理费率(%)
270042.OF	广发纳斯达克100人民币	2012-08-15	契约型开放式	0.25	0.80
160213.OF	国泰纳斯达克100	2010-04-29	契约型开放式	0.25	0.80
513100.OF	国泰纳斯达克100ETF	2013-04-25	契约型开放式	0.20	0.60
000834.OF	大成纳斯达克100	2014-11-13	契约型开放式	0.25	0.80
040046.OF	华安纳斯达克100人民币	2013-08-02	契约型开放式	0.25	0.80
000055.OF	广发纳斯达克100美元现汇	2015-01-16	契约型开放式	0.25	0.80
161130.OF	易方达纳斯达克100人民币	2017-06-23	契约型开放式	0.25	0.80
159941.OF	广发纳斯达克100ETF	2015-06-10	契约型开放式	0.25	0.80
040047.OF	华安纳斯达克100美元现钞	2013-08-02	契约型开放式	0.25	0.80
040048.OF	华安纳斯达克100美元现汇	2013-08-02	契约型开放式	0.25	0.80
003722.OF	易方达纳斯达克100美元现汇	2017-06-23	契约型开放式	0.25	0.80

证券代码	证券简称	申购金额下限（元）	基金规模（万元）	基金份额（万份）	单位净值（元）	成立以来回报率（%）
270042.OF	广发纳斯达克100人民币	10.00	64,964.40	30,450.65	2.39	190.63
160213.OF	国泰纳斯达克100	1.00	55,376.27	17,561.53	3.53	284.22
513100.OF	国泰纳斯达克100ETF	1,000,000.00	33,161.58	31,862.21	2.74	174.00
000834.OF	大成纳斯达克100	1.00	21,755.40	13,033.41	1.86	85.90
040046.OF	华安纳斯达克100人民币	1.00	10,992.39	5,226.45	2.32	132.40
000055.OF	广发纳斯达克100美元现汇	10.00	9,818.40	30,450.65	0.35	85.29
161130.OF	易方达纳斯达克100人民币	1.00	7,011.80	6,073.39	1.29	28.69
159941.OF	广发纳斯达克100ETF	1,000,000.00	1,705.53	1,805.25	1.73	72.82
040047.OF	华安纳斯达克100美元现钞	1.00	1,661.34	5,226.45	0.34	110.44
040048.OF	华安纳斯达克100美元现汇	1.00	1,661.34	5,226.45	0.34	110.44
003722.OF	易方达纳斯达克100美元现汇	100.00	1,059.73	6,073.39	0.19	28.65

（1）国内跟踪纳斯达克100指数的基金产品共有11只，规模均在10亿元以下，最高的为2012年8月15日成立的广发纳斯达克100人民币基金，截至2018年9月4日，其规模为6.50亿元，成立至今累计回报190.63%。基金规模在1亿元以下的产品共有6只。

（2）国内跟踪纳斯达克100指数的基金产品中，基金的托管费率和管理费率差距不大，托管费率最低为0.2%、最高为0.25%，管理费率最低为0.6%、最高为0.8%。

（3）国内跟踪纳斯达克100指数的基金产品中，仅有2只基金产品申购的金额下限较高，均为100万元。其余基金产品的申购金额下限较低，为1元、10元或100元。

2. 标普500指数基金

标普500指数是美国影响力很大的一个股票指数，是美国传统经济的代表，与国内的沪深300指数定位类似。巴菲特多次推荐的指数基金，其实就是标普500指数基金。

标普500的指数代码是SPX。它历史悠久，是从1941年的10点开始的，到2018年8月，标普500已经上涨到了2,900点，在77年的时间里上涨到最初的290倍。

追踪标普500指数的指数基金是目前世界上规模最大的指数基金。其中，SPY是美国本土最大的一只标普500指数基金，单只规模达到2700多亿美元，是一个庞然大物。对比一下，国内规模最大的指数基金（华夏上证50ETF）也只有340

亿元人民币。

从指数基金的规模可以看出，国内的指数基金市场起步比较晚，属于比较新的事物，未来还有很大的发展空间。

我们主要是通过 QDII 基金来投资标普 500 指数。

国内跟踪标普 500 指数的基金产品情况

截至 2018 年 8 月 31 日，国内跟踪标普 500 指数的基金产品共有 4 只，统计如下：

表 7.2：国内跟踪标普 500 指数的基金（数据来源：Wind）

证券代码	证券简称	基金成立日	基金类型	申购赎回状态	托管费率(%)	管理费率(%)
096001.OF	大成标普500等权重	2011-03-23	契约型开放式	开放申购|开放赎回	0.25	1.00
513500.OF	博时标普500ETF	2013-12-05	契约型开放式	开放申购|开放赎回	0.25	0.60
050025.OF	博时标普500ETF 联接 A	2012-06-14	契约型开放式	开放申购|开放赎回	0.25	0.60
006075.OF	博时标普500ETF 联接 C	2018-06-07	契约型开放式	开放申购|开放赎回	0.25	0.60

证券代码	证券简称	申购金额下限（元）	基金规模（万元）	基金份额（万份）	单位净值（元）	成立以来回报（%）
096001.OF	大成标普500等权重	1.00	24,250.83	13,977.06	1.87	107.45
513500.OF	博时标普500ETF	1,000,000.00	49,071.68	42,181.93	1.84	83.82

（续表）

证券代码	证券简称	申购金额下限（元）	基金规模（万元）	基金份额（万份）	单位净值（元）	成立以来回报（%）
050025.OF	博时标普500ETF联接A	1.00	37,105.66	18,226.46	2.23	133.82
006075.OF	博时标普500ETF联接C	1.00	27.77	13.64	2.23	10.33

（1）2011年3月23日成立的大成标普500等权重，截至2018年9月4日基金规模为2.43亿元，成立以来回报107.45%。

（2）2012年6月14日成立的博时标普500ETF联接A，截至2018年9月4日基金规模为3.71亿元，成立以来回报133.82%。

（3）2013年12月5日成立的博时标普500ETF，截至2018年9月4日基金规模为4.91亿元，成立以来回报83.82%。

（4）2018年6月7日成立的博时标普500ETF联接C，截至2018年9月4日基金规模为27.77万元，成立以来回报10.33%。

国内跟踪标普500指数的基金产品仅博时标普500ETF申购金额下限为100万元，其余均为1元。基金托管费率均为0.25%，基金管理费率除大成标普500等权重为1%外，其余均为0.6%。

二、国内主要指数基金

截至 2018 年 6 月底，市场上的 524 只指数基金的资产规模总计 4,856.12 亿元（不计 ETF 联接基金）。指数基金规模排名前三的标的指数依次是沪深 300 指数、上证 50 指数和中证 500 指数，规模分别为 1,035.7 亿元、467.7 亿元、395.1 亿元。指数基金数量排在前两名的指数依次为沪深 300 指数、中证 500 指数，指数基金数量分别为 51 只、28 只。

三、主要宽基指数基金

1. 上证 50 指数基金

上证 50 指数的指数代码为 000016，基日为 2003 年 12 月 31 日，以当日收盘后的样本股调整市值为基期。基点为 1,000 点，2004 年 1 月 2 日起正式发布。

上证 50 指数挑选上海证券市场规模大、流动性好的最具代表性的 50 只股票组成样本股，以综合反映上海证券市场最具市场影响力的一批优质大盘龙头企业的整体状况。

下面，我们来看看上证 50 指数的特征：

（1）上证 50 指数只包含上交所的股票，没有深交所的股票。所以，不能反映国内股市整体走势。由于深交所也是国内非常重要的一个股票交易所,后面的沪深 300 等指数弥补了上证 50 指数的这一欠缺。

(2)规模大。上证 50 指数的成份股里面,规模最小的公司市值都超过 400 亿,规模最大的有万亿级别的公司。

(3)上证 50 指数的成份股净利润和利润总额占 A 股比例比较高,是优质蓝筹股的代表。

(4)上证 50 指数成份股较上证 180 指数成份股具有更好的流动性,能够更准确地反映优质大盘蓝筹股的市场表现。

(5)个股表现差异较大。截至 2018 年 8 月底,上证 50 成份股中 2018 年累计涨幅居前的恒瑞医药,涨幅 22.6%,但伊利股份下跌近 30%。

跟踪上证 50 指数的基金产品情况

截至 2018 年 8 月 31 日,跟踪上证 50 指数的基金产品共有 22 只,统计如下:

表 7.3:跟踪上证 50 指数的基金(数据来源:Wind)

证券代码	证券简称	基金成立日	基金类型	托管费率(%)	管理费率(%)
510050.OF	华夏上证 50ETF	2004-12-30	契约型开放式	0.10	0.50
110003.OF	易方达上证 50 指数 A	2004-03-22	契约型开放式	0.20	1.20
001051.OF	华夏上证 50ETF 联接 A	2015-03-17	契约型开放式	0.10	0.50
004746.OF	易方达上证 50 指数 C	2017-06-06	契约型开放式	0.20	1.20
502048.OF	易方达上证 50 分级	2015-04-15	契约型开放式	0.20	1.00

（续表）

证券代码	证券简称	基金成立日	基金类型	托管费率（%）	管理费率（%）
502049.OF	易方达上证50A	2015-04-15	契约型封闭式	0.20	1.00
502050.OF	易方达上证50B	2015-04-15	契约型封闭式	0.20	1.00
001548.OF	天弘上证50A	2015-07-16	契约型开放式	0.10	0.50
510710.OF	博时上证50ETF	2015-05-27	契约型开放式	0.10	0.30
001549.OF	天弘上证50C	2015-07-16	契约型开放式	0.10	0.50
001237.OF	博时上证50ETF联接A	2015-05-27	契约型开放式	0.10	0.30
399001.OF	中海上证50	2010-03-25	契约型开放式	0.17	0.85
510800.OF	建信上证50ETF	2017-12-22	契约型开放式	0.10	0.50
502020.OF	国金上证50	2015-05-27	契约型开放式	0.10	1.00
502021.OF	国金上证50A	2015-05-27	契约型封闭式	0.10	1.00
502022.OF	国金上证50B	2015-05-27	契约型封闭式	0.10	1.00
502040.OF	长盛上证50	2015-08-13	契约型开放式	0.22	1.00
502041.OF	长盛上证50A	2015-08-13	契约型封闭式	0.22	1.00
502042.OF	长盛上证50B	2015-08-13	契约型封闭式	0.22	1.00
005733.OF	华夏上证50ETF联接C	2018-03-08	契约型开放式	0.10	0.50
510680.OF	万家上证50ETF	2013-10-31	契约型开放式	0.10	0.50
005737.OF	博时上证50ETF联接C	2018-03-21	契约型开放式	0.10	0.30

证券代码	证券简称	申购金额下限（元）	基金规模（万元）	基金份额（万份）	单位净值（元）	成立以来回报（%）
510050.OF	华夏上证50ETF	900,000.00	3,406,118.36	1,394,256.68	2.52	274.66

（续表）

证券代码	证券简称	申购金额下限（元）	基金规模（万元）	基金份额（万份）	单位净值（元）	成立以来回报（%）
110003.OF	易方达上证50指数A	1.00	1,073,516.28	791,850.09	1.33	307.40
001051.OF	华夏上证50ETF联接A	10.00	78,290.43	92,564.18	0.85	-15.00
004746.OF	易方达上证50指数C	1.00	54,664.12	40,410.22	1.33	15.45
502048.OF	易方达上证50分级	1.00	45,585.91	28,470.53	0.83	-17.68
502049.OF	易方达上证50A		45,585.91	12,511.62	1.03	17.33
502050.OF	易方达上证50B		45,585.91	12,511.62	0.64	-69.96
001548.OF	天弘上证50A	2.00	30,516.45	31,202.28	0.99	-1.32
510710.OF	博时上证50ETF	300,000.00	23,240.43	11,421.89	2.68	-17.30
001549.OF	天弘上证50C	1.00	18,326.53	18,893.51	0.98	-2.17
001237.OF	博时上证50ETF联接A	10.00	17,539.43	20,071.54	0.88	-12.19
399001.OF	中海上证50	10.00	11,952.36	10,713.24	1.13	13.00
510800.OF	建信上证50ETF	1,000,000.00	6,713.52	8,457.60	0.87	-13.50
502020.OF	国金上证50	1.00	3,672.87	3,729.47	0.89	-20.18

(续表)

证券代码	证券简称	申购金额下限（元）	基金规模（万元）	基金份额（万份）	单位净值（元）	成立以来回报（%）
502021.OF	国金上证50A		3,672.87	175.65	1.04	17.93
502022.OF	国金上证50B		3,672.87	175.65	0.74	-79.79
502040.OF	长盛上证50	10.00	2,693.47	2,125.42	1.06	11.79
502041.OF	长盛上证50A		2,693.47	214.13	1.04	16.79
502042.OF	长盛上证50B		2,693.47	214.13	1.07	7.30
005733.OF	华夏上证50ETF联接C	10.00	676.91	800.18	0.85	-12.91
510680.OF	万家上证50ETF	300,000.00	663.81	282.47	2.12	111.64
005737.OF	博时上证50ETF联接C	10.00	161.37	184.72	0.88	-6.36

（1）跟踪上证50指数的22只基金产品中，有6只基金为封闭式基金，分别为：2015年4月15日成立的易方达上证50A和易方达上证50B，2015年5月27日成立的国金上证50A和国金上证50B，2015年8月13日成立的长盛上证50A和长盛上证50B。

（2）跟踪上证50指数的22只基金产品中，2只基金的规模超过100亿元，分别为：2004年12月30日成立的华夏上证50ETF，截至2018年9月4日基金规模为340.61亿元，成立至今累计回报274.66%；2004年3月22日成立的易方达上证50指数A，截至2018年9月4日基金规模为107.35亿元，成立至今累计回报307.40%。

（3）跟踪上证50指数的22只基金产品的托管费率和管理费率存在差距，托管费率最低为0.1%、最高为0.22%，管理费率最低为0.3%、最高为1.20%。

（4）跟踪上证50指数的22只基金产品中，有4只基金产品的申购金额下限较高，分别为：2004年12月30日成立的华夏上证50ETF，申购下限为90万元；2015年5月27日成立的博时上证50ETF，申购下限为30万元；2017年12月22日成立的建信上证50ETF，申购下限为100万元；2013年10月31日成立的万家上证50ETF，申购下限为30万元。其余基金产品的申购金额下限较低，为1元或10元，更适合广大投资者进行定投。

2. 上证180指数基金

上证180指数又称上证成份指数，是对原上证30指数进行调整和更名后产生的指数，通过科学客观的方法挑选出最具代表性的样本股票，反映沪市概貌和其运行状况。于2002年7月1日正式发布。以2002年6月28日为基期，对应的基点为3299.06点。

跟踪上证180指数的基金产品

截至2018年8月31日，跟踪上证180指数的基金产品共有 3 只，统计如下：

表 7.4：跟踪上证 180 指数的基金（数据来源：Wind）

证券代码	证券简称	基金成立日	基金类型	托管费率（%）	管理费率（%）
510180.OF	华安上证 180ETF	2006-04-13	契约型开放式	0.10	0.50
519180.OF	万家上证 180	2003-03-15	契约型开放式	0.20	1.00
040180.OF	华安上证 180ETF 联接	2009-09-29	契约型开放式	0.10	0.50

证券代码	证券简称	申购金额下限（元）	基金规模（万元）	基金份额（万份）	单位净值（元）	成立以来回报（%）
510180.OF	华安上证 180ETF	500,000.00	1,731,732.73	567,055.77	2.99	224.87
519180.OF	万家上证 180	10.00	136,667.87	164,120.61	0.82	227.20
040180.OF	华安上证 180ETF 联接	1.00	28,959.16	22,840.53	1.25	24.56

（1）跟踪上证 180 指数的基金产品相对较少，仅有 3 只，分别为：2003 年 3 月 15 日成立的万家上证 180，2006 年 4 月 13 日成立的华安上证 180ETF，2009 年 9 月 29 日成立的华安上证 180ETF 联接。2009 年后未有新的跟踪 180 指数的基金产品发行。

（2）跟踪上证 180 指数的 3 只基金的规模差距明显：2003 年 3 月 15 日成立的万家上证 180 基金的规模为 13.67 亿元，成立以来的回报率为 227.20%；2006 年 4 月 13 日成立的华安上证 180ETF 基金的规模为 173.17 亿元，成立以来的回报率为

224.87%；2009 年 9 月 29 日成立的华安上证 180ETF 联接基金的规模为 2.90 亿元，成立以来的回报率为 24.56%。

（3）跟踪上证 180 指数的 3 只基金的托管费率和管理费率存在差距，托管费率最低为 0.1%、最高为 0.2%，管理费率最低为 0.5%、最高为 1.0%。

（4）跟踪上证 180 指数的 3 只基金产品中有 1 只基金产品的申购金额下限较高，为 50 万元。其余基金产品的申购金额下限较低，为 1 元或 10 元，更适合广大投资者进行定投。

3. 沪深 300 指数

沪深 300 指数（简称沪深 300）是由中证指数公司开发的，从上交所和深交所挑选规模最大、流动性最好的 300 只股票。沪深 300 指数以大盘股为主，兼顾上交所和深交所的上市公司。

沪深 300 指数所包括的公司，从市值规模上来说，占到国内股市全部规模的 60% 以上，沪深 300 指数，规模最小的公司也在百亿规模以上，它基本覆盖了国内的大型上市公司，所以沪深 300 也被认为是国内股市最具代表性的指数。

沪深 300 指数的代码有两个：000300 和 399300。这是因为沪深 300 指数同时包含上海和深圳两个交易所的股票，其在上交所的代码是 000300，在深交所的代码是 399300。

目前市场上沪深 300 指数的产品较多，产品类型涉及 ETF、普通指数、LOF 及分级基金。截至 2018 年 8 月 31 日，沪深 300 指数基金的规模超 100 亿元的有 5 只，分别为华泰柏瑞沪深 300ETF、华夏沪深 300ETF、嘉实沪深 300ETF、嘉实沪深 300ETF 联接 A 和华夏沪深 300ETF 联接 A，对应的指数基金规模分别为 223.96 亿元、176.38 亿元、161.44 亿元、152.94 亿元和 102.4 亿元。

跟踪沪深 300 指数的基金产品情况

截至 2018 年 8 月 31 日，跟踪沪深 300 指数的主要基金产品共有 94 只，统计如下：

表 7.5：跟踪沪深 300 指数的基金（数据来源：Wind）

证券代码	证券简称	基金成立日	基金类型	申购金额下限（元）	托管费率（%）	管理费率（%）
510300.OF	华泰柏瑞沪深 300ETF	2012-05-04	契约型开放式	900,000.00	0.10	0.50
510330.OF	华夏沪深 300ETF	2012-12-25	契约型开放式	900,000.00	0.10	0.50
159919.OF	嘉实沪深 300ETF	2012-05-07	契约型开放式	900,000.00	0.10	0.50
160706.OF	嘉实沪深 300ETF 联接（LOF）A	2005-08-29	契约型开放式	1.00	0.10	0.50
000051.OF	华夏沪深 300ETF 联接 A	2009-07-10	契约型开放式	10.00	0.10	0.50
000311.OF	景顺长城沪深 300	2013-10-29	契约型开放式	1.00	0.20	1.00
050002.OF	博时裕富沪深 300A	2003-08-26	契约型开放式	10.00	0.20	0.98
000172.OF	华泰柏瑞量化 A	2013-08-02	契约型开放式	10.00	0.25	1.00

(续表)

证券代码	证券简称	基金成立日	基金类型	申购金额下限（元）	托管费率（%）	管理费率（%）
510390.OF	平安大华沪深300ETF	2017-12-25	契约型开放式	900,000.00	0.10	0.50
110020.OF	易方达沪深300ETF联接	2009-08-26	契约型开放式	1.00	0.10	0.20
510310.OF	易方达沪深300ETF	2013-03-06	契约型开放式	2,000,000.00	0.10	0.20
100038.OF	富国沪深300	2009-12-16	契约型开放式	0.01	0.18	1.00
481009.OF	工银瑞信沪深300	2009-03-05	契约型开放式	1.00	0.10	0.50
519300.OF	大成沪深300	2006-04-06	契约型开放式	1.00	0.15	0.75
000961.OF	天弘沪深300A	2015-01-20	契约型开放式	2.00	0.10	0.50
020011.OF	国泰沪深300A	2007-11-11	契约型开放式	1.00	0.10	0.50
163407.OF	兴全沪深300	2010-11-02	契约型开放式	10.00	0.15	0.80
510360.OF	广发沪深300ETF	2015-08-20	契约型开放式	3,000,000.00	0.10	0.50
159925.OF	南方开元沪深300ETF	2013-02-18	契约型开放式	2,000,000.00	0.10	0.50
270010.OF	广发沪深300ETF联接A	2008-12-30	契约型开放式	10.00	0.10	0.50
110030.OF	易方达沪深300量化	2012-07-05	契约型开放式	1.00	0.15	0.80
202015.OF	南方开元沪深300ETF联接A	2009-03-25	契约型开放式	1.00	0.10	0.50

(续表)

证券代码	证券简称	基金成立日	基金类型	申购金额下限（元）	托管费率（%）	管理费率（%）
660008.OF	农银汇理沪深300A	2011-04-12	契约型开放式	1,000.00	0.15	0.60
200002.OF	长城久泰沪深300	2004-05-21	契约型开放式	10.00	0.20	0.98
000312.OF	华安沪深300量化A	2013-09-27	契约型开放式	1.00	0.15	1.00
000176.OF	嘉实沪深300增强	2014-12-26	契约型开放式	1.00	0.18	1.00
005658.OF	华夏沪深300ETF联接C	2018-02-02	契约型开放式	10.00	0.10	0.50
000613.OF	国寿安保沪深300ETF联接	2014-06-05	契约型开放式	10.00	0.10	0.50
002987.OF	广发沪深300ETF联接C	2016-07-06	契约型开放式	10.00	0.10	0.50
165309.OF	建信沪深300	2009-11-05	契约型开放式	10.00	0.15	0.75
310318.OF	申万菱信沪深300	2004-11-29	契约型开放式	10.00	0.18	1.00
460300.OF	华泰柏瑞沪深300ETF联接A	2012-05-29	契约型开放式	10.00	0.10	0.50
005639.OF	平安大华沪深300ETF联接A	2018-04-04	契约型开放式	10.00	0.10	0.50
001015.OF	华夏沪深300增强A	2015-02-10	契约型开放式	100.00	0.20	1.00
160615.OF	鹏华沪深300	2009-04-03	契约型开放式	10.00	0.15	0.75

(续表)

证券代码	证券简称	基金成立日	基金类型	申购金额下限（元）	托管费率（%）	管理费率（%）
165515.OF	信诚沪深300分级	2012-02-01	契约型开放式	10.00	0.22	1.00
150052.OF	信诚沪深300B	2012-02-01	契约型封闭式		0.22	1.00
150051.OF	信诚沪深300A	2012-02-01	契约型封闭式		0.22	1.00
160417.OF	华安沪深300	2012-06-25	契约型开放式	1.00	0.22	1.00
150105.OF	华安沪深300B	2012-06-25	契约型封闭式		0.22	1.00
150104.OF	华安沪深300A	2012-06-25	契约型封闭式		0.22	1.00
000313.OF	华安沪深300量化C	2013-09-27	契约型开放式	1.00	0.15	1.00
002315.OF	创金合信沪深300C	2015-12-31	契约型开放式	10.00	0.10	0.80
002385.OF	博时裕富沪深300C	2016-01-26	契约型开放式	10.00	0.20	0.98
003876.OF	华宝沪深300	2016-12-09	契约型开放式	1.00	0.15	1.00
002310.OF	创金合信沪深300A	2015-12-31	契约型开放式	10.00	0.10	0.80
005640.OF	平安大华沪深300ETF联接C	2018-04-04	契约型开放式	10.00	0.10	0.50
162213.OF	泰达宏利沪深300A	2010-04-23	契约型开放式	1.00	0.12	0.65
161207.OF	国投瑞银瑞和300	2009-10-14	契约型开放式	10.00	0.22	1.00
160812.OF	长盛同益成长回报	2014-04-04	契约型开放式	10.00	0.25	1.50

（续表）

证券代码	证券简称	基金成立日	基金类型	申购金额下限（元）	托管费率（%）	管理费率（%）
450008.OF	国富沪深300	2009-09-03	契约型开放式	10.00	0.15	0.85
166007.OF	中欧沪深300A	2010-06-24	契约型开放式	10.00	0.15	1.00
161811.OF	银华沪深300分级	2014-01-07	契约型开放式	10.00	0.22	1.00
150168.OF	银华沪深300B	2014-01-07	契约型封闭式		0.22	1.00
150167.OF	银华沪深300A	2014-01-07	契约型封闭式		0.22	1.00
519116.OF	浦银安盛沪深300	2010-12-10	契约型开放式	10.00	0.15	1.00
001016.OF	华夏沪深300增强C	2015-02-10	契约型开放式	100.00	0.20	1.00
510380.OF	国寿安保沪深300ETF	2018-01-19	契约型开放式	900,000.00	0.10	0.50
006020.OF	广发沪深300A	2018-06-29	契约型开放式	10.00	0.25	1.00
002670.OF	万家沪深300A	2016-09-26	契约型开放式	10.00	0.12	1.00
167601.OF	国金沪深300	2017-09-01	契约型开放式	1.00	0.20	1.00
005113.OF	平安大华沪深300指数量化A	2017-12-26	契约型开放式	10.00	0.10	1.00
006021.OF	广发沪深300C	2018-06-29	契约型开放式	10.00	0.25	1.00
501043.OF	汇添富沪深300A	2017-09-06	契约型开放式	10.00	0.10	0.50
003475.OF	新疆前海联合沪深300	2016-11-30	契约型开放式	1.00	0.15	0.65

（续表）

证券代码	证券简称	基金成立日	基金类型	申购金额下限（元）	托管费率（%）	管理费率（%）
160807.OF	长盛沪深300	2010-08-04	契约型开放式	10.00	0.15	0.75
005918.OF	天弘沪深300C	2018-04-24	契约型开放式	2.00	0.10	0.50
320014.OF	诺安沪深300	2011-04-07	契约型开放式	100.00	0.15	1.00
004190.OF	招商沪深300A	2017-02-10	契约型开放式	10.00	0.15	1.20
004191.OF	招商沪深300C	2017-02-10	契约型开放式	10.00	0.15	1.20
003261.OF	安信沪深300A	2016-10-12	契约型开放式	1.00	0.20	1.00
501045.OF	汇添富沪深300C	2017-09-06	契约型开放式	10.00	0.10	0.50
150009.OF	国投瑞银瑞和远见	2009-10-14	契约型封闭式		0.22	1.00
150008.OF	国投瑞银瑞和小康	2009-10-14	契约型封闭式		0.22	1.00
003015.OF	中金沪深300A	2016-07-22	契约型开放式	10.00	0.15	0.50
004342.OF	南方开元沪深300ETF联接C	2017-02-23	契约型开放式	1.00	0.10	0.50
000656.OF	前海开源沪深300	2014-06-17	契约型开放式	10.00	0.15	1.00
005114.OF	平安大华沪深300指数量化C	2017-12-26	契约型开放式	10.00	0.10	1.00
005870.OF	鹏华沪深300指数增强	2018-05-25	契约型开放式	10.00	0.15	1.00

(续表)

证券代码	证券简称	基金成立日	基金类型	申购金额下限（元）	托管费率（%）	管理费率（%）
165806.OF	东吴沪深300A	2012-03-09	契约型开放式	1,000.00	0.10	0.50
003262.OF	安信沪深300C	2016-10-12	契约型开放式	1.00	0.20	1.00
003885.OF	汇安沪深300C	2017-01-25	契约型开放式	1,000.00	0.10	1.00
003548.OF	泰达宏利沪深300C	2017-02-09	契约型开放式	1.00	0.12	0.65
001884.OF	中欧沪深300E	2015-10-08	契约型开放式	10.00	0.15	1.00
003579.OF	中金沪深300C	2016-11-25	契约型开放式	10.00	0.15	0.50
003884.OF	汇安沪深300A	2017-01-25	契约型开放式	1.00	0.10	1.00
005867.OF	国泰沪深300C	2018-04-16	契约型开放式	1.00	0.10	0.50
002671.OF	万家沪深300C	2016-09-26	契约型开放式	10.00	0.12	1.00
960022.OF	博时裕富沪深300R	2016-01-26	契约型开放式	100.00	0.20	0.98
005152.OF	农银汇理沪深300C	2018-03-21	契约型开放式	1,000.00	0.15	0.60
165810.OF	东吴沪深300C	2018-07-11	契约型开放式	1,000.00	0.10	0.50
160724.OF	嘉实沪深300ETF联接（LOF）C	2018-08-08	契约型开放式	1.00	0.10	0.50
166802.OF	浙商沪深300	2018-08-20	契约型开放式	10.00	0.22	1.00
006131.OF	华泰柏瑞沪深300ETF联接C	2018-07-02	契约型开放式	10.00	0.10	0.50

证券代码	证券简称	基金规模（万元）	基金份额（万份）	单位净值（元）	成立以来回报（%）
510300.OF	华泰柏瑞沪深300ETF	2,239,609.77	719,444.80	3.29	33.53
510330.OF	华夏沪深300ETF	1,763,846.21	512,124.98	3.56	50.78
159919.OF	嘉实沪深300ETF	1,614,358.42	453,970.65	3.59	37.17
160706.OF	嘉实沪深300ETF联接（LOF）A	1,529,417.88	1,531,285.62	0.93	256.54
000051.OF	华夏沪深300ETF联接A	1,024,351.31	889,806.49	1.08	7.60
000311.OF	景顺长城沪深300	741,615.55	393,772.39	1.76	106.38
050002.OF	博时裕富沪深300A	555,405.11	417,012.63	1.25	300.14
000172.OF	华泰柏瑞量化A	549,169.93	440,789.03	1.17	122.49
510390.OF	平安大华沪深300ETF	450,551.16	128,045.00	3.29	-21.30
110020.OF	易方达沪深300ETF联接	394,440.42	330,001.11	1.12	11.84
510310.OF	易方达沪深300ETF	386,106.81	282,430.74	1.40	40.10
100038.OF	富国沪深300	364,455.19	212,929.11	1.61	61.00
481009.OF	工银瑞信沪深300	255,167.02	260,794.65	0.91	45.10
519300.OF	大成沪深300	167,398.05	174,391.19	0.89	157.74
000961.OF	天弘沪深300A	162,819.74	156,150.61	0.97	-2.75
020011.OF	国泰沪深300A	162,600.98	212,743.25	0.71	-28.63
163407.OF	兴全沪深300	159,170.14	95,311.69	1.61	60.75
510360.OF	广发沪深300ETF	147,947.85	163,138.12	1.04	3.81
159925.OF	南方开元沪深300ETF	105,988.08	73,919.95	1.38	37.98
270010.OF	广发沪深300ETF联接A	104,564.47	64,145.46	1.53	86.62
110030.OF	易方达沪深300量化	98,938.98	46,266.79	2.00	100.07
202015.OF	南方开元沪深300ETF联接A	85,580.62	65,817.70	1.21	38.45

(续表)

证券代码	证券简称	基金规模（万元）	基金份额（万份）	单位净值（元）	成立以来回报（%）
660008.OF	农银汇理沪深300A	74,585.62	62,976.88	1.11	10.61
200002.OF	长城久泰沪深300	68,797.26	44,954.28	1.44	273.09
000312.OF	华安沪深300量化A	58,875.45	40,602.23	1.34	63.70
000176.OF	嘉实沪深300增强	57,822.20	47,782.60	1.13	13.04
005658.OF	华夏沪深300ETF联接C	52,153.02	45,388.37	1.07	-21.91
000613.OF	国寿安保沪深300ETF联接	51,509.25	54,782.54	0.88	48.34
002987.OF	广发沪深300ETF联接C	51,211.09	31,594.71	1.51	4.60
165309.OF	建信沪深300	49,315.36	44,649.23	1.03	3.34
310318.OF	申万菱信沪深300	44,407.71	21,376.10	2.02	295.32
460300.OF	华泰柏瑞沪深300ETF联接A	42,299.41	28,330.22	1.40	47.17
005639.OF	平安大华沪深300ETF联接A	38,117.42	41,383.48	0.86	-13.94
001015.OF	华夏沪深300增强A	32,397.89	25,326.44	1.19	19.20
160615.OF	鹏华沪深300	31,588.99	21,667.35	1.35	41.80
165515.OF	信诚沪深300分级	26,774.70	13,713.83	0.77	29.61
150052.OF	信诚沪深300B	26,774.70	9,787.25	0.52	-48.42
150051.OF	信诚沪深300A	26,774.70	9,787.25	1.03	41.87
160417.OF	华安沪深300	25,477.89	20,221.02	1.16	33.47
150105.OF	华安沪深300B	25,477.89	151.19	1.29	28.61
150104.OF	华安沪深300A	25,477.89	151.19	1.03	42.30
000313.OF	华安沪深300量化C	23,326.17	16,612.75	1.30	59.19
002315.OF	创金合信沪深300C	22,914.32	24,315.09	0.88	0.66
002385.OF	博时裕富沪深300C	22,727.83	17,204.04	1.24	28.48
003876.OF	华宝沪深300	21,357.37	18,772.36	1.07	7.33
002310.OF	创金合信沪深300A	20,740.11	22,005.00	0.89	0.10

(续表)

证券代码	证券简称	基金规模（万元）	基金份额（万份）	单位净值（元）	成立以来回报（%）
005640.OF	平安大华沪深300ETF 联接 C	18,610.54	20,225.66	0.86	-14.08
162213.OF	泰达宏利沪深 300A	18,389.58	13,862.03	1.24	77.44
161207.OF	国投瑞银瑞和 300	16,199.27	17,509.99	0.87	13.90
160812.OF	长盛同益成长回报	14,861.09	10,561.38	1.33	32.12
450008.OF	国富沪深 300	14,703.96	14,924.19	0.93	23.05
166007.OF	中欧沪深 300A	14,235.41	11,146.38	1.19	24.16
161811.OF	银华沪深 300 分级	11,862.17	9,332.35	0.81	38.01
150168.OF	银华沪深 300B	11,862.17	1,991.73	0.59	21.20
150167.OF	银华沪深 300A	11,862.17	1,991.73	1.04	28.67
519116.OF	浦银安盛沪深 300	11,797.14	8,596.73	1.28	27.90
001016.OF	华夏沪深 300 增强 C	11,483.69	9,131.61	1.17	17.10
510380.OF	国寿安保沪深300ETF	10,637.39	11,780.24	0.82	-18.11
006020.OF	广发沪深 300A	9,417.52	9,260.75	0.94	-5.53
002670.OF	万家沪深 300A	9,227.30	9,783.54	0.87	-13.35
167601.OF	国金沪深 300	7,852.48	8,161.58	0.86	-13.80
005113.OF	平安大华沪深 300 指数量化 A	6,102.69	7,226.57	0.78	-21.58
006021.OF	广发沪深 300C	5,909.46	5,812.42	0.94	-5.58
501043.OF	汇添富沪深 300A	5,790.81	6,253.66	0.87	-13.35
003475.OF	新疆前海联合沪深 300	5,291.19	5,086.47	0.97	-2.82
160807.OF	长盛沪深 300	5,196.72	4,485.13	1.09	14.27
005918.OF	天弘沪深 300C	5,189.13	5,599.17	0.86	-13.59
320014.OF	诺安沪深 300	4,108.97	4,192.66	0.97	-1.06
004190.OF	招商沪深 300A	3,819.00	3,615.89	0.98	-2.49
004191.OF	招商沪深 300C	3,710.93	3,523.55	0.97	-2.84
003261.OF	安信沪深 300A	3,567.06	3,237.78	1.04	3.52

(续表)

证券代码	证券简称	基金规模（万元）	基金份额（万份）	单位净值（元）	成立以来回报（%）
501045.OF	汇添富沪深300C	3,471.89	3,752.29	0.87	-13.42
150009.OF	国投瑞银瑞和远见	2,435.82	2,519.28	0.87	19.52
150008.OF	国投瑞银瑞和小康	2,435.82	2,519.28	0.87	7.73
003015.OF	中金沪深300A	1,504.77	1,359.92	1.03	2.90
004342.OF	南方开元沪深300ETF联接C	1,043.85	797.15	1.22	-1.28
000656.OF	前海开源沪深300	971.15	888.13	1.09	36.84
005114.OF	平安大华沪深300指数量化C	765.83	909.87	0.78	-21.92
005870.OF	鹏华沪深300指数增强	677.38	732.63	0.86	-12.37
165806.OF	东吴沪深300A	529.86	478.68	1.01	1.38
003262.OF	安信沪深300C	400.01	365.26	1.03	2.80
003885.OF	汇安沪深300C	243.63	252.15	0.95	-5.46
003548.OF	泰达宏利沪深300C	142.20	106.72	1.25	3.51
001884.OF	中欧沪深300E	125.98	98.12	1.20	5.37
003579.OF	中金沪深300C	120.37	107.72	1.04	-2.16
003884.OF	汇安沪深300A	46.60	45.28	1.01	0.92
005867.OF	国泰沪深300C	18.98	24.85	0.71	-13.00
002671.OF	万家沪深300C	11.58	9.76	1.09	-11.41
960022.OF	博时裕富沪深300R	0.11	0.10	1.03	3.26
005152.OF	农银汇理沪深300C	0.00	0.00	1.11	-17.77
165810.OF	东吴沪深300C	0.00		1.01	-6.75
160724.OF	嘉实沪深300ETF联接（LOF）C			0.98	-4.55
166802.OF	浙商沪深300		2,020.79	1.10	-1.42
006131.OF	华泰柏瑞沪深300ETF联接C			1.40	-3.68

（1）跟踪沪深300指数的基金产品相对较多，基金规模超100亿元的有5只，分别为华泰柏瑞沪深300ETF、华夏沪深300ETF、嘉实沪深300ETF、嘉实沪深300ETF联接A和华夏沪深300ETF联接A，对应的指数基金规模分别为223.96亿元、176.38亿元、161.44亿元、152.94亿元和102.4亿元。

（2）跟踪沪深300指数的基金的托管费率和管理费率存在差距，托管费率最低为0.1%、最高为0.25%，管理费率最低为0.2%、最高为1.5%。

（3）跟踪沪深300指数的基金产品的申购金额最高为300万元，大多数为1元或10元，投资者有很大的产品选择空间。

4. 中证500指数基金

沪深300代表了中国上市企业中规模最大、流动性最好的300家企业，但剩下的中等规模的企业还有几千家，为了统计这些中等规模上市公司的表现，中证指数公司开发了中证500指数。

将全部沪深300指数的300家公司排除，然后将最近一年日均总市值排名前300名的企业也排除，这样可以最大限度地避免选入大公司。在剩下的公司中，选择日均总市值排名前500的企业，这就是中证500指数。中证500指数跟沪深300没有重合，是国内中型公司的代表。

中证500指数简称为中证500，代码是000905和399905。它是从2004年12月31日1,000点开始的。中证500

本身是以中型上市公司为主,在定位上,它与沪深 300 和上证 50 重合度很低。上证 50 指数包含的 50 家大型公司,其实基本上也都在沪深 300 里,这两个指数很多时候的表现都比较重合。但中证 500 是与沪深 300 无重合的股票,所以它的定位和表现就与另外两者不同。

跟踪中证 500 指数的基金产品情况

截至 2018 年 8 月 31 日,跟踪中证 500 指数的基金产品共有 56 只,统计如下:

表 7.6:跟踪中证 500 指数的基金(数据来源:Wind)

证券代码	证券简称	基金成立日	基金类型	申购赎回状态	托管费率(%)	管理费率(%)
510500.OF	南方中证500ETF	2013-02-06	契约型开放式	开放申购|开放赎回	0.10	0.50
160119.OF	南方中证500ETF联接A	2009-09-25	契约型开放式	开放申购|开放赎回	0.10	0.50
000478.OF	建信中证500A	2014-01-27	契约型开放式	开放申购|开放赎回	0.20	1.00
510510.OF	广发中证500ETF	2013-04-11	契约型开放式	开放申购|开放赎回	0.10	0.50
510590.OF	平安大华中证500ETF	2018-03-23	契约型开放式	开放申购|开放赎回	0.10	0.50
161017.OF	富国中证500	2011-10-12	契约型开放式	开放申购|开放赎回	0.15	1.00
512500.OF	华夏中证500ETF	2015-05-05	契约型开放式	开放申购|开放赎回	0.10	0.50
159922.OF	嘉实中证500ETF	2013-02-06	契约型开放式	开放申购|开放赎回	0.10	0.50

（续表）

证券代码	证券简称	基金成立日	基金类型	申购赎回状态	托管费率(%)	管理费率(%)
162711.OF	广发中证500ETF联接A	2009-11-26	契约型开放式	开放申购|开放赎回	0.10	0.50
001052.OF	华夏中证500ETF联接	2015-05-05	契约型开放式	开放申购|开放赎回	0.10	0.50
000008.OF	嘉实中证500ETF联接	2013-03-22	契约型开放式	开放申购|开放赎回	0.10	0.50
002903.OF	广发中证500ETF联接C	2016-06-15	契约型开放式	开放申购|开放赎回	0.10	0.50
000962.OF	天弘中证500A	2015-01-20	契约型开放式	开放申购|开放赎回	0.10	0.50
005994.OF	国投瑞银中证500量化增强	2018-08-01	契约型开放式	开放申购|开放赎回	0.15	1.00
004348.OF	南方中证500ETF联接C	2017-02-23	契约型开放式	开放申购|开放赎回	0.10	0.50
005633.OF	建信中证500C	2018-03-16	契约型开放式	开放申购|开放赎回	0.20	1.00
512510.OF	华泰柏瑞中证500ETF	2015-05-13	契约型开放式	开放申购|开放赎回	0.10	0.50
001455.OF	景顺长城中证500ETF联接	2015-06-29	契约型开放式	暂停大额申购|开放赎回	0.10	0.50
159935.OF	景顺长城中证500ETF	2013-12-26	契约型开放式	开放申购|开放赎回	0.10	0.50

（续表）

证券代码	证券简称	基金成立日	基金类型	申购赎回状态	托管费率(%)	管理费率(%)
150028.OF	信诚中证500A	2011-02-11	契约型封闭式		0.22	1.00
150029.OF	信诚中证500B	2011-02-11	契约型封闭式		0.22	1.00
165511.OF	信诚中证500分级	2011-02-11	契约型开放式	开放申购|开放赎回	0.22	1.00
160616.OF	鹏华中证500	2010-02-05	契约型开放式	开放申购|开放赎回	0.15	0.75
150053.OF	泰达500A	2011-12-01	契约型封闭式		0.20	1.00
150054.OF	泰达500B	2011-12-01	契约型封闭式		0.20	1.00
162216.OF	泰达宏利中证500	2011-12-01	契约型开放式	开放申购|开放赎回	0.20	1.00
002311.OF	创金合信中证500A	2015-12-31	契约型开放式	开放申购|开放赎回	0.10	0.80
003986.OF	申万菱信中证500优选	2017-01-10	契约型开放式	开放申购|开放赎回	0.20	1.00
001241.OF	国寿安保中证500ETF联接	2015-05-29	契约型开放式	开放申购|开放赎回	0.10	0.50
510560.OF	国寿安保中证500ETF	2015-05-29	契约型开放式	开放申购|开放赎回	0.10	0.50
001214.OF	华泰柏瑞中证500ETF联接A	2015-05-13	契约型开放式	开放申购|开放赎回	0.10	0.50
002906.OF	南方中证500增强A	2016-11-23	契约型开放式	开放申购|开放赎回	0.20	1.00

(续表)

证券代码	证券简称	基金成立日	基金类型	申购赎回状态	托管费率（%）	管理费率（%）
002907.OF	南方中证500增强C	2016-11-23	契约型开放式	开放申购|开放赎回	0.20	1.00
150055.OF	工银瑞信中证500A	2012-01-31	契约型封闭式		0.20	1.00
150056.OF	工银瑞信中证500B	2012-01-31	契约型封闭式		0.20	1.00
164809.OF	工银瑞信中证500	2012-01-31	契约型开放式	暂停大额申购|开放赎回	0.20	1.00
501036.OF	汇添富中证500A	2017-08-10	契约型开放式	开放申购|开放赎回	0.10	0.50
005062.OF	博时中证500A	2017-09-26	契约型开放式	开放申购|开放赎回	0.20	1.00
002316.OF	创金合信中证500C	2015-12-31	契约型开放式	开放申购|开放赎回	0.10	0.80
510520.OF	诺安中证500ETF	2014-02-07	契约型开放式	开放申购|开放赎回	0.10	0.50
001351.OF	诺安中证500ETF联接	2015-06-09	契约型开放式	开放申购|开放赎回	0.10	0.50
660011.OF	农银汇理中证500	2011-11-29	契约型开放式	开放申购|开放赎回	0.15	0.75
004945.OF	长信中证500	2017-08-30	契约型开放式	开放申购|开放赎回	0.15	0.80
501037.OF	汇添富中证500C	2017-08-10	契约型开放式	开放申购|开放赎回	0.10	0.50
002510.OF	申万菱信中证500	2016-04-21	契约型开放式	开放申购|开放赎回	0.20	1.00
004193.OF	招商中证500C	2017-05-17	契约型开放式	开放申购|开放赎回	0.15	1.20

（续表）

证券代码	证券简称	基金成立日	基金类型	申购赎回状态	托管费率（%）	管理费率（%）
005919.OF	天弘中证500C	2018-04-24	契约型开放式	开放申购|开放赎回	0.10	0.50
004192.OF	招商中证500A	2017-05-17	契约型开放式	开放申购|开放赎回	0.15	1.20
005607.OF	华宝中证500A	2018-04-19	契约型开放式	开放申购|开放赎回	0.12	1.00
003016.OF	中金中证500A	2016-07-22	契约型开放式	开放申购|开放赎回	0.15	0.50
005795.OF	博时中证500C	2018-03-31	契约型开放式	开放申购|开放赎回	0.20	1.00
510580.OF	易方达中证500ETF	2015-08-27	契约型开放式	开放申购|开放赎回	0.10	0.50
005608.OF	华宝中证500C	2018-04-19	契约型开放式	开放申购|开放赎回	0.12	1.00
003578.OF	中金中证500C	2016-11-25	契约型开放式	开放申购|开放赎回	0.15	0.50
006087.OF	华泰柏瑞中证500ETF联接C	2018-06-13	契约型开放式	开放申购|开放赎回	0.10	0.50
006048.OF	长城中证500	2018-08-13	契约型开放式	开放申购|开放赎回	0.15	1.00

证券代码	证券简称	申购金额下限（元）	基金规模（万元）	基金份额（万份）	单位净值（元）	成立以来回报（%）
510500.OF	南方中证500ETF	400,000.00	2,421,324.69	544,453.29	5.14	44.21

（续表）

证券代码	证券简称	申购金额下限（元）	基金规模（万元）	基金份额（万份）	单位净值（元）	成立以来回报（%）
160119.OF	南方中证500ETF联接A	1.00	496,509.57	380,470.65	1.22	33.14
000478.OF	建信中证500A	1.00	292,725.70	144,044.60	1.86	86.05
510510.OF	广发中证500ETF	2,000,000.00	221,451.66	225,869.83	1.36	36.30
510590.OF	平安大华中证500ETF	400,000.00	183,659.07	35,798.61	4.92	-17.83
161017.OF	富国中证500	1.00	163,076.29	81,946.25	1.86	86.30
512500.OF	华夏中证500ETF	3,000,000.00	119,784.28	62,200.88	2.39	-47.61
159922.OF	嘉实中证500ETF	450,000.00	113,126.37	26,593.19	5.03	40.96
162711.OF	广发中证500ETF联接A	10.00	106,206.79	94,013.10	1.05	5.48
001052.OF	华夏中证500ETF联接	10.00	93,176.05	164,448.40	0.53	-47.00
000008.OF	嘉实中证500ETF联接	1.00	88,105.26	60,524.66	1.36	36.26
002903.OF	广发中证500ETF联接C	10.00	87,334.99	96,501.80	0.84	-15.51
000962.OF	天弘中证500A	2.00	65,719.65	75,653.41	0.81	-18.79

(续表)

证券代码	证券简称	申购金额下限（元）	基金规模（万元）	基金份额（万份）	单位净值（元）	成立以来回报（%）
005994.OF	国投瑞银中证500量化增强	10.00	61,257.42	61,297.77	1.00	-0.07
004348.OF	南方中证500ETF联接C	1.00	58,503.55	44,853.23	1.22	-22.22
005633.OF	建信中证500C	1.00	42,471.73	20,929.48	1.86	-21.74
512510.OF	华泰柏瑞中证500ETF	600,000.00	30,116.58	30,442.98	1.02	-48.14
001455.OF	景顺长城中证500ETF联接	1.00	28,159.46	39,930.56	0.66	-33.80
159935.OF	景顺长城中证500ETF	1.00	27,020.03	19,457.30	1.33	32.65
150028.OF	信诚中证500A		25,824.71	2,063.47	1.03	52.47
150029.OF	信诚中证500B		25,824.71	3,095.20	0.99	-50.73
165511.OF	信诚中证500分级	10.00	25,824.71	18,787.52	1.01	24.69
160616.OF	鹏华中证500	10.00	25,648.13	22,582.82	1.06	5.90
150053.OF	泰达500A		24,615.06	280.40	1.03	47.03
150054.OF	泰达500B		24,615.06	420.61	0.71	90.78
162216.OF	泰达宏利中证500	1.00	24,615.06	26,963.50	0.84	93.24

(续表)

证券代码	证券简称	申购金额下限（元）	基金规模（万元）	基金份额（万份）	单位净值（元）	成立以来回报（%）
002311.OF	创金合信中证500A	10.00	24,114.91	26,425.38	0.86	-13.85
003986.OF	申万菱信中证500优选	1,000.00	20,810.39	19,159.70	1.02	5.91
001241.OF	国寿安保中证500ETF联接	10.00	20,469.58	40,693.55	0.47	-52.99
510560.OF	国寿安保中证500ETF	2,000,000.00	19,880.28	17,631.87	1.04	-51.95
001214.OF	华泰柏瑞中证500ETF联接A	10.00	16,621.65	30,249.82	0.51	-48.55
002906.OF	南方中证500增强A	1.00	16,020.32	17,767.13	0.86	-14.30
002907.OF	南方中证500增强C	1.00	14,723.40	16,337.95	0.86	-14.40
150055.OF	工银瑞信中证500A		13,202.14	211.24	1.03	46.08
150056.OF	工银瑞信中证500B		13,202.14	316.87	1.01	1.27
164809.OF	工银瑞信中证500	1.00	13,202.14	11,447.63	1.02	15.23
501036.OF	汇添富中证500A	10.00	10,779.42	13,247.29	0.76	-23.87

(续表)

证券代码	证券简称	申购金额下限（元）	基金规模（万元）	基金份额（万份）	单位净值（元）	成立以来回报（%）
005062.OF	博时中证500A	10.00	10,746.69	12,171.32	0.84	-15.93
002316.OF	创金合信中证500C	10.00	10,197.01	11,109.22	0.87	-13.41
510520.OF	诺安中证500ETF	2,000,000.00	10,154.93	7,709.10	1.26	25.88
001351.OF	诺安中证500ETF联接	10.00	10,019.57	13,877.18	0.68	-32.33
660011.OF	农银汇理中证500	1,000.00	8,098.22	6,108.00	1.24	23.53
004945.OF	长信中证500	1.00	7,018.90	7,838.21	0.83	-17.30
501037.OF	汇添富中证500C	10.00	6,764.69	8,325.13	0.76	-24.01
002510.OF	申万菱信中证500	1,000.00	5,644.10	6,021.31	0.88	-11.90
004193.OF	招商中证500C	10.00	3,282.38	3,507.48	0.87	-12.92
005919.OF	天弘中证500C	2.00	3,065.97	3,445.21	0.83	-16.84
004192.OF	招商中证500A	10.00	2,897.00	3,108.01	0.87	-13.21
005607.OF	华宝中证500A	1.00	2,358.99	2,566.29	0.87	-13.30
003016.OF	中金中证500A	10.00	1,900.19	1,956.04	0.91	-9.22
005795.OF	博时中证500C	10.00	1,072.05	1,215.04	0.84	-13.29
510580.OF	易方达中证500ETF	600,000.00	900.07	109.65	4.80	-26.03

（续表）

证券代码	证券简称	申购金额下限（元）	基金规模（万元）	基金份额（万份）	单位净值（元）	成立以来回报（%）
005608.OF	华宝中证500C	1.00	824.01	897.17	0.87	-13.43
003578.OF	中金中证500C	10.00	350.60	357.46	0.92	-14.94
006087.OF	华泰柏瑞中证500ETF联接C	10.00	12.79	23.28	0.51	-11.92
006048.OF	长城中证500	10.00			0.95	-5.21

（1）跟踪中证500指数的56只基金产品中，仅有6只基金为封闭式基金，其余50只产品均为开放式基金，可随时进行申购和赎回。

（2）与跟踪上证50指数的基金产品相比，跟踪中证500指数的56只基金产品的规模相对较小，规模超10亿元的基金产品数量仅为9只，其中仅有1只基金规模超100亿元，为2013年2月6日成立的南方中证500ETF，截至2018年9月4日基金规模为242.13亿元，成立至今累计回报44.21%。

（3）跟踪中证500指数的56只基金产品的托管费率和管理费率存在差距，托管费率最低为0.1%、最高为0.22%，管理费率最低为0.3%、最高为1.50%。

（4）跟踪中证500指数的56只基金产品中有9只基金产

品的申购金额下限较高,为40万元、45万元、60万元、200万元或300万元。其余基金产品申购金额下限较低,为1元、10元或1000元,更适合广大投资者进行定投。

5. 创业板相关指数基金

与创业板相关的指数有两个,一个是创业板综指,另一个是创业板指数。这两个指数的名字非常相似,有很多投资者都将其混淆了。创业板综指是为了衡量创业板所有上市公司的股价平均表现而设立的,代码是399102。它包括创业板全部的企业。而创业板指数是为了衡量创业板最主要的100家企业的平均表现而设立的,代码是399006。

创业板指数限制了成份股的数量,只从创业板上市公司中,挑选出规模最大、流动性最好的100只股票。

最近几年,还出现了创业板50指数,是从创业板指数的100家企业中,再挑选出流动性最好的50家,相当于创业板的"上证50"。创业板50指数的代码是399673。

这三个指数中,被开发成指数基金产品的,主要是创业板指数和创业板50指数。因为创业板的上市公司,大多规模就较小,特别是规模排在后面的创业板公司,因为规模小、成交量低,指数基金投资这类企业很可能买不到需要的股份数量,在流动性上可能会存在问题。所以目前国内的创业板指数基金,大多是以创业板指数和创业板50指数为基准设立的,剩下的并不纳入。

创业板指数是从 2010 年 5 月 31 日 1,000 点开始的。因为国内创业板历史比较短，它对应的指数历史自然也不长。从 2010 年到 2014 年，创业板处于下跌或比较平缓状态，只有 2015 年上半年出现过一波牛市。不过从 2016 年以来进入一轮下跌周期。

创业板指数整体公司规模较小，属于以中小型公司为主的指数。这些公司大多盈利没有进入稳定期，所以创业板的整体盈利比较低；公司开展新业务也更容易导致盈利大起大落。小公司+盈利没有进入稳定期，创业板指数相比其他指数，更容易暴涨暴跌，投资时要有心理准备。

跟踪创业板指数的基金产品情况

截至 2018 年 8 月 31 日，跟踪创业板指数的主要基金产品共有 30 只，统计如下：

表 7.7：跟踪创业板指数的基金（数据来源：Wind）

证券代码	证券简称	基金成立日	基金类型	申购赎回状态	托管费率（%）	管理费率（%）
159915.OF	易方达创业板 ETF	2011-09-20	契约型开放式	开放申购开放赎回	0.10	0.50
150152.OF	富国创业板 A	2013-09-12	契约型封闭式		0.22	1.00
150153.OF	富国创业板 B	2013-09-12	契约型封闭式		0.22	1.00
161022.OF	富国创业板指数分级	2013-09-12	契约型开放式	开放申购开放赎回	0.22	1.00
110026.OF	易方达创业板 ETF 联接 A	2011-09-20	契约型开放式	开放申购开放赎回	0.10	0.50

（续表）

证券代码	证券简称	基金成立日	基金类型	申购赎回状态	托管费率(%)	管理费率(%)
001593.OF	天弘创业板C	2015-07-08	契约型开放式	开放申购开放赎回	0.10	0.50
161613.OF	融通创业板AB	2012-04-06	契约型开放式	开放申购开放赎回	0.20	1.00
159952.OF	广发创业板ETF	2017-04-25	契约型开放式	开放申购开放赎回	0.10	0.50
159948.OF	南方创业板ETF	2016-05-13	契约型开放式	开放申购开放赎回	0.10	0.50
001592.OF	天弘创业板A	2015-07-08	契约型开放式	开放申购开放赎回	0.10	0.50
002656.OF	南方创业板ETF联接A	2016-05-20	契约型开放式	开放申购开放赎回	0.10	0.50
150243.OF	鹏华创业板A	2015-06-09	契约型封闭式		0.22	1.00
150244.OF	鹏华创业板B	2015-06-09	契约型封闭式		0.22	1.00
160637.OF	鹏华创业板	2015-06-09	契约型开放式	开放申购开放赎回	0.22	1.00
159958.OF	工银瑞信创业板ETF	2017-12-25	契约型开放式	开放申购开放赎回	0.10	0.50
004744.OF	易方达创业板ETF联接C	2017-06-02	契约型开放式	开放申购开放赎回	0.10	0.50
005391.OF	工银瑞信创业板ETF联接C	2018-03-21	契约型开放式	开放申购开放赎回	0.10	0.50
003766.OF	广发创业板ETF联接C	2017-05-25	契约型开放式	开放申购开放赎回	0.10	0.50
003765.OF	广发创业板ETF联接A	2017-05-25	契约型开放式	开放申购开放赎回	0.10	0.50

（续表）

证券代码	证券简称	基金成立日	基金类型	申购赎回状态	托管费率（%）	管理费率（%）
160223.OF	国泰创业板	2016-11-11	契约型开放式	开放申购开放赎回	0.15	0.50
004343.OF	南方创业板ETF联接C	2017-02-23	契约型开放式	开放申购开放赎回	0.10	0.50
159957.OF	华夏创业板ETF	2017-12-08	契约型开放式	开放申购开放赎回	0.10	0.50
159956.OF	建信创业板ETF	2018-02-06	契约型开放式	开放申购开放赎回	0.10	0.50
159955.OF	嘉实创业板ETF	2017-07-14	契约型开放式	开放申购开放赎回	0.10	0.50
005390.OF	工银瑞信创业板ETF联接A	2018-03-21	契约型开放式	开放申购开放赎回	0.10	0.50
005873.OF	建信创业板ETF联接A	2018-06-13	契约型开放式	开放申购开放赎回	0.10	0.50
005874.OF	建信创业板ETF联接C	2018-06-13	契约型开放式	开放申购开放赎回	0.10	0.50
006248.OF	华夏创业板ETF联接A	2018-08-14	契约型开放式	开放申购开放赎回	0.10	0.50
006249.OF	华夏创业板ETF联接C	2018-08-14	契约型开放式	开放申购开放赎回	0.10	0.50
004870.OF	融通创业板C	2017-07-05	契约型开放式	开放申购开放赎回	0.20	1.00

证券代码	证券简称	申购金额下限（元）	基金规模（万元）	基金份额（万份）	单位净值（元）	成立以来回报（%）
159915.OF	易方达创业板ETF	2,000,000.00	1,299,607.38	1,119,345.49	1.38	57.79

（续表）

证券代码	证券简称	申购金额下限（元）	基金规模（万元）	基金份额（万份）	单位净值（元）	成立以来回报（%）
150152.OF	富国创业板A		729,919.33	147,874.81	1.00	31.45
150153.OF	富国创业板B		729,919.33	147,874.81	0.94	-88.61
161022.OF	富国创业板指数分级	1.00	729,919.33	493,703.03	0.97	-4.92
110026.OF	易方达创业板ETF联接A	1.00	234,108.60	141,002.28	1.51	51.00
001593.OF	天弘创业板C	1.00	87,434.71	138,634.82	0.57	-42.80
161613.OF	融通创业板AB	1.00	78,423.39	101,941.68	0.70	67.36
159952.OF	广发创业板ETF	1,000,000.00	69,963.70	118,708.49	0.83	-17.08
159948.OF	南方创业板ETF	500,000.00	57,062.12	41,569.77	1.51	-25.94
001592.OF	天弘创业板A	2.00	53,534.07	84,049.66	0.58	-42.21
002656.OF	南方创业板ETF联接A	1.00	45,290.42	58,156.20	0.71	-29.34
150243.OF	鹏华创业板A		43,087.16	6,349.42	1.00	15.84
150244.OF	鹏华创业板B		43,087.16	6,349.42	0.99	-93.98
160637.OF	鹏华创业板	10.00	43,087.16	37,737.23	1.00	-57.54

（续表）

证券代码	证券简称	申购金额下限（元）	基金规模（万元）	基金份额（万份）	单位净值（元）	成立以来回报（%）
159958.OF	工银瑞信创业板ETF	700,000.00	22,111.29	33,021.14	0.83	-16.61
004744.OF	易方达创业板ETF联接C	1.00	18,512.79	11,160.17	1.51	-17.31
005391.OF	工银瑞信创业板ETF联接C	1.00	17,958.35	20,377.20	0.80	-19.92
003766.OF	广发创业板ETF联接C	1.00	15,311.67	16,822.10	0.83	-17.15
003765.OF	广发创业板ETF联接A	10.00	12,784.05	14,061.79	0.83	-17.31
160223.OF	国泰创业板	1.00	10,206.94	13,435.76	0.69	-30.95
004343.OF	南方创业板ETF联接C	1.00	8,644.73	10,933.01	0.72	-21.34
159957.OF	华夏创业板ETF	3,000,000.00	6,975.54	9,378.46	0.84	-15.62
159956.OF	建信创业板ETF	1,000,000.00	6,620.37	7,197.87	0.82	-18.39
159955.OF	嘉实创业板ETF	700,000.00	3,694.63	5,083.48	0.78	-21.59
005390.OF	工银瑞信创业板ETF联接A	1.00	3,613.24	4,081.57	0.81	-19.50

(续表)

证券代码	证券简称	申购金额下限（元）	基金规模（万元）	基金份额（万份）	单位净值（元）	成立以来回报（%）
005873.OF	建信创业板ETF联接A	10.00	2,910.47	2,900.08	0.91	-9.03
005874.OF	建信创业板ETF联接C	10.00	2,414.45	2,406.59	0.91	-9.12
006248.OF	华夏创业板ETF联接A	10.00	1,082.39	1,108.73	0.98	-1.89
006249.OF	华夏创业板ETF联接C	10.00	52.57	53.85	0.98	-1.90
004870.OF	融通创业板C	1.00	18.49	24.09	0.70	-22.26

（1）跟踪创业板指数的30只基金产品中，仅有4只基金为封闭式基金，其余26只产品均为开放式基金，可随时进行申购和赎回。

（2）与跟踪上证50指数的基金产品相比，跟踪创业板指数的30只基金产品的规模相对较小，规模超10亿元的基金产品数量仅为5只，其中仅有1只基金规模超100亿元，为2011年9月20日成立的易方达创业板ETF，截至2018年9月4日基金规模为129.96亿元，成立至今累计回报57.79%。

（3）跟踪创业板指数的30只基金产品的托管费率和管理费率存在差距，托管费率最低为0.1%、最高为0.22%，管理费率最低为 0.5%、最高为 1.00%。

（4）跟踪创业板指数的 30 只基金产品中有 7 只基金产品的申购金额下限较高，为 50 万元、70 万元、100 万元、200 万元或 300 万元。其余基金产品申购金额下限较低，为 1 元、2 元或 10 元，更适合广大投资者进行定投。

6. 央视财经 50 指数基金

央视财经 50 指数是由中央电视台财经频道联合五大高校，包括北京大学、复旦大学、中国人民大学、南开大学以及中央财经大学，以"成长、创新、回报、公司治理、社会责任"5 个维度为考察基础，结合专家评审委员会与 50 家市场投研机构的投票，并由中国注册会计师协会、大公国际资信评估有限公司从财务与资信评级两个角度进行评定，在 A 股市场上遴选出 50 家优质上市公司组成其样本股，再经深圳证券信息有限公司对 5 个维度进行权重优化，编制成央视财经 50 指数，共 50 只样本股，每个维度各 10 只。

这种由专家评审委员会选股的指数在美国也有一个非常出名的例子：标普 500 指数。央视 50 指数和前面介绍过的指数都不太一样：一般的指数，它们的选股规则是透明的，但是央视 50 指数是依靠专家们的选股能力来选股的，其规则并不透明，是一种很特殊的指数。央视 50 的指数代码是 399550。它是从 2010 年 6 月 30 日 2,563 点开始的。

跟踪央视财经 50 指数的基金产品情况

截至 2018 年 8 月 31 日,跟踪央视财经 50 指数的基金产品共有 5 只,统计如下:

表 7.8:跟踪央视财经 50 指数的基金(数据来源:Wind)

证券代码	证券简称	基金成立日	基金类型	申购金额下限(元)	托管费率(%)	管理费率(%)
150123.OF	建信央视财经 50A	2013-03-28	契约型封闭式		0.22	1.00
150124.OF	建信央视财经 50B	2013-03-28	契约型封闭式		0.22	1.00
165312.OF	建信央视财经 50	2013-03-28	契约型开放式	100.00	0.22	1.00
217027.OF	招商央视财经 50A	2013-02-05	契约型开放式	10.00	0.15	0.75
004410.OF	招商央视财经 50C	2017-02-23	契约型开放式	10.00	0.15	0.75

证券代码	证券简称	基金规模(万元)	基金份额(万份)	单位净值(元)	成立以来回报(%)
150123.OF	建信央视财经 50A	137,946.55	5,639.00	1.04	42.53
150124.OF	建信央视财经 50B	137,946.55	5,639.00	0.61	80.09
165312.OF	建信央视财经 50	137,946.55	142,489.85	0.82	85.66
217027.OF	招商央视财经 50A	36,030.81	18,553.20	1.80	80.31
004410.OF	招商央视财经 50C	303.11	156.69	1.79	-0.68

(1)跟踪央视财经 50 指数的基金产品相对较少,仅有 5 只,分别为:2013 年 3 月 28 日成立的建信央视财经 50、建信央视财经 50A 和建信央视财经 50B;2013 年 2 月 5 日成立的招商央视财经 50A 和 2017 年 2 月 23 日成立的招商央视财经

50C。

（2）跟踪央视财经50指数的基金产品规模均不大，其中建信央视财经50、50A、50B规模为13.79亿元；招商央视财经50A规模为3.60亿元、招商央视财经50C规模仅为303.11万元。

（3）跟踪央视财经50指数的5只基金的托管费率和管理费率存在差距，托管费率最低为0.15%、最高为0.22%，管理费率最低为0.75%、最高为1.0%。

（4）跟踪央视财经50指数的5只基金产品中，有2只基金产品为封闭式契约型基金。其余基金产品申购金额下限较低，为10元或100元。

7. 恒生指数基金

国内除了上海和深圳两个证券交易所之外，还有一个非常特殊、但又非常重要的证券交易所——香港证券交易所，简称港交所。香港在回归之前，就有几十年的证券交易历史了，比A股的历史还要长一些。香港股票市场也是一个比较成熟的股票市场。从2017年全球股票市场综合排名上看，港交所是全球前10的市场。

港股市场也是与内地关系最密切的市场之一，像我们熟悉的腾讯、中国移动等都在香港有上市交易。而投资于中国香港、美国等市场的基金品种，我们把它们称为QDII基金。QDII的意思是合格境内机构投资者，可将其理解为一种"代购"。这些境外市场用的都是非人民币交易，所以可以在一定程度上抵御人民币汇率风险。

以美元资产为例，美元现金、美元债券、美元股票等，这些都属于美元计价资产。如果人民币相对美元贬值，将人民币换为美元资产可以减少这种风险。但反过来，如果人民币相对美元升值，持有美元资产也会受到损失。这是一把双刃剑。香港用的港币，在汇率上也是追踪美元的，所以港币资产也能在一定程度上抵御汇率风险。

恒生指数是从1964年100点开始的，它历史悠久、收益稳定，是一个老牌的优秀指数。恒生指数投资的是所有在中国香港上市的公司中规模最大的50家企业，这一点与上证50指数很相似。像我们熟悉的中国移动、腾讯等，都在中国香港上市，它们自身的规模很大，所以也会被选入恒生指数里。恒生指数的代码是HSI。

跟踪恒生指数的基金产品情况

截至2018年8月31日，跟踪恒生指数的主要基金产品共有16只，统计如下：

表7.9：跟踪恒生指数的基金（数据来源：Wind）

证券代码	证券简称	基金成立日	基金类型	申购金额下限（元）	托管费率（%）	管理费率（%）
159920.OF	华夏恒生ETF	2012-08-09	契约型开放式	2,000,000.00	0.15	0.60
513660.OF	华夏沪港通恒生ETF	2014-12-23	契约型开放式	1,000,000.00	0.10	0.50

(续表)

证券代码	证券简称	基金成立日	基金类型	申购金额下限（元）	托管费率（%）	管理费率（%）
000948.OF	华夏沪港通恒生ETF联接A	2015-01-13	契约型开放式	1.00	0.10	0.50
000071.OF	华夏恒生ETF联接（人民币）	2012-08-21	契约型开放式	10.00	0.15	0.60
150169.OF	汇添富恒生指数A	2014-03-06	契约型封闭式		0.25	1.20
150170.OF	汇添富恒生指数B	2014-03-06	契约型封闭式		0.25	1.20
164705.OF	汇添富恒生指数	2014-03-06	契约型开放式	10.00	0.25	1.20
000075.OF	华夏恒生ETF联接（美元现汇）	2012-08-21	契约型开放式	200.00	0.15	0.60
000076.OF	华夏恒生ETF联接（美元现钞）	2012-08-21	契约型开放式	200.00	0.15	0.60
513600.OF	南方恒生ETF	2014-12-23	契约型开放式	1,000,000.00	0.10	0.50
501302.OF	南方恒生ETF联接A	2017-07-21	契约型开放式	1.00	0.10	0.50
160924.OF	大成恒生指数	2017-08-10	契约型开放式	1.00	0.20	1.00
004403.OF	平安大华股息精选A	2017-05-17	契约型开放式	100.00	0.25	1.50

（续表）

证券代码	证券简称	基金成立日	基金类型	申购金额下限（元）	托管费率（%）	管理费率（%）
004404.OF	平安大华股息精选C	2017-05-17	契约型开放式	100.00	0.25	1.50
005734.OF	华夏沪港通恒生ETF联接C	2018-03-08	契约型开放式	1.00	0.10	0.50
005659.OF	南方恒生ETF联接C	2018-03-09	契约型开放式	1.00	0.10	0.50

证券代码	证券简称	基金规模（万元）	基金份额（万份）	单位净值（元）	成立以来回报（%）
159920.OF	华夏恒生ETF	385,312.83	265,355.92	1.47	54.42
513660.OF	华夏沪港通恒生ETF	135,353.86	40,300.01	2.53	31.41
000948.OF	华夏沪港通恒生ETF联接A	132,281.51	106,218.77	1.24	24.01
000071.OF	华夏恒生ETF联接（人民币）	85,265.27	56,819.15	1.49	48.63
150169.OF	汇添富恒生指数A	48,458.72	9,524.03	1.03	24.83
150170.OF	汇添富恒生指数B	48,458.72	9,524.03	1.35	35.20
164705.OF	汇添富恒生指数	48,458.72	20,308.37	1.19	30.96
000075.OF	华夏恒生ETF联接（美元现汇）	12,886.57	56,819.15	0.22	38.01
000076.OF	华夏恒生ETF联接（美元现钞）	12,886.57	56,819.15	0.22	38.01
513600.OF	南方恒生ETF	6,875.37	2,582.95	2.55	32.16

（续表）

证券代码	证券简称	基金规模（万元）	基金份额（万份）	单位净值（元）	成立以来回报（%）
501302.OF	南方恒生ETF联接A	4,700.92	4,421.81	1.06	5.62
160924.OF	大成恒生指数	2,919.68	2,865.86	1.01	1.10
004403.OF	平安大华股息精选A	1,463.94	1,365.62	1.04	3.80
004404.OF	平安大华股息精选C	197.52	186.95	1.02	2.15
005734.OF	华夏沪港通恒生ETF联接C	141.95	114.04	1.24	-2.76
005659.OF	南方恒生ETF联接C	16.84	15.86	1.05	-4.66

（1）跟踪恒生指数的16只基金产品中仅有2只基金为封闭式基金，其余14只均为开放式基金，可随时进行申购和赎回。

（2）与跟踪上证50指数的基金相比，跟踪恒生指数的16只基金产品的规模相对较小，规模超10亿元的基金产品数量仅为3只，分别为：2012年8月9日成立的华夏恒生ETF，截至2018年9月4日基金规模为38.53亿元，成立至今累计回报54.42%；2014年12月23日成立的华夏沪港通恒生ETF，截至2018年9月4日基金规模为13.54亿元，成立至今累计回报31.41%；2015年1月13日成立的华夏沪港通恒生ETF联接A，截至2018年9月4日基金规模为13.23亿元，成立至今累计回报24.01%。

（3）跟踪恒生指数的16只基金产品的托管费率和管理费

率存在差距，托管费率最低为0.1%、最高为0.25%，管理费率最低为0.5%、最高为1.5%。

（4）跟踪恒生指数的16只基金产品中有3只基金产品申购金额下限较高，为100万元或200万元。其余基金产品申购金额下限较低，为1元、10元或100元，更适合广大投资者进行定投。

8. H股指数基金

如果一家公司在内地注册，但是在香港地区上市，这样的公司就是H股了。内地公司到香港上市的有很多，从1993年青岛啤酒到香港上市至今，已经有160多家企业到香港上市。为了衡量这些公司股票的表现，恒生指数公司编制了恒生中国企业指数，也就是通常人们说的国企指数，简称为H股指数。最初在香港上市的H股不多，所以早期的H股指数只有10只成份股。不过从2000年开始，H股指数进行了一次改版，改为挑选40只成份股，一直沿用至今。不过40只成份股好像也不太够用了，所以2017年上半年的时候，恒生指数公司发起了调研，调查H股指数是否有进一步扩容的需要。

投资者对H股指数经常有两个误会。

误会一，国企指数就是投资国企的。此国企非彼国企。虽然H股指数中确实有不少国企H股，但它本身并不限制非得投资国企。这里所说的国企指数，仅仅是中国企业指数的简称。

误会二，H 股指数就是恒生指数。H 股指数的全称是恒生中国企业指数，虽然看起来跟恒生指数很类似，但两者是不同的：恒生指数挑选的是香港股市规模最大的 50 家公司，而 H 股指数挑选的是规模最大的 40 家 H 股。

跟踪 H 股指数的基金产品情况

截至 2018 年 8 月 31 日，跟踪 H 股指数的主要基金产品共有 12 只，统计如下：

表 7.10：跟踪 H 股指数的基金（数据来源：Wind）

证券代码	证券简称	基金成立日	基金类型	申购金额下限（元）	托管费率（%）	管理费率（%）
510900.OF	易方达恒生 H 股 ETF	2012-08-09	契约型开放式	1,000,000.00	0.20	0.60
161831.OF	银华恒生 H 股	2014-04-09	契约型开放式	10.00	0.28	1.00
150176.OF	银华恒生 H 股 B	2014-04-09	契约型封闭式		0.28	1.00
150175.OF	银华恒生 H 股 A	2014-04-09	契约型封闭式		0.28	1.00
110031.OF	易方达恒生 H 股 ETF 联接 A 人民币	2012-08-21	契约型开放式	1.00	0.20	0.60
160717.OF	嘉实 H 股指数（QDII-LOF）	2010-09-30	契约型开放式	1.00	0.25	0.75
110032.OF	易方达恒生 H 股 ETF 联接 A 美元现汇	2012-08-21	契约型开放式	100.00	0.20	0.60

(续表)

证券代码	证券简称	基金成立日	基金类型	申购金额下限（元）	托管费率（%）	管理费率（%）
110033.OF	易方达恒生H股ETF联接A美元现钞	2012-08-21	契约型开放式	100.00	0.20	0.60
159954.OF	南方恒生中国企业ETF	2018-02-08	契约型开放式	1,000,000.00	0.10	0.50
005675.OF	易方达恒生H股ETF联接C人民币	2018-02-09	契约型开放式	1.00	0.20	0.60
005555.OF	南方恒生H股联接C	2018-02-12	契约型开放式	1.00	0.10	0.50
005554.OF	南方恒生H股联接A	2018-02-12	契约型开放式	1.00	0.10	0.50

证券代码	证券简称	跟踪指数代码	基金规模（万元）	基金份额（万份）	单位净值（元）	成立以来回报（%）
510900.OF	易方达恒生H股ETF	HSCEI.HI	953,657.33	703,502.19	1.14	18.81
161831.OF	银华恒生H股	HSCEI.HI	338,106.12	103,589.25	0.96	6.77
150176.OF	银华恒生H股B	HSCEI.HI	338,106.12	106,996.39	0.88	-11.61
150175.OF	银华恒生H股A	HSCEI.HI	338,106.12	106,996.39	1.04	26.73
110031.OF	易方达恒生H股ETF联接A人民币	HSCEI.HI	158,469.37	137,624.32	1.14	14.22
160717.OF	嘉实H股指数（QDII-LOF）	HSCEI.HI	31,340.89	39,464.60	0.79	-21.17

（续表）

证券代码	证券简称	跟踪指数代码	基金规模（万元）	基金份额（万份）	单位净值（元）	成立以来回报（%）
110032.OF	易方达恒生H股ETF联接A美元现汇	HSCEI.HI	23,950.27	137,624.32	0.17	5.96
110033.OF	易方达恒生H股ETF联接A美元现钞	HSCEI.HI	23,950.27	137,624.32	0.17	5.96
159954.OF	南方恒生中国企业ETF	HSCEI.HI	19,242.99	18,810.51	0.94	-5.85
005675.OF	易方达恒生H股ETF联接C人民币	HSCEI.HI	9,446.61	8,253.90	1.13	-2.72
005555.OF	南方恒生H股联接C	HSCEI.HI	4,352.12	4,625.26	0.93	-7.09
005554.OF	南方恒生H股联接A	HSCEI.HI	3,229.77	3,427.31	0.93	-6.87

（1）跟踪H股指数的12只基金产品中仅有2只基金为封闭式基金，其余10只均为开放式基金，可随时进行申购和赎回。

（2）跟踪H股指数的12只基金产品中，规模最大的为2012年8月9日成立的易方达恒生H股ETF，截至2018年9月4日基金规模为95.37亿元，成立至今累计回报18.81%。

（3）跟踪H股指数的12只基金产品的托管费率和管理费率存在差距，托管费率最低为0.1%、最高为0.28%，管理费率最低为0.5%、最高为1.0%。

（4）跟踪 H 股指数的 12 只基金产品中有 2 只基金产品申购金额下限较高为 100 万元。其余基金产品申购金额下限较低，为 1 元或 10 元，更适合广大投资者进行定投。

9. 上证 50AH 优选指数基金

H 股指数和 A 股指数的关系很紧密，因为很多公司，同时在 A 股和港股上市，在港股上市的这部分就是 H 股。例如农业银行，同时有 A 股和 H 股，它们背后实际上是一家公司，关系自然很紧密。

但是 H 股是在港交所上市，投资者也主要以境外投资者为主，这就导致了 H 股和 A 股的涨跌并不同步。有的时候是 H 股涨得多一些，有的时候是 A 股涨得多一些。但是长期看，因为背后是同一家公司，所以同一家公司的 A 股和 H 股，长期收益是趋于一致的。如果某个时间段，H 股相对于 A 股涨得过高，那未来必然会有一个时间段，A 股相对于 H 股涨得高一些，这样才能保证长期趋于一致。

这也就意味着，如果 A 股和 H 股差价过大，那么相对便宜的那个未来的收益会更好。这就是 AH 股轮动策略：买入 AH 股中相对便宜的那个，卖出相对贵的那个。

上证 50AH 优选指数（简称 50AH 优选指数），就是利用这一原理来获得超额收益的。

50AH 优选指数，27 只纯 A 股 +23 只同时具备 A、H 股的公司中相对更便宜的那一类。成份股入选 50AH 优选指数时，如果成份股同时具备 A 股和 H 股，选相对便宜的那个。

用文字描述为，经过汇率调整后，如果 A 股价格/H 股价格 >1.05，说明 A 股贵，则选相对便宜的 H 股；反之，如果 A 股价格/H 股价格 <1.05，则说明 A 股便宜，选 A 股。换句话说，50AH 优选指数认为，正常情况下，A 股应该比 H 股贵 5%。

50AH 优选指数每个月第二个周五，进行一次轮动。轮动的规则如下：

（1）A 股价格/H 股价格 >1.05，说明 A 股贵，如果持有 A 股，则换成 H 股。

（2）A 股价格/H 股价格 <1，说明 A 股便宜，如果持有 H 股，则换成 A 股。

（3）如果 A 股价格/H 股价格介于 1～1.05，则不轮动。

注意一下，轮动时用的标准跟成份股入选指数时用的标准不一样，具体如下：

（1）入选时，是 A 股价格/H 股价格，大于 1.05 选 H 股，小于 1.05 选 A 股。

（2）轮动时，是 A 股价格/H 股价格，大于 1.05 选 H 股，小于 1 选 A 股。

跟踪上证 50AH 优选指数的基金产品情况

截至 2018 年 8 月 31 日，跟踪上证 50AH 优选指数的基金产品仅有 1 只，统计如下：

表 7.11：跟踪上证 50AH 优选指数的基金（数据来源：Wind）

证券代码	证券简称	基金成立日	基金类型	申购金额下限（元）	托管费率（%）	管理费率（%）
501050.OF	华夏沪港通上证50AH	2016-10-27	契约型开放式	10.00	0.10	0.50

证券代码	证券简称	基金规模（万元）	基金份额（万份）	单位净值（元）	成立以来回报（%）
501050.OF	华夏沪港通上证50AH	74,136.72	66,983.53	1.11	11.30

跟踪上证 50AH 优选指数的基金产品仅有 1 只，为 2016 年 10 月 27 日成立的华夏沪港通上证 50AH，截至 2018 年 9 月 4 日基金规模为 7.41 亿元，成立以来回报 11.30%。华夏沪港通上证 50AH 的托管费率为 0.1%，管理费率为 0.5%。

10. 策略加权指数基金

上证 50、沪深 300、中证 500、创业板，它们虽然各有特点，挑选股票的范围也不同，但是有一个共同点，就是它们都是按照市值来加权的，即股票规模越大，权重越高。这也是指数基金的主流加权方式。但实际上，除了市值加权，市场上还有另一类指数基金，它们是按照一定的策略来加权的，也被称为策略加权指数。

市值加权比较好理解，就是股票规模越大，权重越高。例如一个指数包含 50 只股票，总市值 3 万亿，其中有一只市值 1000 亿，另一只 800 亿。那 1000 亿市值的股票，在这个指数中的占比就是 3.33%；而 800 亿的股票，在这个指数中的占比就是 2.67%。这个 3.33%、2.67% 就是权重，这就是市值加权。

而策略加权，则是按照别的方式来决定个股权重。例如红利指数，就是按照股息率来决定权重的，股票的股息率越高，这个股票的权重就越大。所以有的股票市值规模虽然小，但股息率高，可能在红利指数中占比反而更高一些。

（1）红利指数基金

红利指数基金就是最近十几年兴起的一类比较特殊的策略加权基金。我们都知道，股票是会发放股息的，也就是现金分红：业绩比较好的公司，每年会从净利润中拿出一部分，以现金分红的形式回馈股东。像农业银行，它的大股东有中华人民共和国财政部，财政部轻易不会卖掉农业银行的股票。但财政部也需要资金，所以每年农业银行会拿出净利润的一部分，以现金的形式分红给股东。

这就是股票的现金分红，也叫股息。有研究表明，能实现高现金分红的股票，长期持有的平均收益率高于现金分红低的股票。这也很好理解，因为能够长期发放高现金分红，至少就能够说明企业的盈利和财务状况良好。

所以我们可以通过持有几十只现金分红最高的股票，来获取更高的收益。这就是红利指数的来源。

有人会说，股票分红，股价也会除权下跌，实际上分红没有意义。这种看法是错误的。

股票的分红是公司盈利的一部分。公司一年里的盈利，并不是在某一天突然产生的，而是在一年的时间里逐渐积累起来的。分红作为公司盈利的一部分，也是在这一年里慢慢积累起来的。分红的那一天股价下跌，只是将这部分盈利分到股东手里的一个具体体现。实际上每年都会产生新的盈利、新的分红，源源不断。

前面我们介绍过指数具备长期上涨的能力，最主要的原因是指数背后的公司，生产力和生产效率会不断提升。长期看，这些公司的盈利是不断上涨的。股息分红作为盈利的一部分，也是长期上涨的。

时间越长，分红在我们投资股票的收益中所占的比例就越大。美国著名金融学家西格尔教授，曾经在他的著作《股市长线法宝》中对此做过研究。西格尔对标普500从1871年到2012年的数据进行回测，发现股息分红是整个时期内股东收益的最重要来源。从1871年开始，股票实际收益率为6.48%，股息分红收益4.4%，资本利得收益率为1.99%。所以分红绝不是多此一举，而是我们投资股票类资产非常重要的收益来源。红利策略的有效性久经考验，所以各家指数发布商都发布了基于红利策略的指数。上证有上证红利指数，深证有深证红利指数，中证有中证红利指数，标普指数公司也为A股开发了红利机会指数。

上证红利指数

上证红利指数是最老牌的一个红利指数,也是非常出名的一个红利指数。这个指数挑选了上交所过去两年平均现金股息率最高的 50 只股票,指数代码为 000015。A 股的第一个红利指数基金就是围绕上证红利指数开发的。上证红利指数与前面提到过的上证 50 指数比较相似,也是投资了 50 只股票。因为上交所高股息率的股票,大多是大盘股,所以上证红利指数也是以大盘股为主。上证红利指数是从 2004 年 12 月 31 日 1000 点开始的。

跟踪上证红利指数的基金产品主要为 2006 年 11 月 17 日成立的华泰柏瑞红利 ETF,截至 2018 年 9 月 4 日基金规模 17.26 亿元,成立以来回报率为 122.09%。华泰柏瑞红利 ETF 托管费率为 0.1%,管理费率为 0.5%。

表 7.12:跟踪上证红利指数的基金(数据来源:Wind)

证券代码	证券简称	基金成立日	基金类型	申购金额下限(元)	托管费率(%)	管理费率(%)
510880.OF	华泰柏瑞红利ETF	2006-11-17	契约型开放式	500,000.00	0.10	0.50

证券代码	证券简称	基金规模(万元)	基金份额(万份)	单位净值元	成立以来回报(%)
510880.OF	华泰柏瑞红利ETF	172,611.16	71,017.57	2.67	122.09

中证红利指数

中证红利指数由中证指数公司编制，同时从上交所和深交所挑选过去两年平均现金股息率最高的股票，成份股数量扩大到 100 只。因为中证红利指数同时覆盖了两个股票交易所的上市公司，所以可以挑选的高分红股票会更多一些。从历史表现上来说，中证红利的历史收益就比上证红利指数更好一些。从两个市场挑，可选面总比一个市场要广一些。中证红利指数的代码是 000922/399922。它是从 2004 年 12 月 31 日的 1000 点开始起步的。

截至 2018 年 8 月 31 日，跟踪中证红利指数的主要基金产品有 3 只，托管费率均为 0.1%，管理费率均为 0.5%，3 只基金产品分别为：

2015 年 3 月 23 日成立的广发中证全指金融地产 ETF，截至 2018 年 9 月 4 日基金规模 1.89 亿元，成立以来回报为 -17.77%。申购金额下限为 100 万元。

2015 年 7 月 9 日成立的广发中证全指金融地产 ETF 联接 A，截至 2018 年 9 月 4 日基金规模 1.23 亿元，成立以来回报为 -10.81%。申购金额下限为 10 元。

2016 年 7 月 6 日成立的广发中证全指金融地产 ETF 联接 C，截至 2018 年 9 月 4 日基金规模 8279.42 万元，成立以来回报为 5.74%。申购金额下限为 10 元。

表 7.13：跟踪中证红利指数的基金（数据来源：Wind）

证券代码	证券简称	基金成立日	基金类型	申购金额下限（元）	托管费率（%）	管理费率（%）
159940.OF	广发中证全指金融地产 ETF	2015-03-23	契约型开放式	1,000,000.00	0.10	0.50
001469.OF	广发中证全指金融地产 ETF 联接 A	2015-07-09	契约型开放式	10.00	0.10	0.50
002979.OF	广发中证全指金融地产 ETF 联接 C	2016-07-06	契约型开放式	10.00	0.10	0.50

证券代码	证券简称	基金规模（万元）	基金份额（万份）	单位净值（元）	成立以来回报（%）
159940.OF	广发中证全指金融地产 ETF	18,853.68	30,106.00	0.82	-17.77
001469.OF	广发中证全指金融地产 ETF 联接 A	12,334.22	14,023.65	0.89	-10.81
002979.OF	广发中证全指金融地产 ETF 联接 C	8,279.42	9,452.45	0.89	5.74

深证红利指数

深证红利指数与上证红利指数对应，专门投资深交所的高现金股息率的股票，不过成份股只有 40 只。深证红利指数是红利系列指数中最早推出的一只，于 2002 年 12 月 31 日推出，起始也是 1000 点，代码为 399324。

截至 2018 年 8 月 31 日,跟踪深证红利指数的主要基金产品有 2 只,分别为:2010 年 11 月 5 日成立的工银瑞信深证红利 ETF,申购金额下限为 50 万元,截至 2018 年 9 月 4 日基金规模 7.54 亿元,成立以来回报为 36.62%;2010 年 11 月 9 日成立的工银瑞信深证红利 ETF 联接,申购金额下限为 1 元,截至 2018 年 9 月 4 日基金规模 6.46 亿元,成立以来回报为 33.42%。

表 7.14:跟踪深证红利指数的基金(数据来源:Wind)

证券代码	证券简称	基金成立日	基金类型	申购金额下限(元)	托管费率(%)	管理费率(%)
159905.OF	工银瑞信深证红利 ETF	2010-11-05	契约型开放式	500,000.00	0.10	0.50
481012.OF	工银瑞信深证红利 ETF 联接	2010-11-09	契约型开放式	1.00	0.10	0.50

证券代码	证券简称	基金规模(万元)	基金份额(万份)	单位净值(元)	成立以来回报(%)
159905.OF	工银瑞信深证红利 ETF	75,443.62	47,594.40	1.37	36.62
481012.OF	工银瑞信深证红利 ETF 联接	64,573.99	51,993.18	1.13	33.42

红利指数有很多种,但它们整体有一些共同的特点。

特点之一,高股息率,在熊市更有优势。

红利指数最明显的一个特点就是高股息率。这也是它名字中"红利"的来源。无论是哪一种红利指数，都是挑选高股息率的股票的。要明白一点，上市公司的现金分红与公司的盈利相关，公司会从每年的盈利中拿出一部分，以现金分红的形式分给股东。现金分红并不受股价涨跌的影响。同样是分红1000万，熊市分红后1000万能买到的股票份额，远比牛市分红后1000万能买到的股票份额多得多。也就是说，熊市分红后再投入的效果非常出众。指数的股息率越高，这一点在熊市越是明显。所以红利指数高股息率的特性，在熊市里是非常不错的优势。

特点之二，能持续发放现金股息的公司，盈利能力和财务健康状况好的概率越大。

能长期发放现金股息的公司，盈利能力和财务健康状况一般都不错，毕竟现金股息是切切实实地发放了出去，如果公司财务不好，是没有能力持续发放股息的。财务状况越稳定，企业出意外的情况也就会越少，股价的波动也会比较小。红利指数投资一篮子这样的股票，自然也比较稳定，自身的波动也是各个指数中比较小的。

特点之三，提供分红现金流。

指数基金也是有基金分红的，指数基金分红的根本来源是背后公司的现金分红。红利指数基金投资的是高现金分红的企业，自然也能收获很多现金分红，有的红利指数基金就会以基金分红的形式发放给基金持有者。不过指数基金发放基金分红并不是强制的，有的指数基金会把基金分红直接归入到基金净值中,相当于直接替投资者再投入了。

(2)基本面指数基金

除了挑选高股息率股票的红利指数,还有一类影响力也非常大的策略加权指数——基本面指数。什么是基本面指数呢?我们经常能听到基本面这个词。基本面覆盖了一个公司运营的各个方面,比如说营业收入、现金流、净资产、分红等。

基本面指数通过基本面来选股,也就是说,谁的基本面更好,谁占的权重更高。那怎么评价一个企业基本面的好坏呢?目前一般从4个维度去衡量:营业收入,现金流,净资产和分红。而基本面指数也正是从这4个维度去挑选股票的。基本面指数中,在国内最出名的就是中证基本面50指数。这个指数是按照4个基本面指标,挑选出综合排名前50的公司。具体来说,是从上市公司过去5年的年报数据中,计算4个基本面指标。

- 营业收入:公司过去5年营业收入的平均值。
- 现金流:公司过去5年现金流的平均值。
- 净资产:公司在定期调整时的净资产。
- 分红:公司过去5年分红总额的平均值。

例如一个公司营业收入为100亿元,那就用它除以全部样本公司营业收入之和,这样就得到一个百分比。用同样的方法计算出现金流、净资产、分红所占的百分比。这四个百分比求平均数,再乘以10,000,000,就得到了这个股票的基本面得分。按照基本面得分从大到小排名,取前50名,这就是中证基本面 50 指数了。基本面 50 指数是从 2004 年 12 月 31 日 1000 点开始的。指数代码为 000925/399925。

跟踪基本面 50 指数的基金产品主要有 2009 年 12 月 30 日成立的嘉实基本面 50 指数（LOF）A，基金类型为契约型开放式基金，托管费率为 0.18%，管理费率为 1%，申购金额下限为 1 元。截至 2018 年 8 月 31 日基金规模 16.46 亿元，成立以来回报为 39.98%。

四、主要行业指数基金

前面提到过的上证 50 指数、沪深 300 指数、红利指数、基本面指数等，都有一个共同点：它们在挑选成份股的时候，包括了各行各业。这种并不限制行业的指数叫作宽基指数。实际上市场上还有一类专门投资某个行业的股票的指数基金，也就是行业指数基金。

为什么把行业指数基金放在后面介绍，这是因为行业指数的投资对投资者要求更高一些，不仅要考虑投资价值，还要考虑不同行业自身的特点和当前所处的发展阶段。

有的时候，国家整体经济发展不错，但有的行业反而一路衰败。例如过去 20 年，我们国家经济发展得不错，如果长期投资宽基指数基金，我们可以取得不错的收益。但是如果我们投资了收音机、缝纫机行业，那么随着这个行业的萎缩，我们则会遭受损失。

每个行业都有自己的特点,不能一概而论,需要针对行业本身的特点具体分析。所以就投资难度来说,行业指数比宽基指数要高出不少。那为何还要投资行业指数基金呢?因为行业指数基金能极大地丰富我们的投资品种。有的时候宽基指数基金没有太好的投资机会,但某些行业指数基金反而会出现投资机会,这就能对我们的投资起到很好的补充作用。

不过行业指数基金的投资难度确实大一些,所以在刚开始接触指数基金投资的时候,建议从宽基指数基金开始,不断积累经验,积累足够多的经验后再投资行业指数基金。

1. 有哪些行业

既然要投资行业指数基金,我们就得先了解有哪些行业。行业有很多分类方法,不过从指数基金上划分行业最常用的方法,是把行业分为 10 个一级行业。

摩根士丹利和标普在 2000 年时联合推出了全球行业分类标准(GICS),将行业分为 10 个一级行业,24 个二级行业和 67 个子行业,并建立了行业指数。我国的行业指数很多也是按照这个标准分类的。其中最主要的 10 个一级行业分别是:

- 材料:金属、采矿、化学制品等。
- 可选消费:汽车、零售、媒体、房地产等。
- 必需消费:食品、烟草、家居等。
- 能源:能源设备与服务、石油天然气等。
- 金融:银行、保险、券商等。

- 医药：医疗保健、制药、生物科技等。
- 工业：航空航天、运输、建筑产品等。
- 信息：硬件、软件、信息技术等。
- 电信：固定线路、无线通信、电信业务等。
- 公共事业：电力、天然气、水等。

这10个一级行业，每一个都是现代社会不可或缺的重要组成部分。它们可能在投资收益上各有高低，但都非常重要。

除了按照10个标准行业来划分，还有另一种划分行业的方式，就是按照某个特定的主题来划分行业。像养老行业、环保行业、军工行业、健康行业、互联网行业等。这些主题行业，是围绕某个主题来找出对应的公司，可能包括相关主题的上下游公司。这是另一种行业的分类方式。

标准的10个一级行业分类，或者按照某个主题划分的主题行业，这就是行业指数基金的两种主要组成方式。

2. 有哪些行业值得投资

我们首先要清楚一点，不是所有的行业都值得投资。值得投资的行业，主要有两个，一个是赚钱更容易的行业，另一个是具有明显强周期性的行业。

（1）必需消费和医药是容易赚钱的行业

公司怎样才能赚到钱？首先公司的客户得有需求，其次公司的产品要能够满足客户的需求。如果客户的需求持续稳定，公司就能持续地赚钱。如果客户的需求不稳定，公司业绩就会出现波动。

不过有时候,即使客户需求稳定,公司也不一定能赚到钱。每家公司生产的产品是同质化的,客户选择哪家的产品都没什么区别,这就是一片红海,最终激烈的竞争会导致价格战,将公司的利润空间吞噬掉。例如家电行业,很多家电生产商都是微利。

那么,客户需求稳定,产品也有别人模仿不了的优点,公司就一定能赚到钱了吗?其实也不然。有的公司需要持续投入巨资用于维护以保证稳定的生产,赚到的钱如果不再投入,公司就经营不下去。这时候公司赚到的钱也不属于自己。例如某些高污染的重工业。

所以,市场需求比较稳定,公司有护城河才能保证一定的利润率,并且再投资需求小,能获得大量的自由现金流,只有具备这些特点的行业,才能比较容易地赚钱。

为什么茅台一度成为价值投资的标签呢?它比较符合上面的条件:需求受经济周期影响小,品牌护城河能保证不错的利润率,再投资需求比较小,赚到的钱大多都是自由现金流。

任何一个行业都是国家经济不可缺少的一部分,只要经营正确,任何一个行业都是能赚钱的,不过赚钱难度上明显有差异。

天生更容易赚钱的行业有哪些呢?主要集中在消费和医药行业。例如医药行业、必需消费行业、可选消费行业。另外一些主题行业也具备类似的特征,例如养老行业,以医药和消费行业为主。因为医药和消费行业比较优秀，使得养老行业也变优秀了。

（2）强周期性行业

除了天生更容易赚钱的行业，还有一种行业也值得投资，那就是具有明显强周期性的行业。这些行业的盈利会呈周期性变化。也就是我们俗话说的"三年不开张，开张吃三年"。

在有的时间段，这些行业的盈利会很好，估值会很高；而在另一些时间段，这些行业的盈利会比较差，估值则会很低。行业景气的时候，盈利甚至是行业低迷时的几十倍。

如果我们在这些强周期性行业的周期底部，即在它们比较便宜的时候买入，在周期顶部，即比较贵的时候卖出，就能获得非常不错的收益。

3. 行业指数基金

总结一下，值得投资的行业，主要是两类，一类是天生容易赚钱的优秀行业，像医药、必需消费、可选消费等。另一类是在周期底部也能盈利的强周期性行业，像金融行业中的银行、证券、保险等。本章接下来主要是围绕这些行业指数基金来进行介绍。

（1）必需消费行业指数基金

必需消费行业也被称为日常消费行业、主要消费行业。这三个虽然称呼不同，实际上说的是一回事。必需消费，主是维持我们正常生活所需要的各种消费品,例如饮料、酒、农副食品等。

必需消费行业也是需求最稳定的行业,不管经济情况如何,这些日常消费对我们来说都是不可缺少的。也正是因为这种很稳定的需求,必需消费行业也是巴菲特最喜欢的行业之一。巴菲特的成名投资案例,很多都是在必需消费行业上。像巴菲特投资的喜诗糖果、可口可乐、生产番茄酱的亨氏食品、生产剃须刀的吉列等,都是必需消费行业的公司。

目前必需消费行业的指数主要是以下4只。

● 上证消费指数:从上交所挑选必需消费行业公司。

● 上证消费80指数:从上交所挑选80家规模最大的必需消费行业公司。

● 中证消费指数:从中证800,即沪深300和中证500中挑选必需消费行业公司。中证消费指数基准日期是2004年12月31日,起始1000点。

● 全指消费指数:从所有上市公司中挑选必需消费行业公司,覆盖范围最广。

中证消费指数覆盖面更广,相对来说是更好的选择。截至2018年8月31日,跟踪中证消费指数的主要基金产品有3只,统计如下:

表 7.15：跟踪中证消费指数的基金（数据来源：Wind）

证券代码	证券简称	跟踪指数代码	基金成立日	基金类型	申购金额下限（元）	托管费率(%)	管理费率(%)
000248.OF	汇添富中证主要消费ETF联接	000932.SH	2015-03-24	契约型开放式	10.00	0.10	0.50
159928.OF	汇添富中证主要消费ETF	000932.SH	2013-08-23	契约型开放式	500,000.00	0.10	0.50
512600.OF	嘉实中证主要消费ETF	000932.SH	2014-06-13	契约型开放式	500,000.00	0.10	0.50

证券代码	证券简称	跟踪指数代码	基金规模（万元）	基金份额（万份）	单位净值（元）	成立以来回报（%）
000248.OF	汇添富中证主要消费ETF联接	000932.SH	160,938.88	106,212.43	1.37	36.65
159928.OF	汇添富中证主要消费ETF	000932.SH	161,818.81	75,165.73	2.02	101.94
512600.OF	嘉实中证主要消费ETF	000932.SH	784.63	295.12	2.03	103.23

（2）医药行业指数基金

第二个比较重要的优秀行业是医药行业。因为我们每个人都离不开生老病死，医药是人类的基本需求。这个需求不会因为经济不景气、自然灾害等原因而减少。绝大多数国家里，以几十年的时间跨度来看，医药行业都是不错的行业。

医药指数是经济危机中非常具有价值的避险板块。即使宏观经济不好，医药行业整体表现也好于宏观经济。

1991年开始，日本经济陷入大萧条，日经指数大幅下跌，但1992~2012年的20年中，有14年医药指数都跑赢了日经指数。

医药行业因为本身比较受欢迎，所以对应的行业指数基金数量也非常多。从行业指数的角度，我们投资医药行业，以下几个指数最常被用到。

300医药指数

300医药指数，是从沪深300指数中挑选医药股。因为沪深300本身包含国内规模最大的300家上市公司，所以300医药所投资的也主要是大型医药股。

300医药行业指数基金规模还可以。场内场外都有，比较适合看好医药行业大盘股的投资者。而且，300医药指数不限制成份股的比例，有利于头部医药股的发挥。

但缺点就是，如果头部医药股出问题了，那受到的影响也比较大。这个指数属于风险大、收益大的医药行业指数。

截至2018年8月31日，跟踪300医药行业指数的基金产品主要有如下2只：

表7.16：跟踪300医药行业指数的基金（数据来源：Wind）

证券代码	证券简称	基金成立日	基金类型	申购金额下限（元）	托管费率(%)	管理费率(%)
001344.OF	易方达沪深300医药卫生ETF联接	2017-11-22	契约型开放式	1.00	0.10	0.50

(续表)

证券代码	证券简称	基金成立日	基金类型	申购金额下限（元）	托管费率（%）	管理费率（%）
512010.OF	易方达沪深300医药卫生ETF	2013-09-23	契约型开放式	1,000,000.00	0.10	0.50

证券代码	证券简称	基金规模（万元）	基金份额（万份）	单位净值（元）	成立以来回报（%）
001344.OF	易方达沪深300医药卫生ETF联接	33,868.23	28,413.16	1.0461	4.61
512010.OF	易方达沪深300医药卫生ETF	42,637.95	24,917.37	1.7018	70.18

中证医药100指数

中证医药100指数，也是中证指数开发的，挑选的是医药行业市值最大的100家公司，所以在选股范围上，跟中证医药很相似。只不过医药100是等权重指数，每只股票分配的比例都只有1%，定期平衡。

用这种方式，极大地分散了单只医药股的风险。任何一只医药股在医药100指数中所占的比例都不会太高。

截至2018年8月31日，跟踪中证医药100指数的基金产品主要有如下3只：

表7.17：跟踪中证医药100指数的基金（数据来源：Wind）

证券代码	证券简称	基金成立日	基金类型	申购金额下限（元）	托管费率（%）	管理费率（%）
000059.OF	国联安中证医药100	2013-08-21	契约型开放式	10.00	0.20	0.80

（续表）

证券代码	证券简称	基金成立日	基金类型	申购金额下限（元）	托管费率（%）	管理费率（%）
001550.OF	天弘中证医药100A	2015-06-30	契约型开放式	2.00	0.10	0.50
001551.OF	天弘中证医药100C	2015-06-30	契约型开放式	1.00	0.10	0.50

证券代码	证券简称	基金规模（万元）	基金份额（万份）	单位净值（元）	成立以来回报（%）
000059.OF	国联安中证医药100	164,358.37	161,199.11	0.8743	34.19
001550.OF	天弘中证医药100A	16,006.67	19,907.27	0.6961	-30.39
001551.OF	天弘中证医药100C	15,684.66	19,648.66	0.6908	-30.92

500医药指数

500医药指数，从中证500指数中挑选医药股。中证500指数是主要投资国内中盘股的指数，规模在301～800名，所以500医药主要投资的是中盘医药股。

500医药行业指数基金规模偏小，市场上主要指数基金是南方中证500医药卫生ETF（代码：512300.SH），基金规模5100万元，申购金额下限为50万元。

中证医药指数

中证医药指数又称中证800医药指数，基本覆盖了医药行业的所有大中盘股。

截至2018年8月31日，跟踪中证医药指数的基金产品主要有如下 4 只：

表 7.18：跟踪中证医药指数的基金（数据来源：Wind）

证券代码	证券简称	基金成立日	基金类型	申购金额下限（元）	托管费率（%）	管理费率（%）
159929.OF	汇添富中证医药卫生 ETF	2013-08-23	契约型开放式	500,000.00	0.10	0.50
160635.OF	鹏华中证医药卫生	2016-07-15	契约型开放式	10.00	0.15	0.75
512610.OF	嘉实中证医药卫生 ETF	2014-06-13	契约型开放式	500,000.00	0.10	0.50
159929.SZ	医药 ETF	2013-08-23	契约型开放式	500,000.00	0.10	0.50

证券代码	证券简称	基金规模（万元）	基金份额（万份）	单位净值（元）	成立以来回报（%）
159929.OF	汇添富中证医药卫生 ETF	12,118.41	7,720.42	1.48	48.32
160635.OF	鹏华中证医药卫生	6,452.84	5,564.71	1.01	0.70
512610.OF	嘉实中证医药卫生 ETF	1,629.72	964.06	1.47	46.65
159929.SZ	医药 ETF	12,118.41	7,720.42	1.48	48.32

全指医药指数

中证医药主要是从沪深 300 和 500 指数中挑医药股，但 A 股还有两千多只小盘股。把 A 股所有的医药行业都包括进来，就是全指医药指数，所以中证医药包含在全指医药中。

截至 2018 年 8 月 31 日，跟踪全指医药指数的基金产品主要有如下 5 只：

表 7.19：跟踪全指医药指数的基金（数据来源：Wind）

证券代码	证券简称	基金成立日	基金类型	申购金额下限（元）	托管费率（%）	管理费率（%）
001180.OF	广发中证全指医药卫生 ETF 联接 A	2015-05-06	契约型开放式	10.00	0.10	0.50
002978.OF	广发中证全指医药卫生 ETF 联接 C	2016-07-06	契约型开放式	10.00	0.10	0.50
005112.OF	银华中证全指医药卫生	2017-09-28	契约型开放式	10.00	0.20	1.00
159938.OF	广发中证全指医药卫生 ETF	2014-12-01	契约型开放式	1,000,000.00	0.10	0.50
159938.SZ	广发医药	2014-12-01	契约型开放式	1,000,000.00	0.10	0.50

证券代码	证券简称	基金规模（万元）	基金份额（万份）	单位净值（元）	成立以来回报（%）
001180.OF	广发中证全指医药卫生 ETF 联接 A	81,366.61	91,570.28	0.77	-22.59
002978.OF	广发中证全指医药卫生 ETF 联接 C	9,461.55	10,707.23	0.77	-1.65
005112.OF	银华中证全指医药卫生	33,334.87	27,677.25	1.07	7.01
159938.OF	广发中证全指医药卫生 ETF	127,319.90	108,528.36	1.25	24.94
159938.SZ	广发医药	127,319.90	108,528.36	1.25	24.94

医药行业是一个容易出现"黑天鹅"或者"政策影响"的行业。所以如果指数基金过于重仓某些医药股，其实风险还是有的。例如 2018 年闹得沸沸扬扬的疫苗股。

如果能做到足够分散，例如像医药100这样，每个成份股都只有1%左右的比例，那么，即使是指数中有某些股票出了问题，对整体的影响也并不大。

2008年发生了三聚氰胺事件，消费行业受此影响，在两个月时间里大跌35%。最低的时候，消费行业到了2000多点。但是到如今，10年过去了，消费行业早已收复了当年失地，继续上涨了五六倍。

2018年的疫苗事件也是如此。疫苗股在医药行业中占比并不高，但是短期的恐慌导致医药行业出现了大跌。然而长期来看，医药仍然是普通人不可缺少的部分，该行业仍然会长期表现良好。

（3）可选消费行业指数基金

必需消费指的是我们在日常生活中需要经常消费的食品、饮料、烟草等常用日用消费品，一般单价比较低，消费频率高，也是刚需。可选消费则是和必需消费对应的。

什么是可选呢？可选消费指的是有钱的时候才会消费，这种消费可以提升我们的生活质量，但不是刚需。没有钱的时候，我们会推迟可选消费方面的支出，像高档手机、汽车、大家电等，都属于可选消费的范畴。

可选消费有如下几个特点：

a.需求比必需消费弱，有一定周期性。

我们可以一星期不用电视、不开汽车，但是估计没有几个人能一星期不吃饭、不喝水。可选消费的需求不像必需消费那样稳定，如果经济形势不好，消费者会倾向于将可选消费推后，或者降级选用更便宜的产品。

所以很多时候，可选消费也会表现出更强的周期性。像家用电器、汽车行业等，都存在很强的业绩周期波动。

b.受益于人口红利，特别是人均消费金额的提升。

可选消费非常受益于人口红利，特别是人均可支配收入的提升。新增人口的增长，人均消费金额达到一定程度，都会促进对应的可选消费企业的兴起。

例如影视业，这几年影视行业的爆发式发展大家有目共睹，但影视行业在之前很长一段时期都处于低速发展期，但现在票房超过10亿元的大片比比皆是。虽然这其中有网络发展、电影产业成熟等因素的推动，但最根本的原因还是人均消费金额的提升，推动了可选消费的快速发展。

c.可选消费的升级换代特性。

像80年代的三大件、90年代的彩电等，每个时代都有其具有代表性的可选消费产品和企业。这些企业在自己所引领的时代里能呼风唤雨，股价和业绩表现都非常惊人，但如果跟不上消费升级换代，企业就会衰落。

这一点跟必需消费是一个鲜明对比。我们对油盐酱醋等必需消费产品的升级换代并没有什么要求，今天吃的盐跟20年前吃的盐相比差别并不大。但每隔一段时间，可选消费的产品就会升级换代。这也是可选消费行业的一个特点。

这个特点会导致一个问题，就是如果某个可选消费的个股，在升级换代中被替换掉了，那么对投资者来说就会有很大的投资风险。所以对普通投资者来说，投资可选消费行业的指数是个不错的选择，指数囊括了一系列的相关股票，可以避免投资单只个股的风险。

截至 2018 年 8 月 31 日，跟踪可选消费指数的基金产品主要有如下 4 只：

表 7.20：跟踪可选消费指数的基金（数据来源：Wind）

证券代码	证券简称	基金成立日	基金类型	申购金额下限（元）	托管费率（%）	管理费率（%）
001133.OF	广发中证全指可选消费ETF联接A	2015-04-15	契约型开放式	10.00	0.10	0.50
002977.OF	广发中证全指可选消费ETF联接C	2016-07-06	契约型开放式	10.00	0.10	0.50
159936.OF	广发中证全指可选消费ETF	2014-06-03	契约型开放式	2,000,000.00	0.10	0.50
159936.SZ	可选消费	2014-06-03	契约型开放式	2,000,000.00	0.10	0.50

证券代码	证券简称	基金规模（万元）	基金份额（万份）	单位净值（元）	成立以来回报（%）
001133.OF	广发中证全指可选消费ETF联接A	29,031.38	39,128.10	0.65	-35.04

（续表）

证券代码	证券简称	基金规模（万元）	基金份额（万份）	单位净值（元）	成立以来回报（%）
002977.OF	广发中证全指可选消费ETF联接C	1,498.89	2,024.29	0.65	-17.61
159936.OF	广发中证全指可选消费ETF	28,750.17	19,615.61	1.24	23.60
159936.SZ	可选消费	28,750.17	19,615.61	1.24	23.60

（4）养老产业指数基金

生老病死是所有人都要面临的问题，以"生老病死"为主线的投资主题一直是长牛股的聚集地。当下，中国已逐渐步入老龄化社会，鉴于生活水平的提升和中国历来崇尚的孝道文化，中国养老产业领域面临着前所未有的机遇。

养老产业并不是一个标准的行业划分，它是一个概念性的行业。不过它并不是我们想象中的像养老院那样的养老，实际上，它是一个多行业混合的产业。养老产业覆盖了多个行业，包括医疗保健、信息技术、日常消费、可选消费，甚至包括保险公司这种金融行业。

目前影响力最大的养老产业的指数是中证养老产业指数，包括80只成份股。它的成份股覆盖面比较广泛，成份股的权重也都差不多，换句话说，它是一只等权重指数。

在挑选成份股的规则上，中证养老产业指数也与一般的行业指数不同。挑选规则如下：

a. 消费电子、休闲用品、酒店旅游、教育、文化传媒、药品零售、乳品、家庭用品、医药卫生、人寿保险、互联网软件等行业属于养老行业，每个子行业挑出一个市值最大的，列入成份股，这就有了十几只。

b. 挑完后，在剩余的养老产业股票中，挑选市值最大的作为指数样本股，直到样本股数量满 80 只。

简单说，就是先保证各个子行业的龙头入选，再按市值来挑选。养老产业指数主要是由医药行业、必需消费行业和可选消费行业混合的，因此，它同样具备医药和消费的优秀属性，属于非常不错的好行业指数。

中证养老产业指数以 2015 年 2 月 13 日为基日，以 1000 点为基点。截至 2018 年 8 月 31 日，跟踪养老产业指数的基金产品主要有如下 3 只：

表 7.21：跟踪养老产业指数的基金（数据来源：Wind）

证券代码	证券简称	基金成立日	基金类型	申购金额下限（元）	托管费率（%）	管理费率（%）
000968.OF	广发中证养老产业 A	2015-02-13	契约型开放式	10.00	0.10	0.50
002982.OF	广发中证养老产业 C	2016-07-06	契约型开放式	10.00	0.10	0.50
168001.OF	国寿安保养老产业	2015-06-26	契约型开放式	1,000.00	0.20	1.00

证券代码	证券简称	基金规模（万元）	基金份额（万份）	单位净值（元）	成立以来回报（%）
000968.OF	广发中证养老产业 A	52,551.24	51,063.94	0.91	-9.15
002982.OF	广发中证养老产业 C	3,590.30	3,510.49	0.90	-5.51
168001.OF	国寿安保养老产业	7,989.90	6,543.44	1.02	-30.84

（5）银行业指数基金

除了比较容易赚钱的优秀行业，还有一类行业也是可以考虑的，那就是强周期性行业。

周期性行业指的是行业的某些方面会呈周期性波动。例如，销售保健品的行业会有销售旺季和销售淡季，券商会因为牛市和熊市而产生业绩波动，银行会因为宏观经济的影响而产生盈利方面的周期波动，航空股会因为油价的波动而成本变化很大，等等。

银行是百业之母。如果没有银行在中间起作用，而让能够提供资金的出借方和需要资金的贷款方自己去对接，那成本是非常高的。无论哪个行业要发展，都需要资金，银行的贷款是目前企业资金的主要来源。同时，银行也是国家调节经济的工具。必要的时候，银行也可以从国家低成本地获取流动性，来解决流动性危机。银行虽然有一定的周期性，总体来说还是个不错的行业，长期看能跑赢市场平均。

银行的周期性受宏观经济的影响比较大。当经济处于下行周期，客户还款质量下降，风险准备金增加，同时国家也要降息来刺激经济，所以银行利差收益减少，风险准备金增加，银行效益就会变差。当经济好转的时候，国家要给经济降温，客户还款质量也变好了，银行效益就会变好。因为经济周期一直在波动，所以银行也会周期往复。

投资银行业指数基金，有两种选择：

一是投资上证50指数、基本面50指数等相关的指数基金产品。因为银行股规模都比较大，所以在以大盘股为主的指数中，也就包括了很多银行股。如上证50成份股中，金融类占了将近60%，其中银行占了半壁江山，从这个意义上来讲，上证50就是半个银行类指数。

另一种选择是投资银行业的指数基金或者主题基金。目前国内的银行业指数基金，基本上都是追踪中证银行指数的。中证银行指数以2004年12月31日为基日，以1000作为基点，于2013年7月15日由中证指数公司发布。

截至2018年8月31日，跟踪中证银行指数的基金产品主要有如下13只：

表7.22：跟踪中证银行指数的基金（数据来源：Wind）

证券代码	证券简称	基金成立日	基金类型	申购金额下限（元）	托管费率（%）	管理费率（%）
001594.OF	天弘中证银行A	2015-07-08	契约型开放式	2.00	0.10	0.50
001595.OF	天弘中证银行C	2015-07-08	契约型开放式	1.00	0.10	0.50

（续表）

证券代码	证券简称	基金成立日	基金类型	申购金额下限（元）	托管费率（%）	管理费率（%）
004597.OF	南方中证银行ETF联接A	2017-06-29	契约型开放式	1.00	0.10	0.50
004598.OF	南方中证银行ETF联接C	2017-06-29	契约型开放式	1.00	0.10	0.50
160418.OF	华安中证银行	2015-06-09	契约型开放式	1.00	0.22	1.00
160517.OF	博时中证银行	2015-06-09	契约型开放式	10.00	0.22	1.00
160631.OF	鹏华中证银行	2015-04-17	契约型开放式	1.00	0.22	1.00
161029.OF	富国中证银行	2015-04-30	契约型开放式	10.00	0.22	1.00
161121.OF	易方达银行	2015-06-03	契约型开放式	1.00	0.22	1.00
161723.OF	招商中证银行指数分级	2015-05-20	契约型开放式	10.00	0.20	1.00
168205.OF	中融中证银行	2015-06-05	契约型开放式	10.00	0.22	1.00
512700.OF	南方中证银行ETF	2017-06-28	契约型开放式	200,000.00	0.10	0.50
512800.OF	华宝中证银行ETF	2017-07-18	契约型开放式	300,000.00	0.10	0.50

证券代码	证券简称	基金规模（万元）	基金份额（万份）	单位净值（元）	成立以来回报（%）
001594.OF	天弘中证银行A	19,103.52	19,423.32	1.01	1.04
001595.OF	天弘中证银行C	30,558.92	31,319.49	1.00	0.21
004597.OF	南方中证银行ETF联接A	3,595.90	4,004.57	0.93	-7.44
004598.OF	南方中证银行ETF联接C	3,767.91	4,213.10	0.92	-7.87
160418.OF	华安中证银行	102,833.78	50,772.05	0.78	-14.65
160517.OF	博时中证银行	15,437.28	14,296.47	0.91	-2.47
160631.OF	鹏华中证银行	351,153.02	109,144.42	0.85	-9.04
161029.OF	富国中证银行	57,034.80	55,492.13	0.93	-0.62
161121.OF	易方达银行	28,170.29	23,868.43	0.85	-7.42
161723.OF	招商中证银行指数分级	32,663.92	33,352.63	0.91	-2.59
168205.OF	中融中证银行	11,118.28	1,118.82	0.80	-12.79
512700.OF	南方中证银行ETF	10,488.38	10,898.47	0.94	-6.29
512800.OF	华宝中证银行ETF	51,582.96	61,394.00	0.91	-8.93

第 ⑧ 章

手把手精讲指数基金个案

上一章节我们对全球指数基金进行了整体的介绍，相信读者也对指数基金市场有了比较深刻的了解，下面我们就针对主要市场选取具有代表性的4只指数基金给大家详细介绍，分别是沪深300宽基指数基金代表嘉实沪深300ETF联接A（160706）；中证细分指数基金代表国联安中证医药100（000059）；香港市场指数基金代表华宝港股通恒生中国A（501301）和全球主要指数标普500指数基金代表大成标普500等权重（096001）。通过上述代表性的指数基金个案介绍，投资者对指数基金的细节就能有更全面、更清晰的认识。

一、嘉实沪深300ETF联接A（160706）

1. 基本信息

成立日期：2005-08-29

基金公司：嘉实基金

基金经理：何如，陈正宪

基金规模：152.94 亿

投资类型：股票型基金

投资风格：大盘价值风格型基金

比较基准：沪深 300 指数增长率 *95%+ 银行活期存款利率（税后）*5%

投资目标：本基金进行被动式指数化投资，通过严格的投资纪律约束和数量化的风险管理手段，力争控制本基金的净值增长率与业绩衡量基准之间的日平均跟踪误差小于 0.3%，以实现对沪深 300 指数的有效跟踪，谋求通过中国证券市场来分享中国经济持续、稳定、快速发展的成果。

2. 业绩表现

图 8.1：嘉实沪深 300ETF 联接 A 的业绩表现

3. 购买信息

申购状态：开放申购

赎回状态：开放赎回

最低申购金额：1 元

单位净值：0.9310 元（2018-09-11）

申购费率：0.00% ~ 1.80%

赎回费率：0.00% ~ 1.50%

管理费率：0.50%

托管费率：0.10%

总费率（持有 1 年）：0.60% ~ 3.90%

相同类型的指数基金，当然是费率越低越好，比如有些指数基金后面带有 A 或者 C，A 类要收手续费、C 类免费。短期投资选 C 类，长期投资选 A 类。

4. 资产配置（2018-06-30）

（1）资产配置

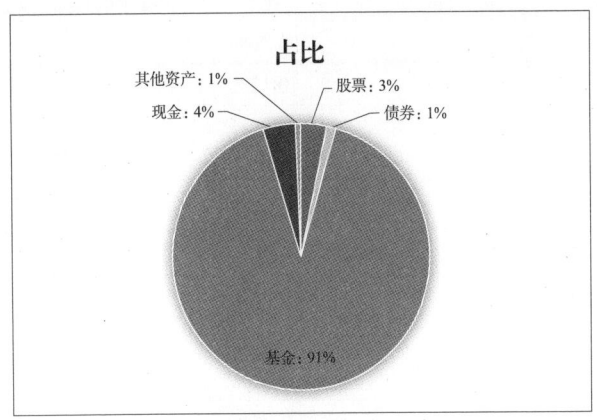

图 8.2：嘉实沪深 300ETF 联接 A 的资产配置

（2）行业配置

表 8.1：嘉实沪深 300ETF 联接 A 的行业配置

行业名称	占净值比	较上期
制造业	1.43%	-0.10%
金融业	1.06%	-0.23%
房地产业	0.15%	-0.06%
信息传输、软件和信息技术服务业	0.12%	-0.04%
采矿业	0.11%	-0.01%
建筑业	0.11%	-0.04%
交通运输、仓储和邮政业	0.10%	-0.02%
电力、热力、燃气及水生产和供应业	0.09%	-0.02%
批发和零售业	0.07%	-0.01%
租赁和商务服务业	0.05%	0.01%
合计值	3.29%	

（3）重仓股票

表 8.2：嘉实沪深 300ETF 联接 A 的重仓股票

行业名称	占净值比
中国平安	0.20%
贵州茅台	0.12%
招商银行	0.09%
美的集团	0.08%
格力电器	0.07%
兴业银行	0.06%
民生银行	0.05%
交通银行	0.05%
伊利股份	0.05%
恒瑞医药	0.05%
合计	0.82%

嘉实沪深 300ETF 联接基金 A 属于宽基指数基金。衡量宽基指数一个很关键的因素，就是成份股的行业和个股市值的分布，分布得越均衡，风险就越分散，受市场某一时期的某一个特征的影响就越少。

二、国联安中证医药 100（000059）

1. 基本信息

成立日期：2013-08-21

基金公司：国联安基金

基金经理：黄欣

基金规模：16.44 亿

投资类型：股票型基金

投资风格：大盘平衡风格型基金

比较基准：中证医药 100 指数收益率 *95%+ 活期存款利率（税后）*5%

投资目标：本基金进行被动式指数化投资，通过严谨的数量化管理和投资纪律约束，力争保持基金净值收益率与业绩比较基准之间的日均跟踪偏离度的绝对值不超过 0.35%，年跟踪误差不超过 4%，为投资者提供一个投资中证医药 100 指数的有效工具，从而分享中国经济中长期增长的稳定收益。

2. 业绩表现

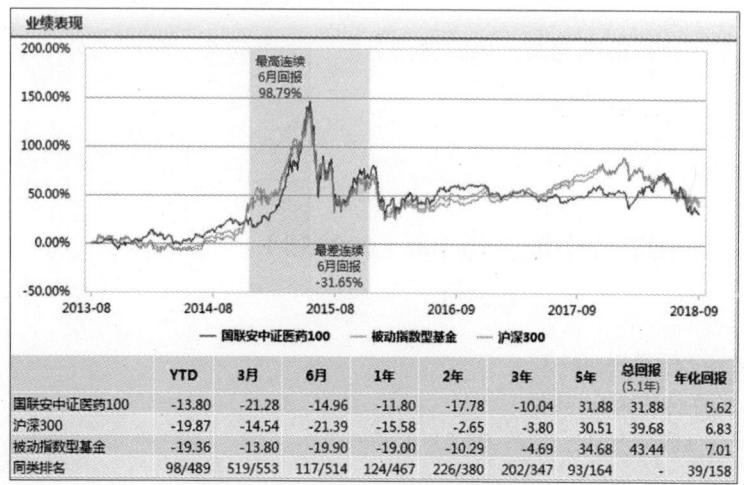

图 8.3：国联安中证医药 100 的业绩表现

3. 购买信息

申购状态：开放申购

赎回状态：开放赎回

最低申购金额：10 元

单位净值：0.8608 元（2018-09-11）

申购费率：0.20% ~ 1.20%

赎回费率：0.00% ~ 1.50%

管理费率：0.80%

托管费率：0.20%

总费率（持有 1 年）：1.20% ~ 3.70%

4. 资产配置（2018-06-30）

（1）资产配置

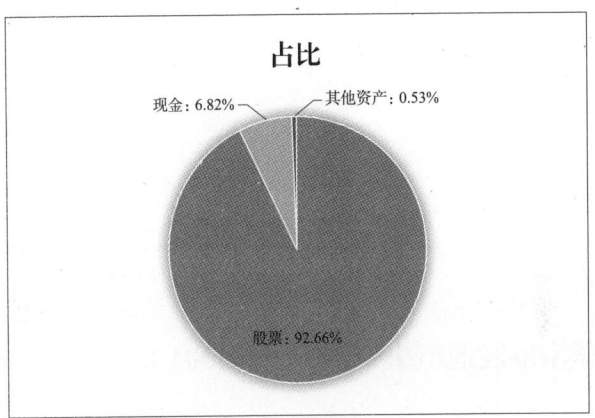

图 8.4：国联安中证医药 100 的资产配置

（2）行业配置

表 8.3：国联安中证医药 100 的行业配置

行业名称	占净值比
制造业	74.46%
批发和零售业	10.01%
卫生和社会工作	6.14%
科学研究和技术服务业	2.48%
信息传输、软件和信息技术服务业	0.92%
合计值	94.01%

（3）重仓股票

表 8.4：国联安中证医药 100 的重仓股票

行业名称	占净值比
天士力	1.29%
健康元	1.19%

(续表)

行业名称	占净值比
安图生物	1.15%
泰格医药	1.14%
老百姓	1.11%
长春高新	1.08%
康泰生物	1.07%
丽珠集团	1.06%
通策医疗	1.06%
智飞生物	1.06%
合计	11.21%

三、华宝港股通恒生中国A（501301）

1. 基本信息

成立日期：2017-04-20

基金公司：华宝基金

基金经理：周晶、俞翼之

基金规模：2.68亿

投资类型：股票型基金

比较基准：经人民币汇率调整的恒生中国（香港上市）25指数收益率*95%+人民币银行活期存款利率（税后）*5%

投资目标：紧密跟踪标的指数，追求跟踪偏离度和跟踪误差最小化。正常情况下，本基金力争控制净值增长率与业绩比较基准之间的日均跟踪偏离度的绝对值不超过0.5%，年化跟踪误差不超过5%。

2. 业绩表现

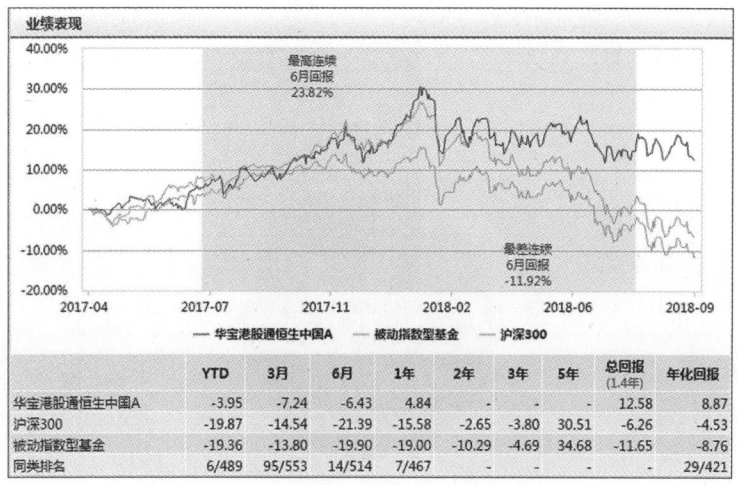

图 8.5：华宝港股通恒生中国 A 的业绩表现

3. 购买信息

申购状态：开放申购

赎回状态：开放赎回

最低申购金额：1 元

单位净值：1.1176 元（2018-09-11）

申购费率：0.60% ~ 1.00%

赎回费率：0.00% ~ 1.50%

管理费率：0.75%

托管费率：0.15%

总费率（持有 1 年）：1.50% ~ 3.40%

4. 资产配置（2018-06-30）

（1）资产配置

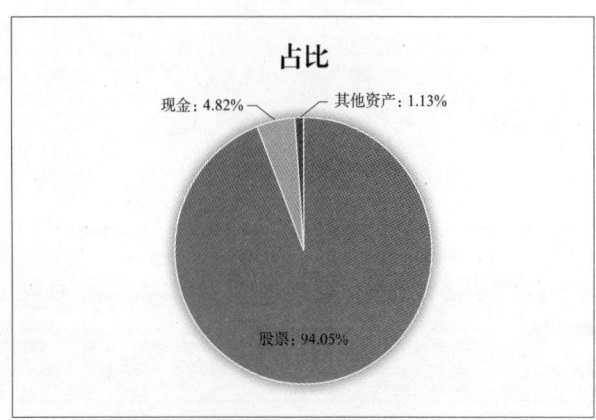

图 8.6：华宝港股通恒生中国 A 的资产配置

（2）重仓股票

表 8.5：华宝港股通恒生中国 A 的重仓股票

行业名称	占净值比
腾讯控股	9.82%
中国移动	9.12%
建设银行	9.09%
工商银行	9.02%
中国平安	8.05%
中国银行	6.60%
中国海洋石油	5.14%
中国石油化工股份	3.80%
中国人寿	3.20%
中国石油股份	2.68%
合计	66.52%

四、大成标普500等权重(096001)

1. 基本信息

成立日期: 2011-03-23

基金公司: 大成基金

基金经理: 冉凌浩

基金规模: 2.43亿

投资类型: 国际(QDII)基金

比较基准: 标普500等权重指数(全收益指数)

投资目标: 通过严格的投资纪律约束和数量化风险管理手段,实现基金投资组合对标的指数的有效跟踪,追求跟踪误差最小化。

2. 业绩表现

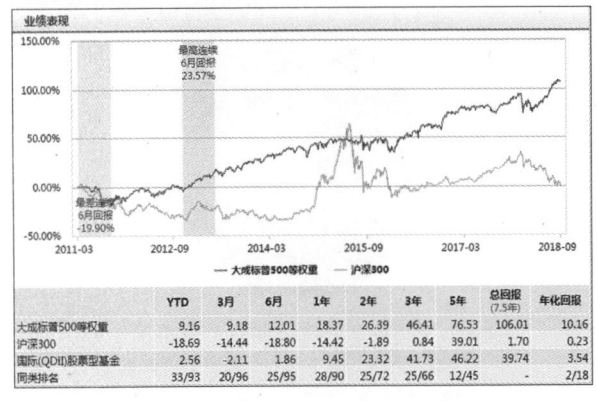

图8.7: 大成标普500等权重的业绩表现

3. 购买信息

申购状态：开放申购

赎回状态：开放赎回

最低申购金额：1 元

单位净值：1.8680 元（2018-09-10）

申购费率：1.00% ~ 1.50%

赎回费率：0.00% ~ 1.50%

管理费率：1.00%

托管费率：0.25%

总费率（持有 1 年）：2.25% ~ 4.25%

4. 资产配置（2018-06-30）

（1）资产配置

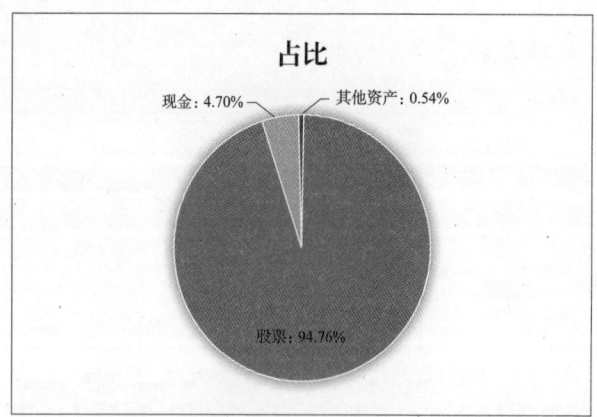

图 8.8：大成标普 500 等权重的资产配置

（2）行业配置

表 8.6：大成标普 500 等权重的行业配置

行业名称	占净值比
消费者非必需品	14.52%
信息技术	13.06%
工业	12.62%
金融	12.36%
医疗保健	11.97%
消费者常用品	6.57%
房地产	6.50%
能源	6.04%
公用事业	6.00%
基础材料	4.45%
电信服务	0.67%
合计值	94.76%

（3）重仓股票

表 8.7：大成标普 500 等权重的重仓股票

行业名称	占净值比
美国电话电报公司	0.27%
金宝汤	0.23%
CIMAREX 能源公司	0.23%
达登饭店	0.23%
PPL 公司	0.22%
NISOURCE 公司	0.22%
阿帕契	0.22%
克罗格公司	0.22%
桑普拉能源	0.22%
味好美	0.22%
合计值	2.28%

第9章
手把手教你指数基金投资策略

市场上指数基金这么多,该怎么选呢?投资者首先要记住"五看"。

(1)看跟踪标的。指数基金的投资目标就是要获得与跟踪指数一致的收益,所以,挑选一个合适的指数是投资指数基金的关键。

(2)看规模。对于完全复制型基金来说,规模越大越好,增强型主要看基金经理的能力。

(3)看跟踪误差。指数基金被动地跟踪指数,跟踪误差越小,就代表基金经理的管理能力越强,这样才更符合指数基金的本质。

(4)看费率。指数型基金的费率相较于其他主动型的基金费率低。追踪同一个目标指数的指数基金,在业绩上很难拉开差距,如果长期定投,那么每年不同基金的费率差就是影响投资的重要因素。

(5)看基金公司的实力。指数型基金是被动式投资,运作相对简单。但其跟踪的基准指数分析和研究是个复杂的过程，需要精密的计算和严谨的操作流程。基金公司实力越强，投研的成本就越高，投资水准也更高。

一、价值投资策略

很多买基金的投资者认为PE、PB这些估值指标是买股票的人才会看的，其实这么想就错了。一只股票有估值，一个指数集合多只股票，肯定也会有估值指标。这样的估值指标有很多，如PE、PB、ROE、股息率等。本书主要介绍两个用得比较多的估值指标——PE（市盈率）、PB（市净率）。

PE（市盈率）

市盈率的定义是每股股价/每股盈利，或者公司市值/公司盈利（即PE=P/E）。它考察的是企业的盈利能力，可以这样来理解：你愿意为1块钱的利润付出多少本金，如果PE是15倍，那么就说明你愿意付出15块钱来得到1块钱利润。

理想的情况下，市盈率越低，意味投资者可以以较低价格买入相应资产，以较少的资金获得相对较多的盈利，在较短时间收回成本。

不过理想是静止的，现实是动态的。因为市盈率的变化取决于盈利和股价的变化。股价是动态变化的，盈利是已知的，所以这个指标通常会有一定的滞后性。

使用市盈率要注意哪些地方？

首先要看股票质地，蓝筹股还是成长股要分清。蓝筹一般都是市值较大的公司，流通性也会比较好，盈利稳定，这样的指数市盈率一般会比较低，比如目前上证 50 市盈率 10 倍左右。而创业板公司一般成长空间比较大，这样的公司比较容易获得高估值，PE 比例也比较高。

而且，因为每个行业的市盈率不一样，我们在看的时候不能以同一标准去衡量，更不要把两个不同行业的指数拿来对比。衡量一个指数的估值可以拉长年限，纵向比较该指数历史上的 PE 水平，低于平均值就可以逐步买入，在平均值范围内持有，高出平均值范围逐步卖出。

周期性行业，钢铁、煤炭、汽车等行业盈利受经济影响波动很大，市盈率波动也很大，用市盈率来估值并不适合。而那些抗周期行业，比如消费类、医药类，盈利比较稳定，可以用市盈率来衡量。

市净率

市净率 = 每股股价 / 每股净资产，或者公司市值 / 公司净资产（即 PB=P/B）。净资产就是资产减负债。假设一下，如果公司经营业绩比较好，公司资产增值很快，而归属股东权益也多，这样的话，按照公式，下面的分母在变大，那么也就意味着 PB 在变小。相比市盈率，市净率的优点是波动小，因为净资产的波动不会像盈利那么大。

使用市净率要注意哪些地方？

理想情况下，市净率较低的指数，投资价值较高，反之投资价值较低。对于单个指数来说，我们要做的就是等待该指数市净率处于平均较低状态，买入即可。由于证券行业的高贝塔属性，市盈率对其估值参考价值不大，所以一般用市净率来估值。

还有一点，市净率这个指标对短线操作意义不大，比较适合长期投资者使用。

如果净资产价格不稳，那么市净率也就失效了。一般指数在计算净资产的时候，采取的方法是各成份股净资产按照权重比例相加，避免了个别公司净资产不稳对指数市净率造成过大影响。

二、成本最优策略

这个问题在前面也讲述过，大家买指数基金的时候，一定要注意的是，购买跟踪同一个标的的指数基金时，在基金规模差不多的情况下，建议买管理费率低的。分级基金管理费率是1%，普通指数包括ETF、LOF，LOF的管理费率通常是1%，ETF的管理费率通常是0.5%，所以你一定要买费率低的指数基金。此外还要注意交易费率，包括申购费、赎回费，有些是销售服务费。

在选择指数基金的时候，投资者一定要根据自己的计划来进行。如果你做指数基金定投，定投的周期比较长，可能达到2～6年，很可能未来你定投的周期都超过1年，此时，建议投资者购买A份额。通常A份额在申购的时候互联网平台上都会打折，赎回费超过两年就免除了，所以长期投资买A份额是划算的。

但是，如果你是短线交易者，1年以内会做几次波段操作，建议你买C份额，C份额是按日计提收取销售服务费的。假设你持有1个月，像华夏沪深300ETF联接C指数基金（基金代码：005658），申购费是免的，超过7天就不收赎回费了。因此，短线交易者可以选择C份额，例如大小盘指数轮动以及行业指数轮动，很多喜欢追行业热点的投资者，通常持有指数基金时间不长，可以优先考虑买C份额，能帮助你降低费率。然而有部分指数基金需持有30天才免赎回费，投资者可以在投资每只指数基金C份额的时候，了解它的费率结构。

三、稳健性投资策略

有些指数基金虽然都是跟踪同一标的，但收益差别却很大，主要有以下几个常见的影响因素。

（1）停牌股票的估值。各家机构的估值方法存在差异，这可能会导致组合中停牌股票的估值存在差异。

（2）标的指数调整时，基金经理对组合调整的速度和时间。

（3）规模不同时，多只股票的买卖的难易程度，也会影响投资组合的交易成本。

（4）大额申购赎回。

（5）管理机构的投研能力。

对指数基金的管理能力更多地体现在对细节的管理上，对于普通投资者来说，更深入地去了解基金经理和管理机构可能并不容易，那需要怎么选择呢？

跟踪误差，就是指基金的净值波动和标的指数波动之间的拟合程度，换句话说，就是指数基金对标的指数跟踪的准确程度。二者越接近，误差越小，收益越好。跟踪误差是衡量指数基金的一个很好的指标，跟市场平均值相比，ETF 及联接基金的跟踪误差远小于市场均值，ETF 的各期间的误差值较为稳定，增强指数基金因各显神通，跟踪误差差别较大。

规模较大的指数型基金具备更好的跟踪指数的条件，受到申购赎回的冲击也较小，由于大额赎回会增加指数型基金的跟踪误差，所以选择成立时间长，规模大的指数基金能够减小这一影响。规模越大、跟踪误差越小的指数基金长期稳定性越强。

四、宽基指数基金投资策略

上证 50 指数是挑选上海证券市场规模大、流动性好的最具代表性的 50 只股票组成样本股，以综合反映上海证券市场最具市场影响力的一批优质大盘企业的整体状况。可以说，上证 50 指数是优质蓝筹股的突出代表。由于所选样本股都是大企业，上证50指数的成长性一般。

沪深300指数是沪深两市对样本股最近一年来的日均成交额由高到低进行排名，剔除排名后50%的股票和ST类股票，然后对剩余股票按照日均总市值由高到低进行排名，选取排名在前300名的股票作为样本股。应该说，沪深300指数是反映沪深两个市场整体走势的"晴雨表"。指数样本选自沪深两个证券市场，覆盖了大部分流通市值。成份股为市场中代表性好、流动性高、交易活跃的主流投资股票，能够反映市场主流投资的收益情况。

中证500指数，其样本空间是剔除沪深300指数样本股，剩余股票按照最近一年的日均成交金额由高到低排名，剔除排名后20%的股票，然后将剩余股票按照日均总市值由高到低进行排名，选取排名前500的股票作为指数样本股。中证500指数与沪深300指数没有交集，它反映的是沪深证券市场中等市值公司的整体状况。

创业板指数，就是以起始日为一个基准点，按照创业板所有股票的流通市值，计算当天的股价，再加权平均，与开板之日的"基准点"进行比较。创业板指数全面反映创业板上市公司的运行状况，具有高成长性。

上述四个指数，从样本股来看，沪深300指数和上证50指数存在着包含的关系，沪深300、中证500、创业板指数不存在交集。依据历史表现，除了大牛市之外，四个指数很难同时做多。一般而言，都只是在特定的时间重点突击1～2

个指数。

（1）当价值投资占上风，市场呈现价值风格时，配置沪深300是比较好的选择。

（2）当市场风格偏向于大蓝筹时，应该配置上证50。

（3）当市场呈板块轮动的特征时，配置中证500可以较好地把握行情。

（4）当市场呈明显的成长风格时，就该配置创业板指数了。

同时，因为市场风格在不断变换中，投资者无法准确把握，简单的方法就是通过构建投资组合的方式，实现简单而稳健的投资，如配置沪深300指数基金+创业板指数基金、沪深300指数基金+中证500指数基金、上证50指数基金+创业板指数基金、上证50指数基金+中证500指数基金。

上证50指数成份股的盈利和分红总额占全部A股的50%左右，金融板块权重占70%左右。随着经济企稳回暖，银行的资产质量逐步改善，当前整体估值较低，保险和券商板块具备显著的估值安全边际和利润增长空间，同时上证50当中还包括代表中国制造和消费升级的龙头企业，未来竞争优势明显。因此未来几年，我们认为上证50还具备良好的盈利预期和市场表现。

此外，由于上证50指数成份股当中有27只股票是同时在A股和港股上市的企业，为了获得两地上市企业的价差收益，有基金公司推出了相关的基金，如华夏基金就推出了沪港通上证50AH优选LOF。目前这些两地同步上市的股票港股整体较A股低估约20%左右，投资者通过投资该基金可同时获得上证50蓝筹股的收益，以及两地同步上市公司价差收敛的投资机会。

五、细分指数基金投资策略

中国是一个蓬勃发展的新兴市场，经济发展具有巨大的潜力。随着时间的推移，资产的总体价格会越来越高。基于这一点考虑，指数基金长期的收益可观，又具有很好的稳定性，所以指数型基金是一个非常合适的投资品种。

但是对于我们这样高速发展中的国家来说，市场中往往有更多更好的机会。行业指数型基金具有指数基金的稳健性，同时也能享受行业发展带来的红利，相比大盘指数基金拥有更多的获利空间。

下面我们就从几个方面来介绍怎样选择行业指数基金：

（1）选择什么样的行业指数是最为重要的。投资行业指数基金，最重要的是看准行业的未来发展。行业基金或概念基金的挑选一定要建立在对某行业强烈看好的基础上，其走势取决于其未来的发展程度和政策。当你不再看好这个行业或者概念时，就要考虑赎回。

（2）跟踪误差。跟我们平时选择宽基指数做定投一样，跟踪精度对于行业指数基金而言也是十分重要的，跟踪误差越小的指数基金投资效果越好。

（3）基金规模。对于指数基金而言，尤其是行业型指数基金，规模相对而言会比较重要，而且规模大的基金更容易分摊成本。

（4）基金公司。基金公司的投研实力对于指数基金的运作影响很大，因此基金公司是否具备完善的指数开发与被动投资管理能力也需要大家重点关注。

六、全球资产配置投资策略

指数基金风靡全球、备受推崇的原因，一方面是它自带优胜劣汰的换血机制和永续性；另一方面就是投资者可以在众多的指数基金中进行自己的投资组合配置，进一步分散风险、平滑收益。

中国市场：沪深 300+ 中证 500，代表中国最具有竞争力的 800 家优秀大中型企业。

香港市场：恒生指数，代表着香港经济发展的 50 家企业。

美国市场：标普 500，代表美国市场的主要企业。

中美市场之间的相关性很低，也就是说美国出现经济问题的时候，中国可能还处于快速发展时期，而中国出现熊市的时候，美国经济或许正在不断复苏，同时投资于这两个市场就分散了风险，同时也平滑了收益。就目前来看，美国自 2008 年经济危机以来，经济已经连续 10 年上升，中国在此期间已经经历了两轮牛熊市转换。

投资一个代表性指数就是投资这个国家的经济，不论中国、美国还是香港，整体的经济发展总是不断向上的，所以代表经济市场的指数最终也会不断地向上，那我们的投资收益也会不断向上增长。

通过指数基金进行全球配置具有如下优势：

（1）操作简单：只需要开一个第三方公募基金账户，用指数基金就能做到全球资产的配置了，而不需在不同的国家和市场开设各类型交易账户，例如：股票、商品、债券等。

（2）汇率风险：通过一定的全球资产配置，可以规避汇率变动风险。简单地说，个人资产在人民币资产和美元资产各分配50%，这样无论汇率怎么变动，个人资产不会受汇率影响而发生太大变化。

第 ⑩ 章

手把手教你指数基金投资技巧

一、长期投资

指数基金投资方式有很多,但是不同的投资方式会导致收益差异较大,因为每种方式都有其适用的环境,活学活用各种投资方式才能在市场中赚大钱。通常大家买入基金的方法主要是以下三种:满仓买卖基金,分批买卖基金,正金字塔买卖基金。

满仓方式:假定按照每年不同市场第一天直接全仓买入。这种方式需要择时能力比较强,买入的点是比较低的位置。

分批买入方式:按照分批的第一次买入30%,后面下跌10%,补仓30%,再下跌10%,补仓40%。下跌设置10%只是其中的一种,不一定是最优的,可根据市场环境设置不同的值。同样,买入次数和买入比例投资者也可结合自身投资计划和市场环境进行设定。

金字塔法买入方式:第一次买入10%,下跌15%,第二次加仓20%,再下跌15%,加仓30%,再下跌15%,加仓40%。

需要说明的是,这里设置的是每下跌10%或15%,也可以设置其他值,比如每下跌5%或20%,具体值要基于你对市场最大下行空间的判断。因为后续你还可以加仓三次,如果设置为10%,说明你认为后续市场最大下跌空间有30%左右。

简单来讲,满仓买入方式适合牛市,分批买入方式适合震荡市,金字塔法买入方式适合熊市。三种方法各适用于不同市场,大家要结合自身投资计划和市场环境灵活使用,不可生搬硬套。

满仓买入能够在持续上涨中获得最大的收益,但是需要精准地判断出市场的走势,并且要拥有较强的风险承受能力和心理承受能力。然而,这样类似于一场豪赌的满仓买入对于普通群众来说风险太大。

大多数人群并不具备精准的择时能力,这时候选择金字塔法买入方式或分批买入能够谨慎地降低买在最高点的风险,分散风险的同时降低平均成本,虽然在上涨市场中不能实现收益的最大化,但是能够有效地分解震荡与下跌的恐惧,在震荡市场和下跌市场获得更好的收益。

1. 金字塔法买入方式

金字塔操作法是基于一个投机常识:没人能够100%地预测市场的趋势,只有傻瓜才认为自己能够做到。好在即使无法预测,我们也可以通过某些投机纪律来绕开这个问题,这个纪律就是金字塔操作法。

按照金字塔分批买入指数基金法，我们把投资分成5份，分别是10%、15%、20%、25%和30%，逐层递进，形成一个金字塔。这个策略的特点是适合熊市市场下跌的环境，毕竟就算暴跌也会有反弹，下跌不可能无限制，每次下跌都意味着继续下跌的可能性在减小，因此加仓数量应逐渐加大，确保加仓额度随下跌概率减小而上升。

对于指数区间有计划的投资人，若认为后市存在较大下跌空间，才采取保守的投资策略，即正金字塔法买入策略，该方法是最开始先买入10%仓位；若买入指数基金产品下跌X%，第一次加仓15%；若指数基金在买入的价位又下跌X%，第二次加仓20%；若指数基金在上次买入的价位又下跌X%，第三次加仓25%；若指数基金在上次买入的价位又下跌X%，则又加仓30%。

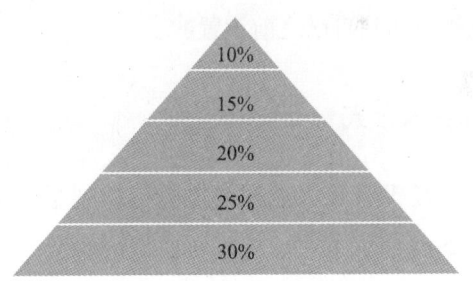

图10.1：金字塔法买入策略

这种方法一般用在未来存在较大概率下跌的情况下，而且可以根据估值情况不同设置不同的下跌幅度进行补仓。

如何灵活地调整、运用金字塔分批买入法呢？投资者需根据当前指数的点位水平调整加仓操作。一般情况下，投资者可在 5%～20% 范围内，调整触发下一批加仓的下跌幅度，具体可分为三种。

①指数点位较高，通常是牛市高点的情况：每下跌 15%～25% 买入下一批指数基金。

②指数点位居中，通常是震荡市场，但是估值偏高的情况：每下跌 10%～15%，买入下一批。

③指数点位较低，通常是弱势，估值已经比较低的情况：每下跌 5%～10%，买入下一批。

金字塔法交易频率更多的和设置的跌幅空间有关系。假定你设置 15% 的跌幅时去补仓，指数每次要跌 15%，需要较长的时间。若设置较低的幅度，例如 5%，这样的话交易频率会增加，但是风险也增大，市场跌 4 个 5%，你就满仓了。所以幅度设置越大会越安全，但是也容易错过短线的反弹机会，因为跌幅没达到自己之前设置的。

2. 分批买入方式

在当前市场没有较大把握或没有持续现金流来源的情况下，购买基金时最好不要一次买进，可以采取分批买入的方式，本书接下来给大家介绍买卖指数的一种方式——分批买入方式。

分批买入方式：按照分批的第一次买入 30%，后面下跌 10%，补仓 30%，再下跌 10%，补仓 40%。下跌设置 10% 只是其中的一种，不一定是最优的，可根据市场环境设置不同的值。同样,买入次数和买入比例投资者也可结合自身投资计划和市场环境进行设定。

其实分批买入适合的市场环境就是市场震荡的时候,这时投资者可采取这样一种折中方式。若你每个月固定工资收入较高,而且后续资金也可以用来投资的话,那么你第一笔买入的底仓的比例可以高些,因为未来的工资收入也可以作为抄底的资金。

二、指数基金定投

1. 认识指数基金定投

（1）什么是指数基金定投

股神巴菲特曾经多次说过:"通过定期投资指数基金,一个什么都不懂的业余投资者,往往能够战胜大部分专业投资者。"对于个人未来遗产的打理,他表示,建议信托人持有10%的短期国债,其余90%全部投资低手续费的标普500指数基金。

所谓指数基金定投,是指在固定的时间（如每月15日）以固定的金额（如3000元）投资到指定的指数基金中（即三定:定期、定额、固定品种）,这类似于银行的零存整取方式。假设你每个月月末买入沪深300指数基金,那么你的买入成本就对应着沪深300指数的月均线,只要指数点位在月均线之上,你持有的指数基金仓位就是盈利的。

(2)为什么指数基金定投能够赚钱

我们都希望在投资上做到低价买入,高价卖出,但几乎没人次次都猜准,我们经常陷入追涨杀跌、低卖高卖、反复亏钱的尴尬处境。指数基金定投就可以解决大部分非专业投资者遇到的这样的交易择时难题。

指数基金定投不需要投资者精确择时交易和抄底逃顶,只需你在熊市中后期的相对低位开始定投,并长期坚持指数基金定投就可以了。当市场下跌时,指数基金单位价格较低,同样的扣款金额可以买到更多的份额。而当市场上涨时基金净值较高,买到的份额就会少一些,长期下来,定投的平均成本相当低。只要市场从低位回升,走出一定幅度的微笑曲线,你的指数基金定投就开始赚钱了。

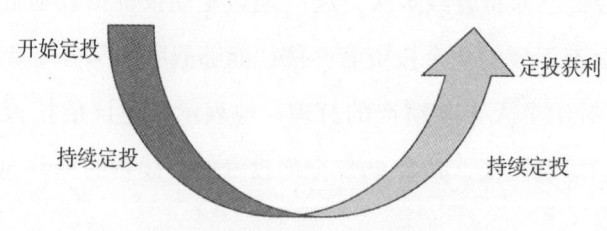

图10.2:定投的微笑曲线

(3)指数基金定投优势

首先是分散风险。指数基金持有的是一篮子成份股,购买指数基金,相当于把资金分散到指数中不同的行业、不同的公司，可以规避个股的非系统性风险，即使你的选股能力不强，也可以避免踩中地雷。

然后是平均成本。散户往往受市场的乐观气氛影响追高买入，被套之后死扛，即使手上还有现金也不敢在低位加仓，股票一旦回本就急着卖出，结果又经常卖错。采用定投的方式，每次以固定的金额投资于同一只指数基金，在价格低的时候多买入，可以使投资成本相对平均，而且定时投资可以避免择时的主观性。

最后是强制储蓄。不管你是日光族也好，月光族也罢，每隔一段固定时间，以定期定额的方式购买基金，日积月累下来总会积少成多。

（4）为何指数基金更适合定投

a.适合刚入门、花费时间精力较少的投资者。指数基金是以减小与标的指数的跟踪误差为主要目的的被动型投资方式，是为了获取市场的平均收益率。指数基金不是为了超越市场，而是去复制市场。而定投更多的是为了在一定程度上减小投资者由于择时错误带来的投资风险，在市场的波动之下获取更高的收益，显然定投不是一种需要寻求收益最大化的投资方式。指数基金与定投默契配合，并且二者对选股及择时的要求都不高，因此，指数基金定投更适合成为刚入门的投资者的第一个理财工具，也适合不能花费大量时间研究投资的投资者。

b.稳定，不易被操纵。指数基金属于被动型投资，不需要基金经理进行大量的分析，这也决定了指数基金对基金经理的主动管理能力依赖性较小。虽然很多优秀的基金经理通过主动管理会创造出惊人的超额回报，但是一方面选择优秀的基金经理是个难题，另一方面主动管理型基金受基金经理情绪、行为模式的影响较大，具有较强的主观性，难以在长期保持稳定的高额收益。并且，在我国，基金经理离职的现象较为普遍，基金经理变更会对基金业绩产生巨大的影响，若是选择赎回，则不符合"定投是一个长期过程"的基本要求。除此之外，指数基金是透明化的，它是为了跟踪某一只指数，可以有效避免"老鼠仓"等情况的存在。因此，透明而稳定的指数基金，更适合投资者定投。

c.指数基金费率低。指数型基金被动模拟指数，不需要基金经理进行额外的分析，因此成本较低，而费用也随之较低。因此，我们可以看到这样一个事实：主动管理基金的费用通常要高于被动管理的费用。以管理费率为例，主动基金一般收1.5%左右，指数基金作为被动基金，管理费率低一些，一般是0.5%；主动型基金的托管费率通常为0.25%，而指数基金的托管费率通常为0.10%。

（5）适合指数基金定投的人群

a.降低投资风险的人——投资风险偏好较低的投资者。

b.长期理财规划的人——准备子女教育金、养老金。

c.没有时间理财的人——上班族。

d.强迫自己储蓄的人——年轻人，控制消费支出。

定投的另一个重要的特点在于以时间换空间，需要长期不断的坚持，就像马拉松赛跑一样。而定投指数基金，无疑是基金投资中的长跑健将。

2. 指数基金定投技巧

（1）买卖时机

投资赚钱的秘诀是低买高卖，而准确地预测股价走势，并非实现低买高卖的必要前提。价值投资之父格雷厄姆曾经说过："如果说我在华尔街60多年的经验中发现过什么的话，那就是没有人能够成功地预测股市变化。"

那么，我们如何衡量"低买高卖"中的低和高呢？对于指数基金来说，答案就是，在估值区间的相对低位买入，在估值区间的相对高位卖出。

指数法

指数法是判断是否可以开始定投最直观的方法。以国内最有代表性的沪深300指数为例，3500点为大盘的价值中枢。3500点以下时，应该大胆定投；3500~4000点时，坚持定投；如果大盘跌破3000点时，加大投资金额；大盘突破4000点时，可以减少定投金额甚至分批赎回。

盈利收益率法或市盈率法

通过基金的盈利收益率，我们可以判断这只基金是否值得买。盈利收益率法是由著名的价值投资大师格雷厄姆提出的。格雷厄姆是现代金融学的创始人，芝加哥大学的著名教授，也是股神巴菲特的老师。盈利收益率等于公司盈利除以公司的总市值。

在基金投资中,使用盈利收益率有一个前提,必须是投资于大公司的指数基金才可以。小公司盈利不稳定,不适合采用这种方法。即沪深300指数、上证50指数、H股指数、恒生指数都可以用,中证500,创业板等投资于小公司的指数基金不能用。

盈利收益率越高的时候,大盘指数越低,两者成负相关的关系。因为大盘指数可以代表基金的市值,市值越高,分母越大,盈利收益率越低。投资指数基金应该在盈利收益率高的时候买入,在盈利收益率低的时候卖出。

格雷厄姆认为,盈利收益率同时满足两个条件时就算高:盈利收益率大于10%,盈利收益率大于10年期国债利率的两倍以上。在进行指数基金定投时,盈利收益率大于10%时,可以开始进行定投,低于10%时,停止定投并持有已经买入的份额。盈利收益率小于10年期国债利率的两倍时就算低,应该将指数基金分批卖出,换成比较稳定的债券基金。

盈利收益率可以通过股票交易软件进行查询,首先找到基金的市盈率,然后计算其倒数,就可以得到盈利收益率了。

(2)指数基金定投如何止盈

定投作为一种适合新手及"懒人"操作的投资方式,需要在很长一段时间内分散投入资金,因此对择时的要求不高,这样能够减小择时错误带来的损失。股市里常说"会买的是徒弟,会卖的才是师父",不少投资者因为不会止盈,会有在股市"坐过山车"的经历。而对于定投而言，卖比买更重要！即选择何时止盈往往比选择何时投资更重要，也更有难度。

目标收益率法

目标收益率法也是一个简单易操作的止盈方法。需要做的事就只有一件，即确定一个目标收益率，一旦定投的收益率超过了目标收益率，就可以止盈了。

由于指数走势具有不确定性，如果选择的标准过高，可能未能及时止盈，错失了止盈良机；如果选择的止盈线过低，在止盈之后看到指数增长势头仍不减，心里难免会觉得可惜。

这时我们需要考虑一个"机会成本"的概念。坚持定投那么多年，设置的定投收益率若连机会成本都比不过，那还有什么意义呢？

如果没有拿这些钱定投，我们可以去投资无风险或风险较小的理财产品，获得理财产品的年化收益率；除此之外，还需要考虑通货膨胀率。因此我们得到：

最小目标收益率（机会成本）=
（1 + 通货膨胀率 + 理财产品的年化收益率）^ 定投年限 − 1

举一个小例子，假设理财产品年化收益率为4.5%，通货膨胀率为3%，如果定投3年，那么最低的目标收益率为：（1+3%+4.5%）^3−1=24.2%。当然这是理想假设的目标收益率。值得注意的是，这只是根据理财产品年化收益率及通货膨胀率计算出来的一个理论上的最低指标，通常还应该根据个人的风险偏好，并考虑市场情绪的影响，在该数据的基础上做出一定的调整。

虽然目标收益率法简单、易于执行，但是它也有缺点，比如设定目标收益率过低，止盈过早，市场仍处牛市之中，这时就只能干瞪眼了。设定的目标过高，就容易错过止盈时机，最好的方法就是分批止盈。

估值法

指数估值水平是反映指数低估或者高估的一个重要指标，尽管估值过高也包括了市场情绪过高及对未来看好的因素，但是从长期来看，估值过高都存在估值回归的一个过程，故可以根据指数的估值水平进行止盈。

股市存在一个小规律，牛市的时候PE值通常都比较高，而到了熊市PE值却较低，尤其是2007年、2009年、2015年上半年几个重要的牛市，中证500的市盈率达到了80。而到了这条线不久之后，股市就进入了熊市阶段。也就是说，当指数的估值超过一定的标准后，气势汹汹的牛市很有可能已经走向了尽头，股市可能即将发生反转。

这里需要利用一种方法，叫分批估值止盈法。即在PE=50时，赎回40%的基金份额；PE=60时，赎回20%的基金份额；如果PE能够达到80，赎回剩下20%的基金份额，其间任何时候PE回落到了50时，都将剩余基金份额全部赎回。

估值法是止盈方法中最靠谱的一种方法，但并非绝对，估值法也有缺点，即不能保证未来的规律和历史一致。并且需要注意的是，估值法不能一概而论，不同类型的行业适用的估值指标可能不一致。

(3) 定投指数基金止盈赎回金额的正确处理方式

a. 对原来指数基金加倍定投,对于止盈的资金可采用金字塔买入法或分批买入法对原来指数基金加倍定投。

b. 增投不同类型的指数基金,构建指数基金组合。

增加不同类型的指数基金,以组合的方式继续定投。定投组合具有一定的优势,可以化解风险,同时得到稳定的收益。

(4) 定投指数基金组合

定投指数我们已经十分熟悉:定投指数包含的成份股基数大,能够很好地规避"个股"涨跌的风险,并且不须择时,无惧市场下跌,只要坚持定投下去,总能够完成一条微笑曲线。同时,定投指数也能降低道德风险,避免因为基金经理过于激进或者消极的错误操作而造成不必要的损失。

如此一来,似乎只要选定一只指数就可以完全放心地定投了。但是,需要注意的是,尽管指数包含了一定基数的成份股,它仍然面临着市场行情下跌带来的风险。

我们先从分散化原理讲起。被广泛应用的CAPM模型中有一点不得不承认:简单来解释系统性风险,就是市场中总是存在着上涨和下跌的风险,即使你能把所有的股票都买了也不能消除这个风险。这么说好像有点消极,但是尽管我们不能消除系统性风险,但我们可以降低非系统性风险!

购买指数就相当于进行简单的降低非系统性风险行为。相比于仅仅买一只股票,你买进相关系数低的其他股票就能够降低非系统性风险。也就是说，如果你想要降低风险，那就打组合拳：购买多个相关系数低的股票。相对于买一只甚至于几十只股票，因指数包含的成份股数量更多，它的分散程度将会更好，因此能降低更多的非系统性风险。

但要注意的是，指数也并不能包含所有的相关系数低的股票，不同的指数包含着不同风格类型的股票，指数之间的相关系数也会有高有低，因此就催生了"定投组合"这一技巧。提到定投组合，不得不说马科维茨这名诺贝尔经济学奖的得主，他提出的现代投资组合理论（MPT）也是在说明同样的道理。

MPT主要的论点简单概括就是：鸡蛋不要放在同一个篮子里！

分散的极致是指把所有相关系数都较低的股票组合在一起，即使中证500中已经包含了500只个股了，但没有包括其余风格的如代表A股大盘风格的沪深300的股票，因此它们的组合将会更好地降低非系统性风险。一般来说，中国股市的指数表现是，如果整个市场涨，则都涨，如果跌，则都跌，但是涨跌的幅度在不同风格市场会不一样，有的时候是大盘风格行情，有的时候是小盘风格行情。

因此，代表大小盘指数的混搭就符合分散化的原则，可以使组合表现更加稳定。因此，我们在定投的时候可以再多分几个大篮子装鸡蛋——定投指数组合，而不是单只指数，比如说选择沪深300、中证500和创业板这样一个指数组合进行定投。

平滑收益是定投组合的最大优点。而我们在构建定投组合的时候，需要从市场整体的结构来考虑指数成份股的构成。

（5）定投计划

指数基金定投需要纪律性，一旦开始定投就需要克服人性的贪婪和恐惧，在下跌时大胆地买入，在未达到卖出机会时勇敢持有。所以你需要一份简单、明确、可操作性强的定投计划。

a. 定投目的。指数基金定投可以作为一种简单直接的理财方式，也可以是特定目的的理财模式，如为子女准备教育金、子女的婚嫁金、自己以及父母的养老金、房地产购买的储备金等。依据定投目的确定定投期限。

b. 定投的金额。依据自身以及家庭的收支情况确定定投金额以及定投的频率，定投金额原则上不要影响自身以及家庭的正常开支，一般情况下可在每月工资发放时进行定投，强制自己储蓄。

c. 选择适合定投的指数基金。依据自身的风险偏好以及市场行情选择适合自身定投的指数基金：对于没有时间去关注股票市场的投资者来说，可以选择宽基指数基金进行定投；对于从事某特定行业且对行业有一定熟悉度的投资者可选择适合的细分指数基金进行定投。再次强调，同样的指数基金，优先选择费用低、规模较大、跟踪误差较小的。

d. 构建定投计划。依据上述步骤确定定投方案，方案确定后进行记录，同时选择自己的定投渠道进行定投设置，开始执行定投并坚持定投。

第 ⑪ 章
手把手教你指数基金投资操作步骤

本书前面的章节详细介绍了指数及指数基金，同时也介绍了目前市场上主要的指数基金产品，以及投资指数基金的主要策略和投资技巧。投资者通过前面的学习一定会找到适合自己投资的指数基金产品和投资方式，接下来我们就分别对目前市场上主要的4种不同渠道的具体操作步骤进行讲解，一步一步指导投资者开始指数基金的投资理财之路。

指数基金投资主要有4个渠道，分别为基金公司直销渠道、银行代销渠道、证券公司代销渠道以及互联网第三方代销渠道。

一、基金公司渠道操作步骤

投资指数基金最直接的渠道为各基金公司的官网直销渠道。下面通过具体实例来讲解个人投资者如何在网上通过基金公司开立基金账户和进行指数基金交易。（以嘉实基金为例）

1. 基金公司开设账户

（1）在浏览器的地址栏中输入基金公司（嘉实基金）官网 http://www.jsfund.cn/，然后按 Enter 键，进入嘉实基金首页，如图所示：

图 11.1：基金公司渠道开户界面一

（2）点击个人登录下面的"免费开户"按钮，就进入开户页面，依据提示填写个人信息、完成风险测评问卷以及绑定银行账户，完成开户手续。

a. 输入手机号码并设置登录密码

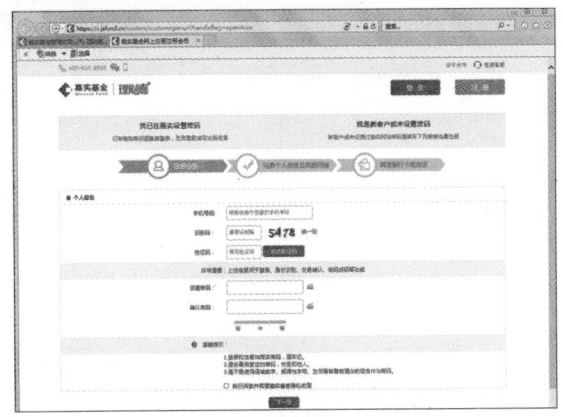

图 11.2：基金公司渠道开户界面二

b. 填写真实姓名，输入证件号码，了解证券投资基金投资人权益，点击接受基金直销电子交易服务协议。（可选择身份证、中国护照、军官证、士兵证、港澳居民来往内地通行证、户口本、文职、警官、台胞证）

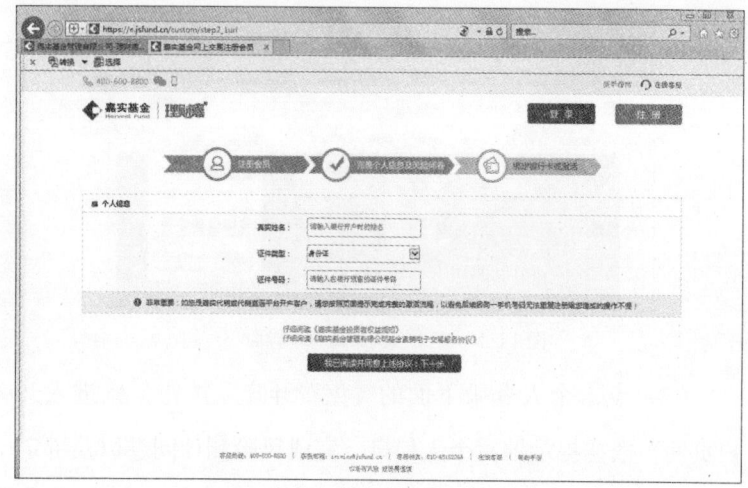

图11.3：基金公司渠道开户界面三

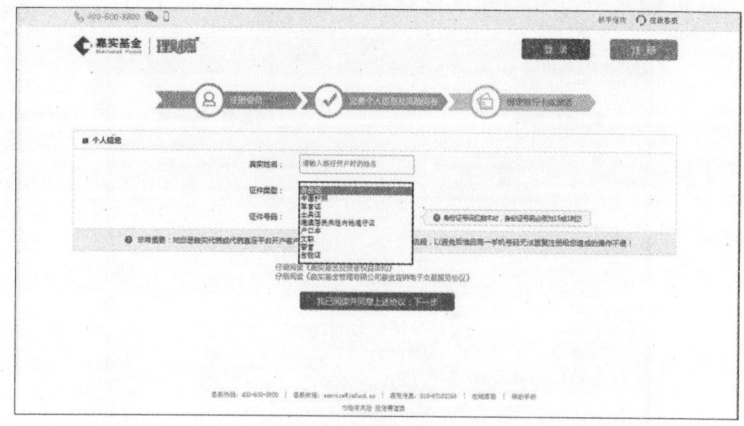

图11.4：基金公司渠道开户界面四

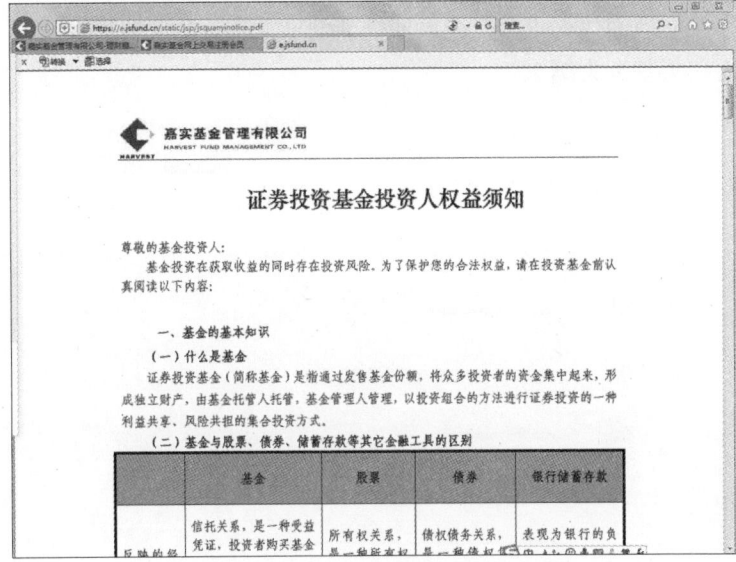

图 11.5：基金公司渠道开户界面五

图 11.6：基金公司渠道开户界面六

c. 按照如下步骤，完善信息并进行风险问卷测评（以还没有购买基金为例）

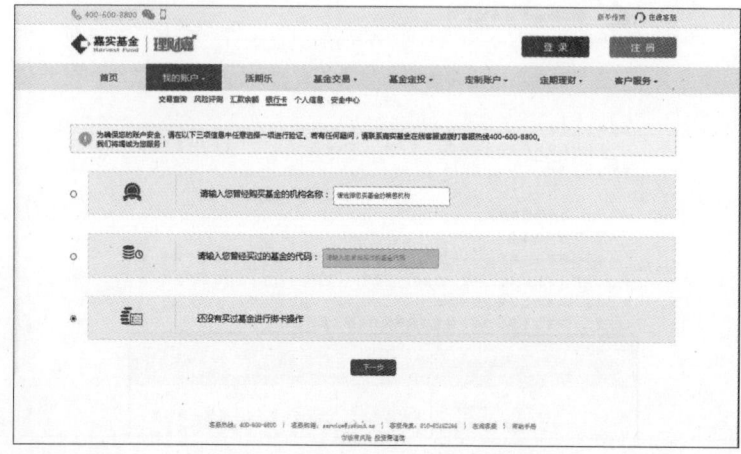

图 11.7：基金公司渠道开户界面七

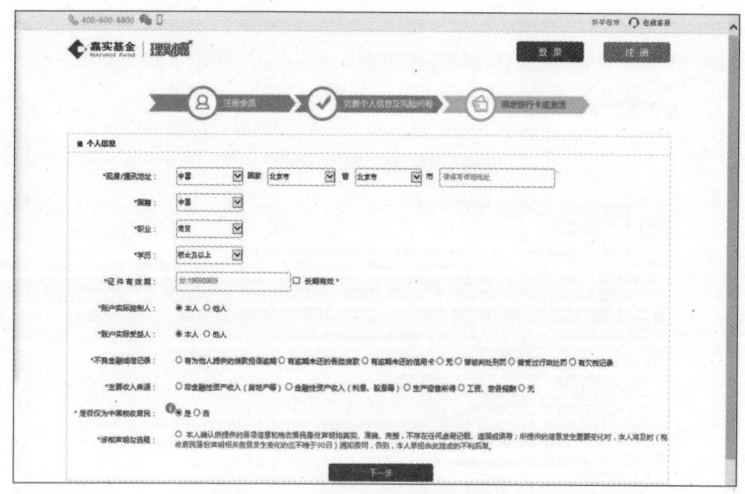

图 11.8：基金公司渠道开户界面八

图 11.9：基金公司渠道开户界面九

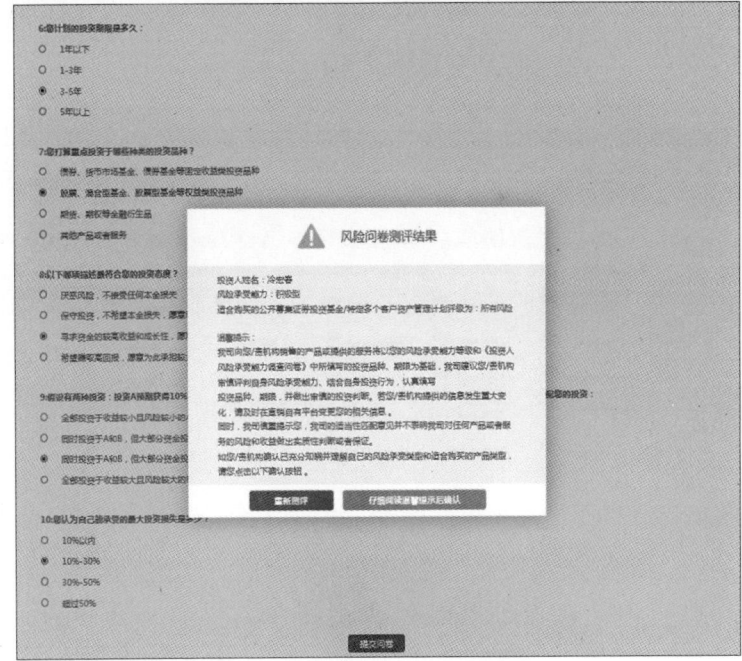

图 11.10：基金公司渠道开户界面十

d. 绑定银行账户信息

图 11.11：基金公司渠道开户界面十一

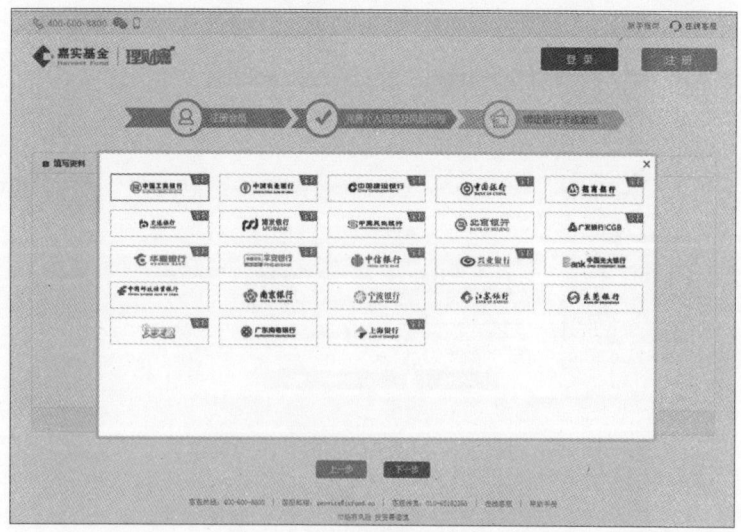

图 11.12：基金公司渠道开户界面十二

Part 3 手把手教你投指数基金

图 11.13：基金公司渠道开户界面十三

图 11.14：基金公司渠道开户界面十四

e. 完成开户

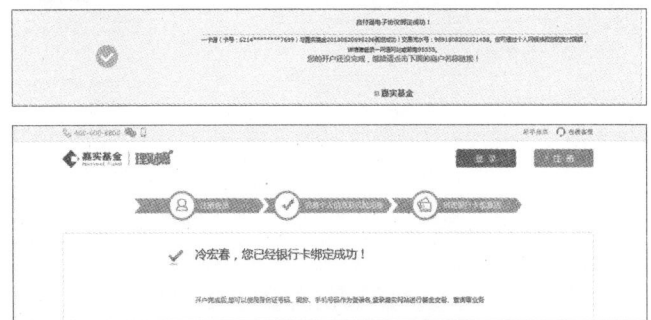

图 11.15：基金公司渠道开户界面十五

315

2. 基金公司账户交易

（1）输入个人信息，登录个人账户

图 11.16：基金公司渠道交易界面一

图 11.17：基金公司渠道交易界面二

（2）指数基金买入：在基金交易栏目下点击基金买入，在右侧搜索框输入相应的指数基金代码，支持模糊搜索。

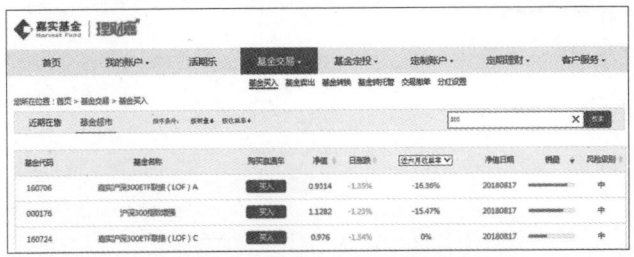

图11.18：基金公司渠道交易界面三

（3）基金卖出及其他操作：在基金交易栏目下还设有基金卖出、基金转换、基金托管、交易撤单、分红设置等项，可根据需要进行选择。

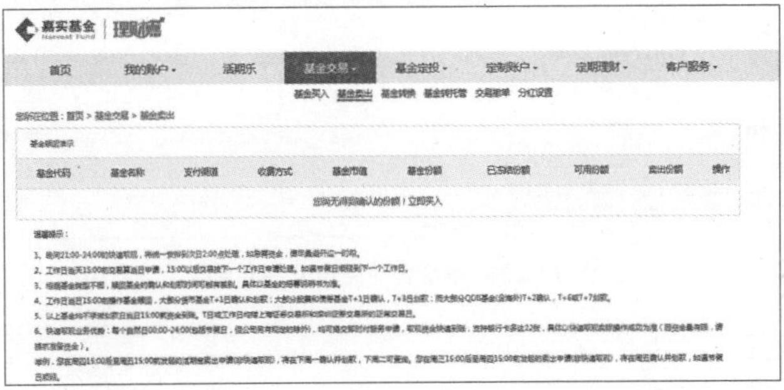

图11.19：基金公司渠道交易界面四

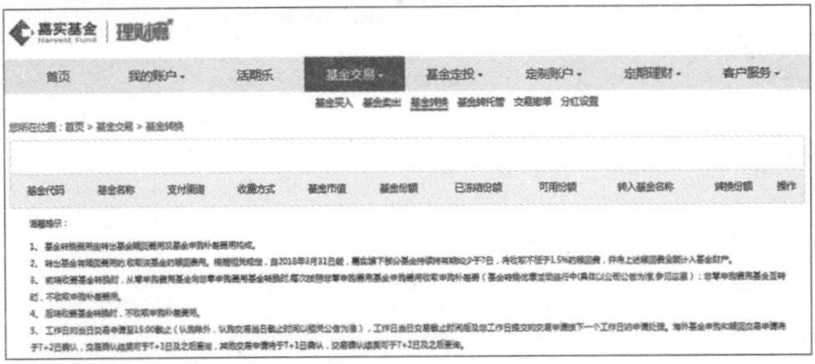

图11.20：基金公司渠道交易界面五

图 11.21：基金公司渠道交易界面六

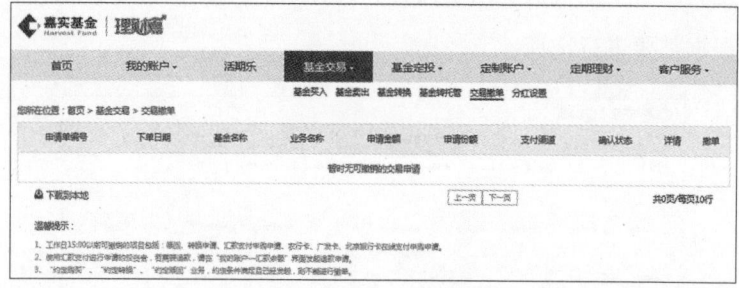

图 11.22：基金公司渠道交易界面七

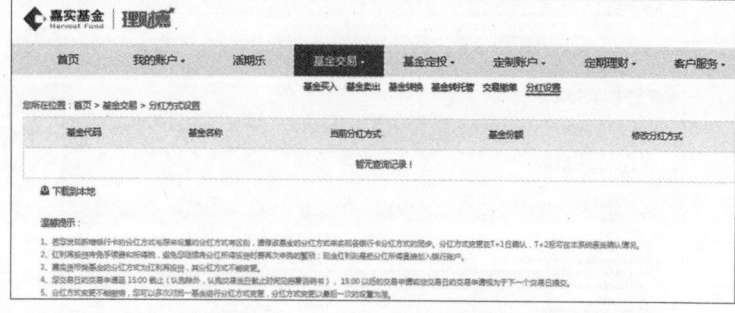

图 11.23：基金公司渠道交易界面八

（4）基金定投

图 11.24：基金公司渠道交易界面九

a. 自定定投：按照自己的实际需要，填写相关信息。

图 11.25：基金公司渠道交易界面十

b. 智能定投：包含亲子定投、置业定投和养老定投，本书以亲子定投为例。点击进入亲子定投页面，按步骤选择亲子定投产品并填写相关信息。

图 11.26：基金公司渠道交易界面十一

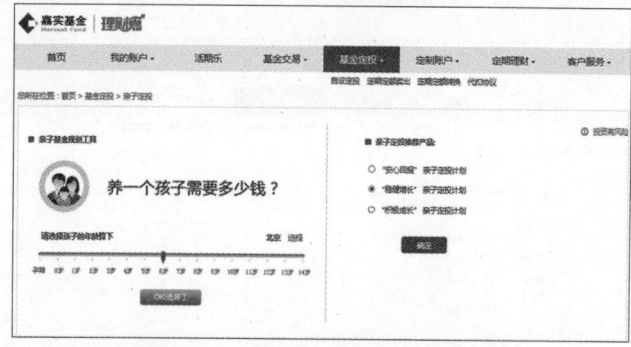

图 11.27：基金公司渠道交易界面十二

图 11.28：基金公司渠道交易界面十三

01010101010001 | Part 3 | 手把手教你投指数基金

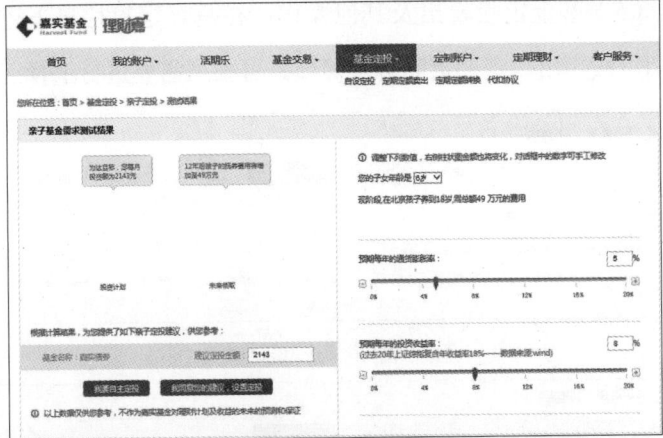

图 11.29：基金公司渠道交易界面十四

图 11.30：基金公司渠道交易界面十五

321

（5）基金定投卖出及其他操作：在基金定投栏目下还有定期定额卖出、定期定额转换等项，可根据需要进行选择。

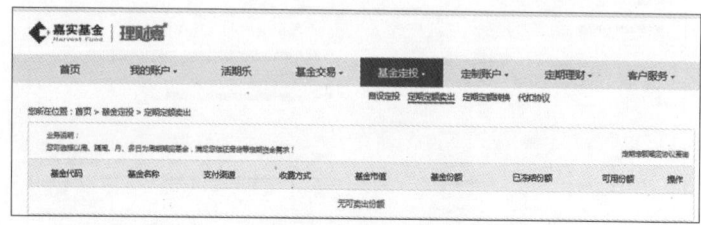

图 11.31：基金公司渠道交易界面十六

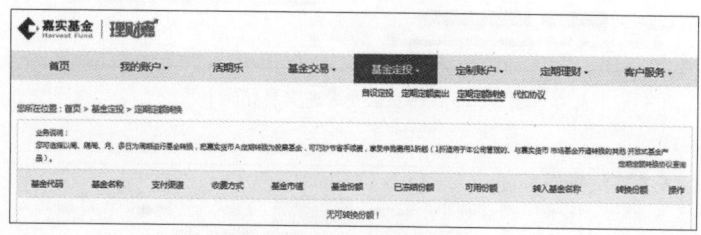

图 11.32：基金公司渠道交易界面十七

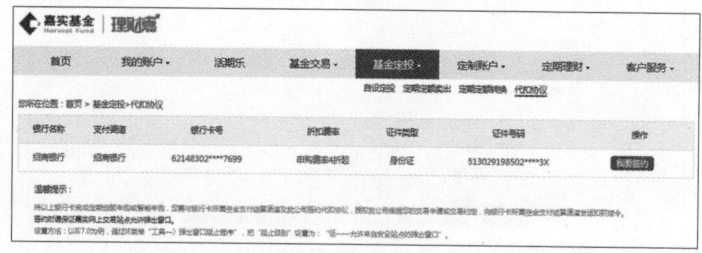

图 11.33：基金公司渠道交易界面十八

二、银行渠道操作步骤

银行渠道购买理财基金包含线下银行营业网点购买和线上网上银行购买。线下银行营业网点购买依据银行工作人员指导购买，本书不作介绍，仅对线上网上银行购买流程进行讲解。

（1）到银行营业网点开通网上银行功能。

（2）登录网上银行，点击基金首页，依据提示完成基金交易开立流程。

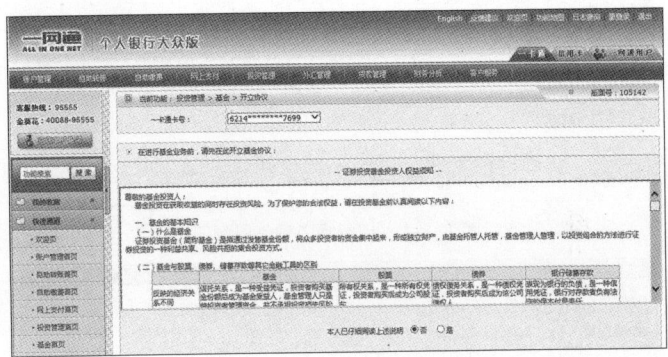

图 11.34：银行渠道操作界面一

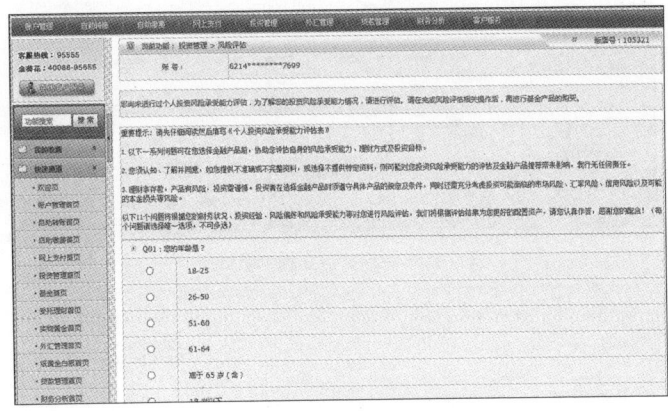

图 11.35：银行渠道操作界面二

图 11.36：银行渠道操作界面三

（3）点击投资管理下拉菜单中的基金按钮，选择购买基金，依据提示进行购买或定投指数基金。

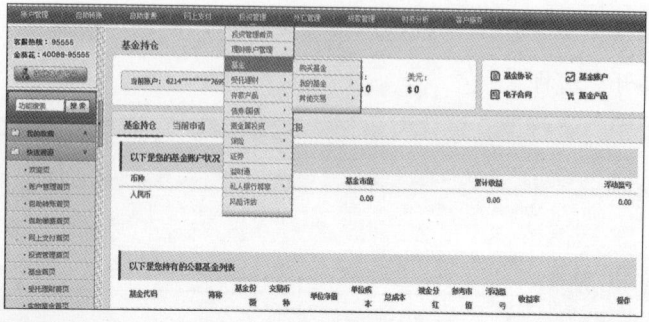

图 11.37：银行渠道操作界面四

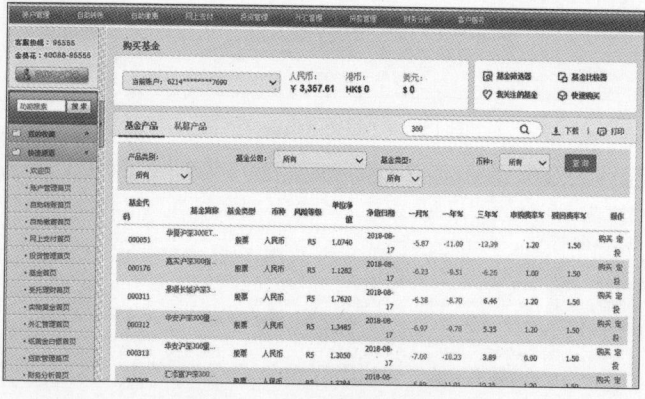

图 11.38：银行渠道操作界面五

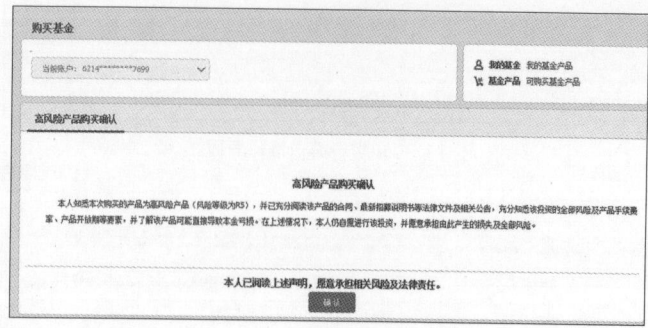

图 11.39：银行渠道操作界面六

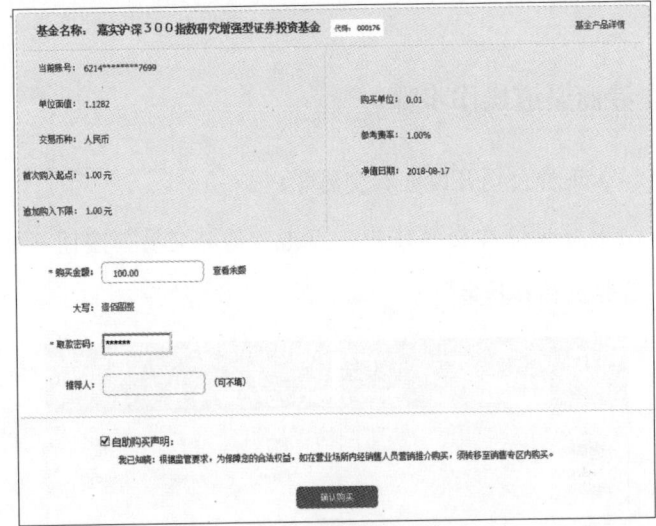

图 11.40：银行渠道操作界面七

（4）购买成功后，点击基金持仓按钮查看基金持仓情况，并可点击相关按钮进行卖出等操作。

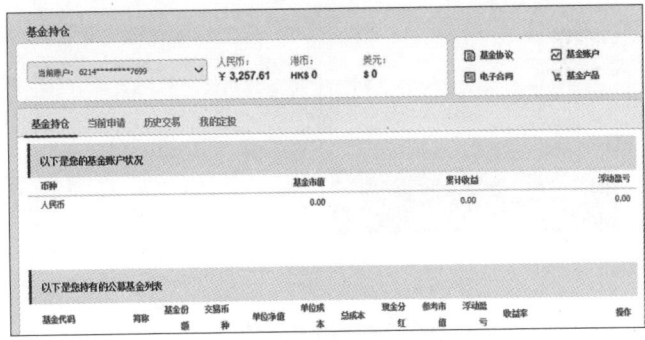

图 11.41：银行渠道操作界面八

三、券商渠道操作步骤

（1）证券公司开设证券交易账户。

（2）登录证券交易账户，点击"基金交易"按钮，并选择"公募及私募基金"。

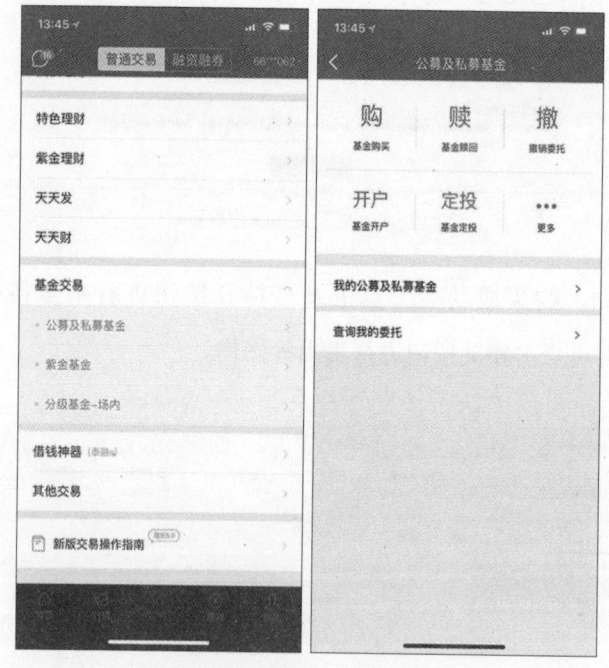

图11.42：券商渠道操作界面一

（3）按照提示逐步完成指数基金购买。

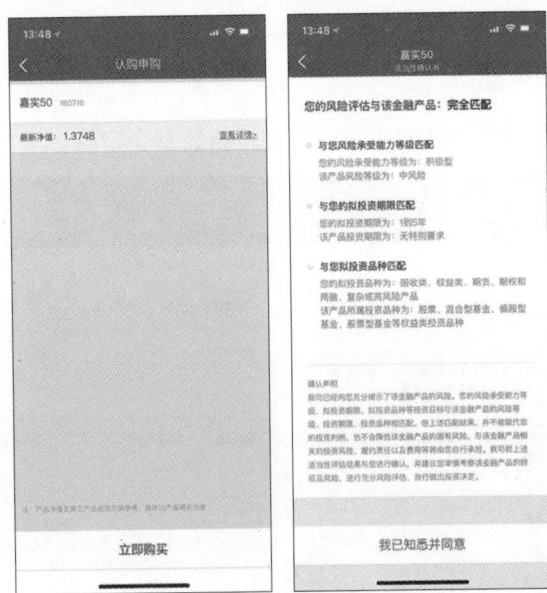

图 11.43：券商渠道操作界面二

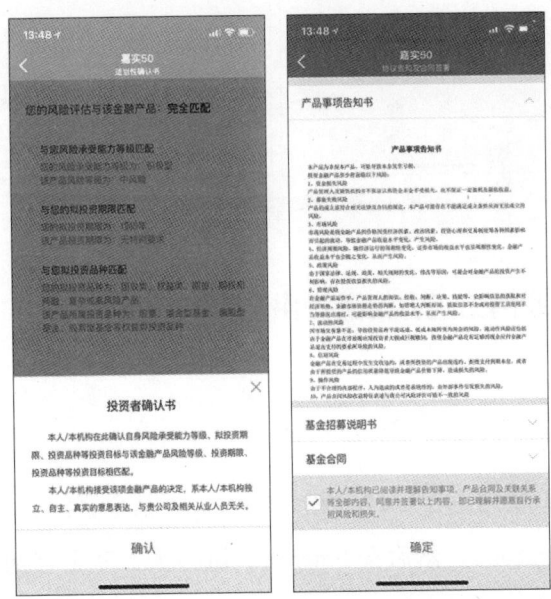

图 11.44：券商渠道操作界面三

（4）购买成功后可在"我的公募及私募基金"中查询并执行卖出等操作。

（5）可按自己的实际需要进行指数基金定投。

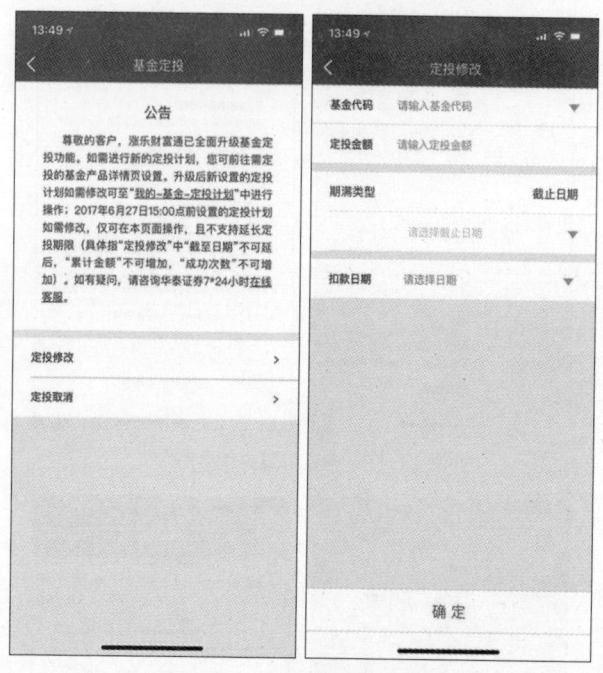

图 11.45：券商渠道操作界面四

四、互联网第三方渠道操作步骤

1. 基金账户开立

（1）在浏览器的地址栏中输入天天基金官网 http://fund.eastmoney.com/，然后按 Enter 键，进入天天基金官网首页，如图所示：

Part 3 | 手把手教你投指数基金

图11.46：互联网第三方渠道操作界面一

（2）点击"免费开户"按钮，根据提示完成密码设置、身份验证、银行卡绑定等开户手续。

图11.47：互联网第三方渠道操作界面二

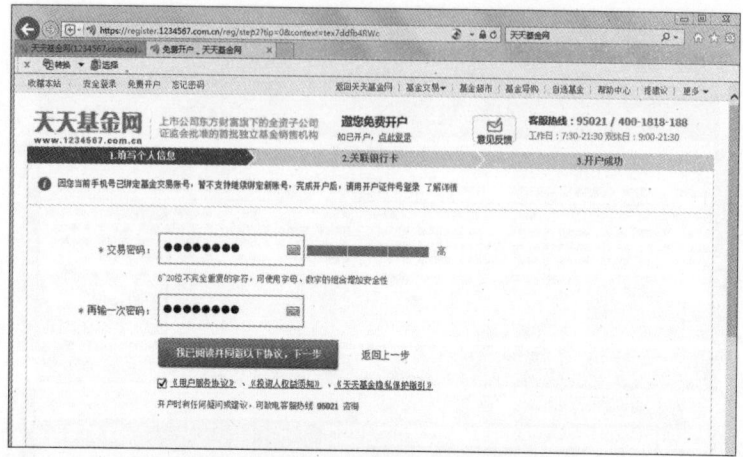

图 11.48：互联网第三方渠道操作界面三

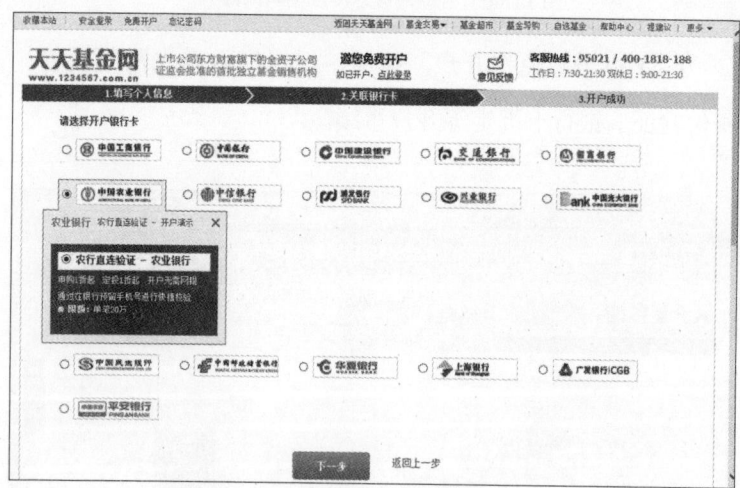

图 11.49：互联网第三方渠道操作界面四

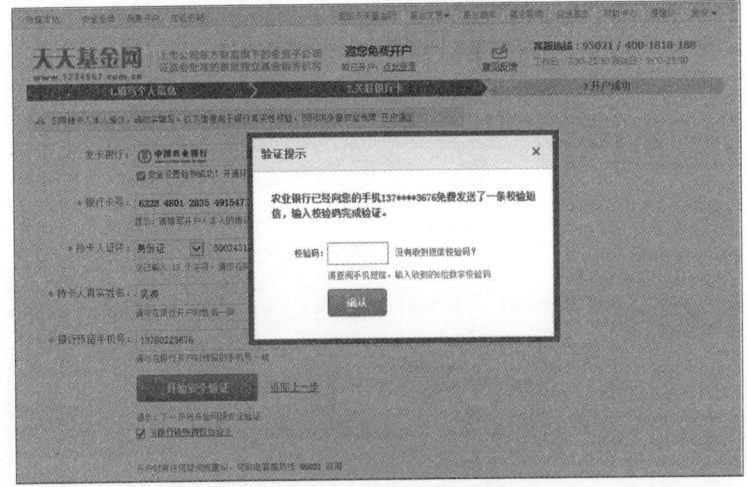

图 11.50：互联网第三方渠道操作界面五

（3）根据提示完成风险承受能力评测。

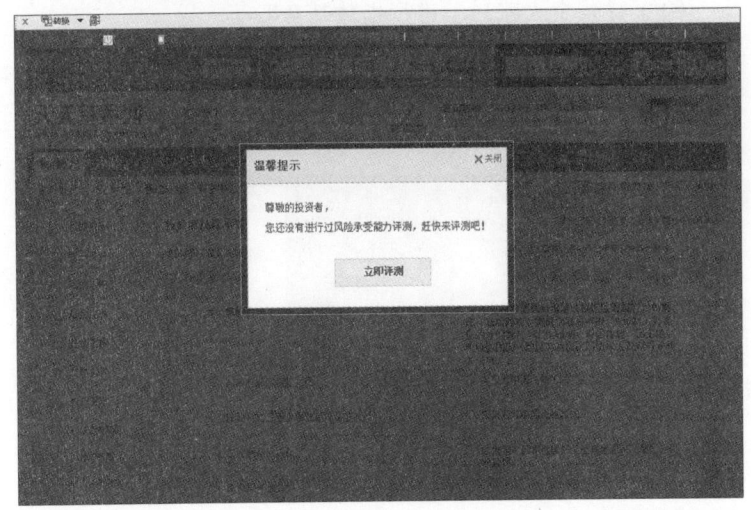

图 11.51：互联网第三方渠道操作界面六

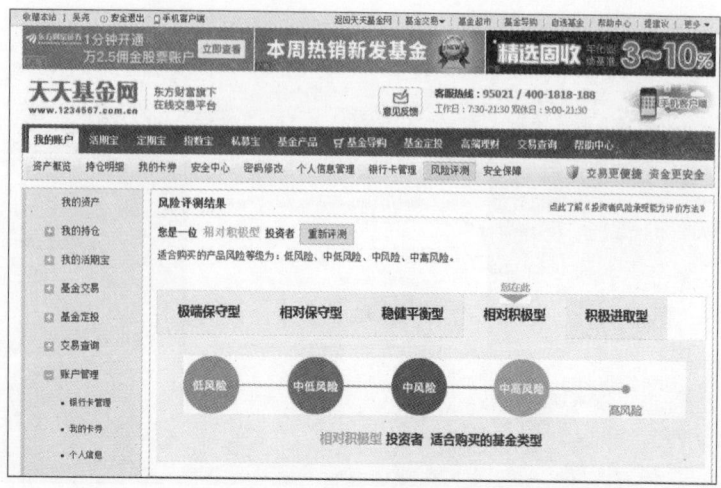

图 11.52：互联网第三方渠道操作界面七

2. 指数基金交易

（1）登录个人账户，进行指数基金购买。

图 11.53：互联网第三方渠道操作界面八

Part 3 | 手把手教你投指数基金

图 11.54：互联网第三方渠道操作界面九

（2）按提示可进行指数基金卖出及其他操作。

图 11.55：互联网第三方渠道操作界面十

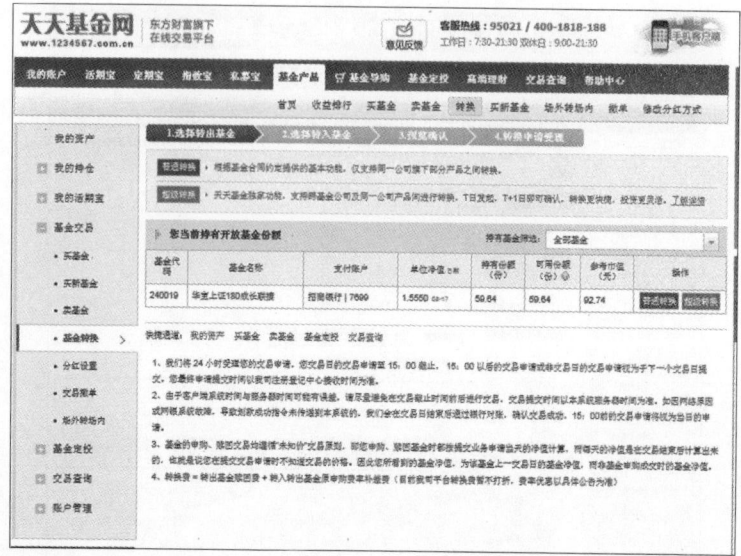

图 11.56：互联网第三方渠道操作界面十一

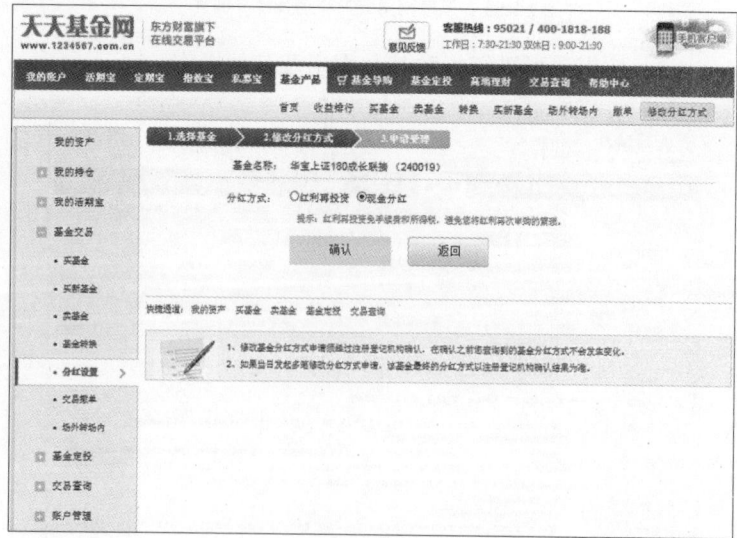

图 11.57：互联网第三方渠道操作界面十二

(3)可按自己的实际需要进行指数基金定投。

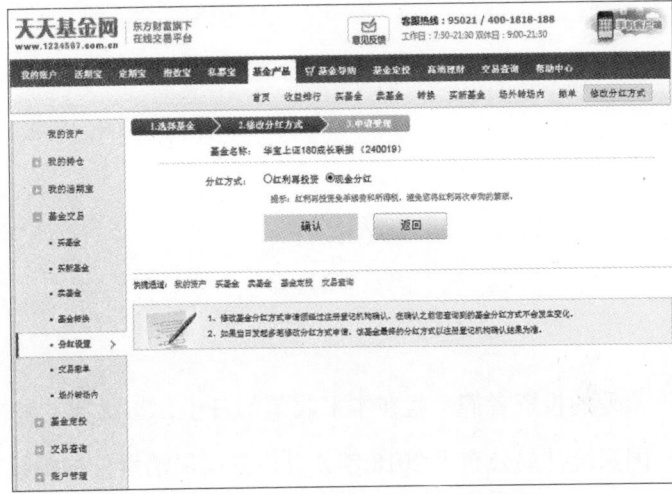

图 11.58:互联网第三方渠道操作界面十三

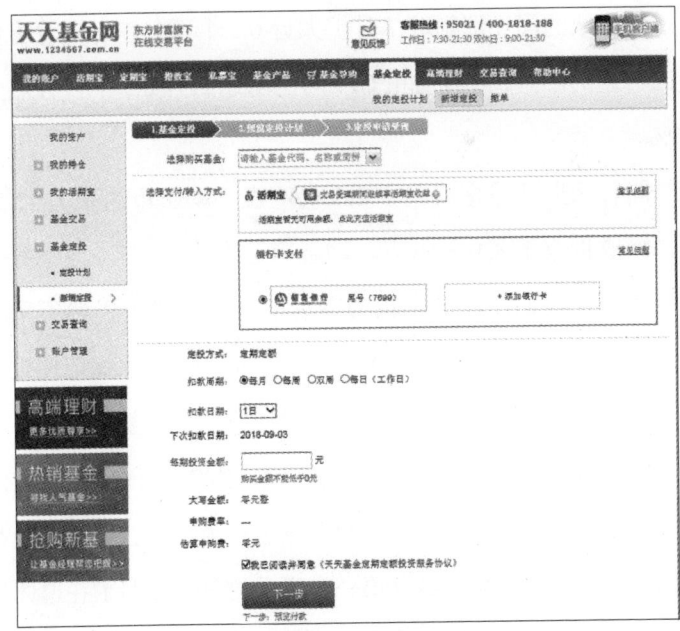

图 11.59:互联网第三方渠道操作界面十四

结束语

亲爱的投资者们，就在本书收笔的日子，2018年9月11日，国家统计局公布了2018年8月份的居民消费价格指数统计情况，8月CPI同比上涨0.2个百分点至2.3%。其中，食品烟酒分项的同比涨幅较7月扩大近0.3个百分点，随着房价同比增速的回升，8月房租CPI同比增速回升0.3个百分点至2.6%。

同日，上证综指收盘于2,664.40点，动态市盈率为11.59倍；深成指收于8,168.10点，动态市盈率为21.77。这些数据告诉我们，我们的货币购买力继续下降，而股市仍然不见起色，但是估值却显示似乎开始具备了投资价值。永远记住投资大师们告诉我们的话"别人恐惧的时候我们要贪婪"。

你阅读完本书后应该会跃跃欲试，因为你有太多的理由马上开始投资理财，开始投资指数基金：为了不让通货膨胀吞噬你的财富，为了早日赚够第一套房子的首付，为了在退休的时候有一笔养老钱，为了早日实现财务自由……

在我们看来，本书首要的任务是重塑大家的投资理念，通过书中的案例、数据启发大家去辩证地独立地思考，去反思自己过去一切已被实践所证伪的某些根深蒂固的观念，重新树立相信价值投资、长期投资的正确理念。

个人和家庭为了达成财富自由这个目标，必须要进行投资理财，而在众多投资理财工具中，指数基金是收益可期和可持续的好工具。指数基金是资本市场发展到一定阶段所出现的必然结果，是市场智慧的结晶。它不复杂，是最适合个人投资者的理财工具。通过阅读本书，我们相信大家对指数基金会有一定程度的认识了解，指数基金就好比大家日常生活中必不可少的代步工具——汽车一样，想想看，制造汽车复杂但是开车却不复杂，熟能生巧而已。

其次，本书从指数基金的基础知识入手，采取抽丝剥茧、层层递进的形式，深入浅出地介绍了指数基金为什么是理财的好工具。阅读了本书，读者便可以知道，投了指数基金就意味着有了公募基金公司这种专业机构帮助我们理财，投指数基金就是投了指数中的成份股，而这些成份股是流动性最好、规模适度、收益与成长性较好的优质股票，指数基金面临着政府监管机关强有力的监管，设立门槛高、运作信息透明。

本书还带领大家深入指数基金内部，剖析指数基金到底如何建仓，持有哪些成份股，如何收费，如何估值，如何有策略地投资等。一句话，手把手教大家"心中有数、明明白白"地投指数基金是本书的核心。

再次，本书介绍了国内外重要的指数以及主要的基金产品，指数基金的投资门槛相对于私募基金和其他基金较低。世界三大指数公司加上我国的中证指数公司等开发了太多的指数，而全球跟踪这些指数的基金也有成百上千只，无论你是做长期投资还是定投基金，无论你想投宽基指数还是行业指数，无论你钱多还是钱少，在这么一大堆指数基金里，总有一款适合你。

需要再次说明的是，有关指数基金的一切始终是随着市场发展而变化的，市场是存在风险的，投资一定要小心谨慎，本书关于指数基金的介绍只是基于目前市场上现有的指数基金情况而言的。想要获得良好的收益，需要掌握指数基金市场最新的变化，要学习指数基金最新的知识，提升自己的分析和判断能力。

最后，我们引用两位投资大师和一位先贤的话作为本书的结束：

> 指数投资是明智之举，因为它行得通，投资者想要确保资金能够在股票和债券市场的投资回报中分得一杯羹，那么指数投资是其唯一的投资策略。
> ——美国先锋集团创始人：约翰·博格

在现代市场中，大多数机构投资者和所有个人投资者都能通过投资指数基金获取更好的收益。

——投资大师：本杰明·格雷厄姆

知者不博，博者不知。

——先贤：老子

附录1：指数基金投资常用术语

价值投资：是指通过选择投资优秀的上市公司并且长期持有其股票的方式以分享该上市公司价值增长为目标的一种投资理念和方式。

被动投资（Passive investment）：是一种建立在有效市场假说基础上的试图复制某一业绩基准的投资模式，在此投资模式下，投资者通过跟踪某一指数获得基准指数的回报。相对于主动投资，被动投资在更大程度上体现了"在市场的不断发展中获利"的思想。

主动投资（Active Investment）：又称为主动管理型投资、动态投资，是指投资者进行积极的证券选择和时机选择，努力追求投资收益率最大化的一种投资。

指数化投资：是指试图通过复制并跟踪某个证券价格指数或按照证券价格指数的编制原理构建投资组合所实施的一种投资策略，其目标是获取与所跟踪的指数相一致的基准收益率。

股票价格指数： 简称股票指数，是指由证券交易所、指数公司等机构编制的，用以刻画、描述和反映股票市场整体价格水平变动和趋势的一种供投资者参考的指标数字，它是选取有代表性的一组样本股票，将其价格进行加权平均计算得到的。

宽基指数： 指的是筛选各行业具有代表性的优质上市公司股票组成成份股，用以反映全部行业股票市场整体价格水平和走势的一类股票指数，例如沪深300指数、中证500指数、创业板指数等。

行业指数： 是指用以刻画、描述和反映某一特定行业的股票整体价格水平和走势的一类股票指数。投资于所跟踪的行业指数中的成份股的基金就是行业指数基金。

基本面指数： 是指按照技术分析所常用的营业收入、现金流、净资产、分红等几大财务指标来筛选样本股并且据以确定各股票权重配置的一类股票指数。投资于所跟踪的某一基本面指数中的成份股的基金就是基本面指数基金。

红利指数： 是指能够反映股票市场上股息率最高、现金分红最多的股票平均价格水平和趋势的一类指数，其成份股大多是市场上的优质高分红企业。

完全复制法（Full Replication）： 是指完全复制标的指数中的成份股，将全体成份股整体作为一个股票组合并按照编制该标的指数所采用的权重赋予该组合中每个成份股相应权重的一种指数投资构建方法。

优化选样法（Optimization）：是指通过对特定的标的指数中各成份股的历史数据和相关指标进行分析和优化后从中选择适当数量的股票构建跟踪股票组合的一种指数投资构建方法。

分层抽样法（Stratified Sampling）：是指将标的指数所有成份股按照某种标准分为若干子集，每一子集所包含的个股互不重复且至少拥有一个共同特征，然后再按一定的抽样方式在各子集中抽出若干样本股统一组成数量充分的总样本从而构建投资组合的一种方法。

证券投资基金：简称为基金，是指通过发售基金份额，将众多投资者的资金集中起来形成独立的财产，交由基金管理人管理并以投资组合的方式进行证券投资的一种风险共担、收益共享的集合投资工具。

股票基金：又称为股票型基金，是指基金资产主要投资于股票市场并且持有股票比例不低于80%的一类证券投资基金。

股票指数基金：简称为指数基金，是指按照所跟踪的标的指数构成的标准投资于该指数包含的全部或者部分成份股的基金，其目的在于获取与标的指数同样的收益水平，本质上是一种特殊的股票型基金。

上市交易型开放式指数基金（ETF）：又称为交易所交易基金（Exchange Traded Funds），是一种在证券交易所上市交易的且其基金份额可变的一种开放式基金。

上市型开放式基金（Listed Open-ended Funds）：简称

为 LOF 基金，是一种既可以在场外市场进行基金份额申购与赎回，又可以在交易所（场内市场）进行基金份额交易、申购与赎回的开放式基金。

QDII 基金：又称为合格境内机构投资者投资基金，英文是 Qualified Domestic Institutional Investors Funds，是指在境内设立并经该国有关部门批准专门投资于境外证券市场的基金。

指数基金资产总值：是指某只指数基金所拥有的成份股的价值、留存现金本息、应收的申购基金款等所形成的价值总和。

基金资产净值：是指截至某一时点，基金资产总值减去其负债后的价值。

基金份额净值：是指截至某一时点，每份基金份额实际代表的价值。

基金收益率：是指基金投资运作所取得的实际收益与投资成本的比率。

基金累计收益率：是指基金从成立开始至今的累计收益与投资成本的比率。

基金持有人：又称为基金投资人、基金出资人，是指根据基金合同约定购买基金份额，并按照所持有的基金份额承担风险、享有收益的投资者。

基金管理人：是指负责发起设立和运营管理基金产品并且享有独立法人资格的机构，是基金产品的募集者和管理者，在基金运作中居于核心地位，起着核心作用。在我国，基金管理人只能由依法设立的基金管理公司担任。

基金托管人：又称为基金保管人，是指在基金运作中承担资产保管、交易监督、信息披露、资金清算与会计核算等职责并且具有独立法人资格的机构。在我国，基金托管人只能由依法设立并且取得基金托管资格的商业银行或其他金融机构担任。

基金销售机构：是指能够从事基金宣传推介、基金份额发售或者基金份额申购与赎回并且据此收取相应佣金的机构，包括基金管理人和经中国证监会许可能够从事基金销售的第三方机构。狭义上的基金销售机构专指经中国证监会许可的第三方机构。

基金管理费：简称管理费，是指基金管理人因其管理基金资产而向基金收取的费用，即管理人为管理和运作基金而由基金资产承担的一种费用。

基金托管费：简称托管费，是指基金托管人为基金提供托管服务而向基金收取的费用。

基金认购：是指投资者在基金成立前，发行募集期间内购买基金份额的行为。

基金申购：是指投资者在基金存续期内申请购买基金份额的行为。

基金赎回：是指投资者在基金成立后的存续期内将所持有的基金份额卖给基金公司的行为，常见的赎回方式是份额赎回。

份额赎回：指投资者在卖出基金份额时，是按照赎回多少基金份额向基金公司提出申请，而不是按照卖出的金额提出申请的赎回方式。

认购费：是指投资者在基金成立前，发行募集期内购买基金份额时向基金管理人支付的手续费。

申购费：是指投资者在基金成立后，基金存续期间购买基金份额时向基金管理人支付的手续费。

赎回费：是指投资者在基金存续期间将所持有的基金份额卖给基金公司时向基金管理人支付的手续费。

销售服务费：是指基金管理人根据基金合同的约定或者相关法律法规的规定，按一定比例从基金财产中计提的费用，用于支付销售机构佣金、基金的营销费用以及基金份额持有人服务费等。

前端收费：是指在投资者投资购买基金时就需要支付申购费的一种收费模式。

后端收费：是指投资者在购买基金时并不支付申购费，只有在卖出时才支付申购费的一种收费模式。

系统风险：是指因某些全局性的因素对整个证券市场的价格或收益引发变动，并且这种变动无法通过分散化投资予以降低的风险。

非系统风险：又称为个体风险、异质风险，是指对个别证券价格或收益产生影响的风险，它通常由某一特殊的因素引起，与整个证券市场的价格不存在系统的、全面的联系而只对个别证券的价格或收益产生影响的风险。非系统性风险的一个典型特点是,可以通过组合投资进行规避。

指数基金跟踪误差:是指某只指数基金的净值波动和标的指数波动之间的拟合程度,换句话说,就是指数基金对标的指数跟踪的准确程度。

指数基金定投:全称是指数基金定期定额投资,是指在固定的时间以固定的金额投资于特定的指数基金的一种投资方法,类似于银行的零存整取。

附录2：主要指数运营公司官网

中证指数有限公司：www.csindex.com.cn

深圳证券信息有限公司：www.szsi.cn

上海证券交易所有限公司：www.sse.com.cn

深圳证券交易所有限公司：www.szse.cn

恒生指数公司：www.hsi.com.hk

标准普尔公司：www.standardandpoors.com

富时罗素集团：www.ftserussell.com

道琼斯公司：www.dowjones.com

摩根史丹利资本国际公司：www.morganstanleychina.com

附录3：主要基金管理公司官网

嘉实基金管理有限公司：www.jsfund.cn

天弘基金管理有限公司：www.thfund.com.cn

易方达基金管理有限公司：www.efunds.com.cn

博时基金管理有限公司：www.bosera.com

南方基金管理有限公司：www.nffund.com

华夏基金管理有限公司：www.chinaamc.com

招商基金管理有限公司：www.cmfchina.com

鹏华基金管理有限公司：www.phfund.com.cn